教育即影响，"六年影响一生"是我对小学教育的理解与追求。

一切有积极影响的元素都是课程，小梅花课程是践行"六年影响一生"办学理念的核心载体。

——刘希娅

· 教育家成长丛书 ·

刘希娅
与小梅花课程

LIUXIYA YU XIAOMEIHUA KECHENG

中国教育报刊社·人民教育家研究院 组编

刘希娅 著

北京师范大学出版集团
BEIJING NORMAL UNIVERSITY PUBLISHING GROUP
北京师范大学出版社

图书在版编目（CIP）数据

刘希娅与小梅花课程 / 刘希娅著；中国教育报刊社人民教育家研究院组
编. —北京：北京师范大学出版社，2021.4（2025.2 重印）
　　（教育家成长丛书）
　　ISBN 978-7-303-26714-9

　　Ⅰ. ①刘… 　Ⅱ. ①刘… ②中… 　Ⅲ. ①课程－教学研究－小学
Ⅳ. ①G622.3

　　中国版本图书馆 CIP 数据核字（2021）第 003403 号

出版发行：北京师范大学出版社 https：//www.bnupg.com
　　　　　北京市西城区新街口外大街 12-3 号
　　　　　邮政编码：100088

印　　刷：唐山玺诚印务有限公司
经　　销：全国新华书店
开　　本：787 mm×1092 mm　1/16
印　　张：19.25
字　　数：300 千字
版　　次：2021 年 4 月第 1 版
印　　次：2025 年 2 月第 6 次印刷
定　　价：65.00 元

策划编辑：伊师孟　　　　　责任编辑：康　悦
美术编辑：焦　丽　　　　　装帧设计：焦　丽
责任校对：段立超　　　　　责任印制：马　洁

教育家成长丛书

编委会名单

总 顾 问：柳 斌 顾明远

顾 问：叶 澜 田慧生 林崇德 陈玉琨

编委会主任：杨春茂

编 委：（按姓氏笔画为序）

于 漪 王瑜琨 方展画 田慧生

成尚荣 任 勇 刘可钦 齐林泉

孙双金 李吉林 杨九俊 杨春茂

吴正宪 汪瑞林 张志勇 张新洲

陈雨亭 郑国民 施久铭 徐启建

唐江澎 陶继新 龚春燕 程红兵

赖配根 鲍东明 窦桂梅 魏书生

主 编：张新洲

副 主 编：赖配根 王瑜琨 汪瑞林

总　序

　　教育是国家发展的基石，教师是基石的奠基者。古人云："国将兴，必贵师而重傅。"兴国必先强教，强教必先重师。党中央、国务院高度重视教师队伍建设。2013年教师节，习近平总书记在给全国广大教师的慰问信中指出："百年大计，教育为本。教师是立教之本、兴教之源，承担着让每个孩子健康成长、办好人民满意教育的重任。"2014年，在第30个教师节前夕，习总书记到北京师范大学视察并发表重要讲话，指出："一个人遇到好老师是人生的幸运，一个学校拥有好老师是学校的光荣，一个民族源源不断涌现出一批又一批好老师则是民族的希望。"《国家中长期教育改革和发展规划纲要（2010—2020年）》也明确提出，"有好的教师，才有好的教育"，要"努力造就一支师德高尚、业务精湛、结构合理、充满活力的高素质专业化教师队伍"。"倡导教育家办学"，要创造有利条件，鼓励教师和校长在实践中大胆探索，创新教育思想、教育模式和教育方法，形成教学特色和办学风格，造就一批教育家。"两个一百年"奋斗目标的实现、中华民族伟大复兴中国梦的实现，归根结底要靠人才、靠教育，而支撑起教育光荣梦想的，是千百万的教师。

　　时代呼唤好老师。有一流的教师，才有一流的教育；有一流的教育，才有一流的国家。出名师、育英才、成伟业，是时代赋予我们教育战线的神圣使命。"所谓大学者，非谓有大楼之谓也，有大师之谓也。"好学校、好教育的最重要标准，就是要有好老师。一所学校、一个地区，乃至一个国家，如果教师有理想、有爱心、有学识、有高超的教育艺术，那么即使硬件设施有些简陋，家长、学生也会心向往之。教师是中国梦的奠基者。教师的重要使命，就是为每个孩子播种梦想、点燃梦想，并帮助他们实现梦想。每一间平凡的教室，每一节朴实的课，都不仅是知识的传递，而且是人类文明精神的接续、人生梦想的起航。正是有亿万个孩子梦想的放飞、绽放，中国梦才更加光彩夺目。如果说中国梦最坚实的土壤是学校，那么教师就是最伟大的"筑梦师"，他们用默默无闻、孜孜不倦的智慧劳动，让每一颗年轻的心灵都与中国梦激情相拥。

倡导教育家办学，造就一批好老师，首先要尊重、珍惜我们的本土智慧、本土创造。教育家不是凭空产生的，而是扎根于自己的民族文化土壤，同时吸收人类文明成果，从而创造出独特而生动的教育实践、教育智慧和教育文明。五千年源远流长的中华文明，不但形成了有我们民族特色的教育理论体系，而且涌现出了千千万万优秀的教育家，有被推崇为"大成至圣先师""万世师表"的孔子，有"匹夫而为百世师，一言而为天下法"的韩愈，有"捧着一颗心来，不带半根草去"的人民教育家陶行知，等等。改革开放 40 年来，随着教育改革的不断深入，教育战线涌现出了一大批杰出教师。他们痴情于教育事业，坚守理想信念和教育良知，在三尺讲台上默默耕耘、刻苦钻研，同时以敢为天下先的精神大胆创新，不断进取、不断超越，形成了各具特色的教育思想和教学风格。正是他们的成功探索和实践，创造了具有中国风格的教育经验，丰富了具有中国特色的教育理论宝库。原由教育部师范教育司组织编写，现由中国教育报刊社人民教育家研究院组织编写的"教育家成长丛书"，就是要向这些宝贵的本土创造性的教育经验致敬。

当前，教育领域综合改革正在深入推进，考试招生制度改革的大幕已经拉开，立德树人、培育和践行社会主义核心价值观成为大中小学教育的头等任务。可以预见，中国教育将发生深刻的变革，将从"中国制造"向"中国创造"转变。"没有革命的理论，就没有革命的运动。"没有适合中国土壤、具有中国智慧的教育理论，就不可能为未来的中国教育改革提供有效的指导。我们的教育要向"中国创造"飞跃，必然要首先创造属于我们自己的教育理论，而不是"言必称希腊"或者老是贩卖欧美的教育理论。170 多年前，美国思想家、诗人爱默生发表了著名演说《美国学者》，号召美国知识界："我们依赖旁人的日子，我们师从他国的长期学徒期时代即将结束。在我们周围，有成百上千万的青年正在走向生活，他们不能老是依赖外国学识的残余来获得营养。"由此，美国迈入精神立国阶段。

如今，我们也面临与爱默生同样的情形。随着我国 GDP 已从世界第二向第一迈进，我们要自觉养成强烈的"中国意识"，独立的中国文化品格，并由此去环视世界，去改造本土实践，去创造属于我们自己的精神养料——这在教育界显得尤为紧迫。"教育家成长丛书"，旨在把我们本土教育实践中蕴含的中国智慧提炼出来，从而形成具有时代意义的中国特色的教育话语体系，再以此去观照、引领、改造中国的教育实践，为伟大的教育改革提供经验、理论支持，也为未来的教育家提供丰富、可资借鉴的精神养料。

让我们为中国教育的伟大未来一起努力吧！

2018 年 3 月 9 日

前　言

　　见证着中国基础教育半个世纪的春华秋实，代表着中国基础教育教学成果的最高成就——"首届基础教育国家级教学成果奖"，闪耀着李吉林、窦桂梅、吴正宪、张思明、洪宗礼、唐江澎、邱学华、于永正、孙双金、薄俊生、龚春燕等一大批优秀教师的名字。而上述这些教师杰出代表恰恰都是《人民教育》"名师人生"栏目中最受读者喜爱的名师，都是"教育家成长丛书"的作者。

　　"教育家成长丛书"（以下简称"丛书"），是在第20个教师节前夕，为了研究、总结、宣传和推广我国众多优秀中小学教师的先进教育思想和鲜活宝贵的教育教学经验，培养造就一大批德才兼备的优秀教师和杰出的教育家，促进教师队伍整体素质的提高，根据教育部党组安排，由师范教育司组织编写的一套凝聚着一大批教育家成长智慧的大型教育丛书。

　　"丛书"自2006年问世以来，不但得到国务院和教育部领导同志的高度重视，而且先后印刷多次尚不能满足广大读者的需求。这其中的奥秘何在？

　　当你翻开"丛书"，每一部著作都讲述着一位教育家成长的故事。这些著作主要从"成长历程""思想概述""课堂实录"和"社会反响"等方面全景式反映其教育思想、教育智慧、专业精神和专业人格的形成过程与教学实践过程。这是教育家成长的基本素质所在。

　　当你沿着教育家成长的足迹走近他们的时候，你会融入这些带有"草根色彩"、扎根中华教育实践大地、充满田野芳香的真实感人的教育故事中。

当你从"丛书"中，从这些当年和自己一样的普通教师，成长为今天受人尊敬的教育家的成长过程中受到启迪，当你触摸着自己的心，把学生的成长和祖国的未来紧紧连在一起的时候，你会真切地感受到教育家离我们并不遥远。

当你用整个身心蘸着自己的生活积累去品味"丛书"中的每一部著作的"成长历程"时，在一位位名师不断学习、不断超越自我、不断超越学科教学的求索足迹中，你会读懂"教育是事业，其意义在于奉献"的丰富内涵。

当你研读"丛书"中的每一部著作的"思想概述"，和每一位名师展开心灵对话的时候，都会深深地感受到，一名教师对教育独立的理解与执着的追求有多么重要。从一名普通的教师成长为受人尊敬的教育家的过程中，你会读懂"教育是科学，其价值在于求真"的深刻含义。透过"丛书"，你会看到一代代教师用爱与智慧塑造民族未来的教育理想。

随着我们从"知识核心时代"走向"核心素养时代"，教师教育教学活动的视野已拓展到人的生存与发展的方方面面。教师要结合自己的教学实践去感悟"教育理念是指导教育行为的思想观念和精神追求"，应该把爱化为自己的教育行为，让爱充盈课堂，触摸到一个个灵动的生命，让爱产生智慧，让爱与智慧在学生心中留下岁月抹不去的美好回忆，让教育者和受教育者都感受到教育的幸福。这是"丛书"给我们的启示，也是每位教师应有的胸怀和视野。

时代呼唤教育家。为了进一步把我们本土教育实践中蕴含的中国智慧提炼出来，从而形成具有时代意义的中国特色的教育话语体系，以此去观照、引领、创新中国的教育实践并在更大范围加以推广，"丛书"将由中国教育报刊社人民教育家研究院继续组织编写，希望能够在更广大教师的心田中播种教育家成长的智慧，从而出更多的名师，育更多的英才，成就中华民族复兴的伟业。这是时代赋予广大教育工作者的神圣使命。如果广大教师能在每位教育家成长、探索教育智慧的过程中受到启迪，形成自己的教育智慧，则实现了我们编辑这套"丛书"的初衷。

"教育家成长丛书"
编 委 会
2018 年 3 月

序 一

记不清是哪一年了，大约是 21 世纪初，刘希娅校长来找我，她说她提出了一个办学理念叫"六年影响一生"，但是不少人不同意，认为影响一生的不只是小学六年，还有以后的中学、大学呢。她问我的意见。我说，"六年影响一生"，这句话我同意。小学教育是基础教育，是为人的一生发展打好基础的教育。就像建一座大厦，首先要把地基打好。如果地基不深不牢，大厦就很难稳固地竖立起来。于是我就挥笔写了"六年影响一生"六个大字。后来我到她学校去，居然看到她把我写的这六个大字刻在了学校的一块大石头上。"六年影响一生"就成了谢家湾小学的办学理念。

我经常讲，基础教育要打好三方面的基础。一是儿童身心健康发展的基础。小学正是身体发育、思维发展、情感养成的关键时期。一个人在小学里养成健康的体魄、创新的思维、优良的行为、开朗的性格，将来一定会成长发展得很好。二是打好终身学习的基础。小学的读、写、算、艺术、体育都是将来专业学习的基础，同时形成喜欢学习、会自学、终身学习的意识，才能适应现代社会不断变革的需要。三是打好走向社会的基础。一个人总要走向社会。小学生的学习不仅仅是学习知识，更重要的是要学会做人，立德树人；要学会尊重他人，能与人沟通、与人合作；要初步树立作为一个公民的法治观念；形成服务社会、贡献国家的奉献精神。这就是"六年影响一生"。

怎么实现"六年影响一生"这个理念？刘希娅把学生装在心中，让每个学生都出彩。学校结合重庆红岩革命精神的传统，提出了"红梅花儿开，朵朵放光彩"的学校文化建设的核心，并把它做成学校的标志，镶在学校的大楼上，印在学生的校服上，处处体现把每一个师生都当作学校的主人。学校修缮装修时，走廊墙壁上的瓷砖都是由学生创作的画烧制而成的。那一年我到学校访问，恰逢开学之初，看见许多孩子都在走廊里寻找自己画的瓷砖，脸上满是喜悦自豪的笑容。我赶快把这个景象照了下来，至今还保存在我的相册中。这个小小的场面体现了孩子们对学校的热爱。刘希娅校长关心着每一个孩子，经常会通过公众号给孩子写信、写寄语，祝贺他们学习的成功。这是什么？这就是对孩子的爱，尊重孩子，信任孩子，让每一个孩子都放光彩。

为了让每一个孩子都放光彩，就要在教育质量上下功夫。课堂教学是立德树人的主渠道。刘希娅校长在校园文化建设上下了一番功夫以后，就把主要精力放在课程建设和课堂教学质量的提高上。小学是教学改革最有作为的时段，因为它离高考较远，受应试教育的干扰较少。刘希娅校长抓住了新课改的时机，开展课程改革，努力推进素质教育。

小学生的潜能是很大的，他们活泼好动，求知欲和接受能力都很强。以往我们低估了学生的能力，没有把学生的主体性、积极性发动起来。刘希娅校长遵循了小学教育规律，开始小学课程的整合改革，形成了具有谢家湾小学特色的小梅花课程。课程改革改变了教育教学方法，减轻了学生的课业负担，提高了教育质量。这正是学校内涵的发展、改革的深化，受到教育界的充分肯定。

刘希娅校长的这本自传体著作，介绍了她从一名乡村小学老师成长为著名校长的过程，介绍了她在谢家湾小学进行教育教学改革的历程，内容既丰富又实在。读者特别是老师可以从这部著作中得到许多启发。

我曾经讲过，老师的成长要经过五项修炼：意愿、锤炼、学习、创新和收获。刘希娅校长的成长正是经过了这五项修炼。

意愿：首先要有当老师的意愿，这是老师成长发展的基础。刘希娅热爱教育、热爱儿童，满怀教育热情，全身心地投入学校的教育工作。

锤炼：从乡村小学老师到城市老师，从普通老师到教育管理者，从老师到校长，几次身份的转变，一定会让她遇到许多困难。特别是在谢家湾小学课程改革的过程当中，一开始她遇到了很大的阻力。许多家长不理解，甚至到学校示威反对。课改是坚持还是放弃？刘希娅认定了课改是教育改革发展的方向，一定会取得成功。结果是学生的负担减轻了，教学质量提高了，家长满意了。这就是刘希娅在工作中的坚持和锤炼。

学习：工作中常常会遇到困难，解决困难的唯一办法就是学习。刘希娅在建设谢家湾小学十多年的过程当中不断学习。学习党的教育方针，学习教育理论，不断提高对教育的认识，提高自我的文化修养，从而坚定了教育改革的信心，克服了重重困难，取得了教育改革的成功。

创新：改革创新是教育发展的动力。学校是一个年年新、月月新、日日新的场所。学生在更新、在成长，学校里每天出现的问题都不一样。教育是一项创新的劳动。校长和老师都要根据不同的情况，运用教育的智慧，解决每天遇到的教育教学问题。尤其是在当今变革的时代，科技在发展，社会在变革，学生的生活环境、认知能力、价值观念都在发生变化。学校只有不断改革创新，才能适应时代的要求。谢家湾小学的小梅花课程，就是一项重大的教育改革创新举措。

收获：老师最大的收获就是看到学生的成长。刘希娅校长看到一届一届学生毕业成长，心中无比喜悦。这就是她最大的收获。今天刘希娅校长把自己成长的过程写成著作，是一次精神上的升华，更是她最好的收获。

《刘希娅与小梅花课程》即将出版，刘希娅校长要我写几句话。我就借与她交往的经历，发表一点感想。

顾明远

2020 年 2 月 23 日

刘希娅（左）与教育家顾明远（右）在北京师范大学教育学部顾明远教育思想研讨会现场合影。

序 二

学校的样子

我去过不少学校参观学习，但大多都是去一次两次。而谢家湾小学是我走访次数较多的学校之一，除了希娅校长，那里的干部和老师我还能叫上几个人的名字呢。

有一次，在谢小的操场上，一群满头大汗的孩子跑到我面前，问："您对我们学校哪里印象最深呢？对我们学校还有哪些建议？"看着这一脸稚气、神情中流露出为学校发展操心的孩子，我们学校的老师们哈哈大笑，又羡慕不已。是什么让这里的孩子如此喜欢学校？又是什么让我走近每位老师时都能感受到他们对学生的那份强烈的真诚？他们总鼓励孩子们"试一试"，在享受孩子们释放天性的过程中，守护着孩子们的纯真与自然。

一次次走进谢小，一次次与谢小老师的接触，让我也享受着这份真诚与微笑。那是一所学校最美的样子，一种发自心底的真情流露。教育中最可贵的那份真诚，去除功利之后，尽显纯粹。

是什么力量让谢家湾小学成为这个样子？

教育部中小学名校长领航工程让我走近了希娅校长。虽说我是她的实践导师，但其实是她给了我很多学习和思考的机会。她的率真、坦诚、执着以及教育的智慧都在感染着我。

做了校长以后，我们都有很多事情要去规划，于是，文化提升、课程建设、空间改造、教师发展、模式探讨等成为当今校长的重要工作，这些都值得我们全力以赴去做。

我想说的是，作为校长的我们，不能仅满足于去"鼓捣"那些文件中的制度、墙上的口号、校门口的荣誉匾牌等门面上的装潢工程，而是要沉入学校，体察学校的日常生活，着力透过校园里发生的日常琐事，去反思并建构起学校的价值理念及行为引领，要让二者能够相辅相成，也就是人们常说的知行合一。这样一来，校长所提出的办学理念就有了这所学校的烟火气息，能落地，能生根，能长大。

希娅校长提出的"六年影响一生"办学理念和"红梅花儿开，朵朵放光彩"主题文化就是如此。老师和学生就似那红梅，朵朵怒放，让每一个身处谢小校园之中的同行，直观地体会到这里的办学理念真的是上得了"厅堂"，更能进得到"课堂"。我们看到，谢小的师生们都是那样义无反顾地在每一节课中实践，办学理念又在老师们的实践中得以"丰满长大"。再看老师们的行为，因为没有了理念与行动之间的"违和感"，没有了"此一时"和"彼一时"的摇摆，更因为没有了那份"顾忌"与"做作"，所以留给学生的就是那份真诚、那种投入。身处其中，我们似乎感受到了老师们的心，就是在这样的过程中，逐渐变得清澈、纯粹；看到了老师们在与学生长期真诚的互动中，升华了职业幸福感。因此，学校自然而然地进入一种生机勃勃的状态。

一所学校的气质是经过历代师生的努力沉淀而升华的。当然，这又与每一任校长的努力和追求分不开。希娅校长就是那个用一颗纯粹之心办教育的校长。

我们看到她风尘仆仆地到处学习取经；看到她乐此不疲地登台讲学，分享学校的故事；看到她笔耕不辍，学校发生的事情都愿意写一写，社会上发生的事件都乐意说一说，没有顾虑，没有修饰。所以希娅吸引了一大批粉丝。

在谢小，我也看到她深入课堂之中，率先试水做靶子，不回避难题，不怕出错，为的就是鼓励老师们"放下面子"，专心研究什么样的教学方式才能走进学生，点燃学生的学习欲望。校长的研究公开课面向老师们开放，她把自己放到一个探路者的角色上，不是为了展示校长个人的高超技艺，不是为了展示校长的风采，而是为了探讨如何应对学生学习过程中的困难、挑战。于是，我们看到希娅校长换了一身朴素的衣服和一双平底鞋登上了讲台，为的是课堂上方便蹲下来与学生一起讨论。课堂上的那束光始终聚焦在孩子的学习上。在这样的专业引领下，老师们自然会去掉羞涩，淡化功利，专心投入到与孩子的互动之中，专心地察看学生的反应，并及时回应他们。

在这样一批老师的"怂恿"下，学生们变得"肆无忌惮"，课上课下问题不断，表现欲大涨。这正是童心童趣的可贵，是好奇心与探索欲的萌发。日久天长，这铸就了谢小师生共同的基因。这种做教育的真诚与微笑，解决了他们遇到的很多教育问题，使谢小成为一个有着独特品质的值得我们去不断深入学习的好学校。

校长的办学初心，往大里说，是为党育人、为国育才，而落到学校的实践中，那就是要想方设法促进每个老师的发展，促进每个学生的发展。校长要营造一种适宜的学校文化，与老师们一起，心无旁骛地投入对学校教育规律的探索之中，而不是围着"名"和"利"。尽管我们今天看到谢小收获了很多成果和奖励，但我想，他们当初的出发点一定不是为了"名"。这就是办学的真诚，也是办学价值的生动体现。

做一个有理想信念、有道德情操、有扎实学识、有仁爱之心的好老师。谢家湾小学的老师们用他们可贵的真诚，唤醒了孩子们的天真，形成了新时代教学相长的另一种实践言说。我们说，大人要学会向孩子们学习。要想与孩子们共同学习、共同进步，真诚之心是多么的可贵。唯有真诚，我们才能在与孩子们共同经历的酸甜苦辣中，在长期的互动相依中，走近孩子，了解孩子，读懂孩子。对学生个性的尊重和独特性的珍视，也通过老师们的日常行为，化成了一个个多样而具个性的教育机会。老师们鼓励着每个孩子，最终赢得了被孩子们信赖的教育默契和感动。

这样的岁月，最终造就了谢家湾小学这种在基础教育领域现象级的样板学校，也刻画了谢小老师群体独特的年轮，让这里的老师们更加通达、睿智、平和，散发着那份真诚与微笑，滋养着学校最美的样子。

以此为序，祝贺希娅校长新书问世。期待希娅校长带领的谢家湾小学，为每个孩子创造更多的机会和可能，创造基础教育学校改革的中国方案。

刘可钦

刘希娅（左）与北京中关村第三小学校长刘可钦（右）在北京师范大学的教育部小学校长培训中心合影。

自 序

在 2020 年不同寻常的春节，在阳光灿烂的山城重庆，落坐窗前，敲击键盘，书名《刘希娅与小梅花课程》跃然电脑之上。眼前顿时浮现出一位小学校长成长路上的，那一个个平凡却又跌宕起伏的教育人生镜头。

感谢张新洲主编约稿，促使我有了这次对自己教育人生的阶段性梳理。打开近十几年来 500 多份演示文稿，翻看着自己一路走来的心路历程，对那些曾经影响过我教育人生走向和进程的人们充满感恩，对那些一直陪伴着我风雨兼程的亲朋们、伙伴们充满感恩，对所有一直和我在一起的老师们、孩子们充满感恩。

只想透过平实的文字，纯粹从实践者的角度，分享一位小学校长办学思想的孕育提出、推进落实和实践成效，以及在博弈与坚守中那些关于孩子、教育和人生的感悟及启示。

我说我做的，我做我说的。

目　录
CONTENTS
刘希娅与小梅花课程

小梅花课程

谱写教育人生

印象希娅

慢慢经历　体会成长

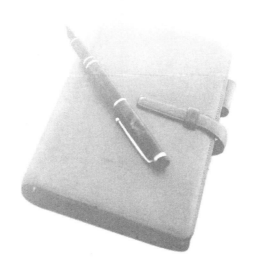

一、童年的记忆

千万不要把孩子当成一张白纸，因为他们从小就有丰富的内心世界和情感需求。童年缺乏安全感，往往一生都会缺乏安全感。我的童年，虽然少了家长的陪伴，却给了我太多独立思考和自主生活的空间，让我刻骨铭心地懂得了人生中最重要的不是物质条件，而是善良、温暖和爱，也让我明白了在不能由自己主宰和改变的生活面前，唯一的办法就是面对它、接受它、战胜它。

我出生在重庆市荣昌县（原隶属于四川省）的一个偏远乡村。从村里到镇上需要走8公里山路，从镇上到县里要走50公里，从县里到重庆市区要坐9小时的汽车或13小时的火车。

妈妈是从重庆主城区中学一毕业就下乡的知青，爸爸是一名退役军人。当时家里经济条件较差，一年之中只有过年的时候才可以买肉吃。年夜饭开始前，我和弟弟总是守在切菜的大人旁边咽着口水，大人们也总是把肥美醇香的鸡腿提前给我们吃。平时几乎全靠红薯、玉米等度日，偶尔在红薯缝里吃到几粒香喷喷的大米，那就是幸运的了。

儿时，每天总是盼着爸爸妈妈从田间劳作回来。夏天，他们从山上耕种回家，常常会带着最甜的野地瓜，这是一种长在地上的藤状植物结的果子，开始是青绿色的，长至拇指大时就会逐渐变红变软，这时候吃起来又甜又香。如果从田里插秧或收割稻谷回家，他们手里常常会拎着黄鳝或小鱼，那时我们就会蹦蹦跳跳、满心欢喜地看大人们烹饪。等到饭菜上桌的时候，早已按捺不住的馋劲就会得到极大的满足。夜幕降临，炊烟袅袅中，爸爸抽着土烟、说着笑话，妈妈给我们讲着故事。晚上一家四口挤在一张床上，爸妈总逗着我和弟弟，看谁能数到100。在懵懂与欢愉中，很快我就在附近的村小上一年级了。学校第一次组织活动时，我要上台表演节目，于是爸爸妈妈唱着歌给我梳头，还在我头上扎上绿色的绸缎蝴蝶结，撕下家里对联上的红纸用水浸泡后将我的双颊抹红。虽然脸颊有些疼，但心里很开心幸福……童年最美好的记忆都定格在了7岁以前。

1980年冬天的一个傍晚，妈妈在厨房里做饭，我和弟弟在桌前围着爸爸。虽然我们不懂桌上的那张纸意味着什么，但看着父母痛苦地纠结着，我和弟弟都拉着难以下笔的爸爸嚷嚷："爸爸，写我！"当时知青返城只能带一个孩子，而弟弟幸运地跟着父母到了重庆，我留在了那个小乡村。接下来每年我一般只能在寒暑假见到父母。虽然后来我的新衣服等物质条件比别的孩子好多了，但快乐却比别的孩子少了很多。

留守乡村的我，守着三间土墙房子（一间猪圈、一间厨房、一间卧室）生活。土墙房子和阿公阿婆（爷爷奶奶）的家隔着约三米宽的土坝子（农村晒粮食的地方）。阿公是一名道士，常年在外奔波，能沟通交流的机会非常少。阿婆是8岁就到阿公家生活的童养媳，性格内向，一字不识，不善言谈，特别节俭。平时我和阿婆一起吃饭。因为太婆（阿公的妈妈）生前非常强势能干，孙子们的养育和教育几乎都由她负责张罗，加上作为童养媳的阿婆生性胆小孤僻，所以除了吃饭，阿婆似乎不知道小孩子需要陪伴、沟通，更不知道该怎么教育我。

每天晚饭后，7岁的我就要回到自己的土墙房子睡觉。其实我不想一个人睡在土墙房子里，但为了防止小偷偷盗，我只能在土墙房子里睡觉。起初每一个晚上我总是抱着爸妈返城前一家四口的合影，一边哭，一边喊着爸爸妈妈，累了，也总会睡着，天亮起床，有时发现自己在地上。晚上总是哭，是因为太想念爸爸妈妈，也是因为害怕。土墙房子的门缝是用泥土糊的，泥土掉了就漏出一个个洞来，夜间总有老鼠东奔西窜和刮大风产生的怪异声响，每次吓得我脑海里浮现出种种恐怖情景，而我只能紧紧地抱着被子发抖。时间长了，我就不再哭了。每天晚饭后，我就跑到有孩子的邻居家玩。虽然他们家都不比我家经济条件好，但我却觉得他们家更温馨。我很喜欢看着他们收工回来，一家老小热热闹闹地准备晚饭。我总是非常积极地帮他们在厨房里烧火，融进他们的热闹里。直到他们吃饭后洗脚睡觉，我才悻悻地回到土墙房子，带着他们家的温暖努力睡着。

8岁那年，有一次表姐到阿婆家里来玩，我们两个发生了矛盾，她把吃剩的菜汤倒在了我头上，而我则把辣椒酱倒在了她身上。我惹怒了阿婆，她说我不应该还手，因为表姐是客人。我则和阿婆争辩，让她非常生气。她让我从此在土墙房子里自己独立做饭吃。具体不记得自己是怎么度过那些日子的，只记得一些零碎的事情。一次在门口对着镜子梳头时，路过的五叔说："这孩子脸色这么不好，是不是得肝炎了？"我被带去检查后发现果然患了甲肝。一次感染麻疹，高烧几天不退，迷糊、头晕、酸软的我，就在家里水缸旁边不停地爬行以获取凉意，还不由自主地喃喃自语。阿婆听到了，吓得赶紧托人通知了爸爸。爸爸闻讯回来带我去村里看医生，第二天给我做了这辈子记忆中最好吃的炒南瓜丝和腊肉。一次我站在老师旁边背书，老师说我头上有很多虱子，随后将我带回家中，给我洗头除虱子，还给我吃了肚包肉（猪肚里包着花生米和糯米）。有一次，我因为长期吃咸菜，实在想吃新鲜蔬菜了，就走了 8 公里路到镇上买了一棵白菜。回来把白菜切成小片后放锅里，想着平时煮东西都要将水没过食物，一般水干了食物也就差不多好了。农村的大锅因为要煮猪食，都是直径一米多那样大的铁锅，虽然我盛了一大锅水，但还是不能将白菜完全淹没。柴房里的柴都快烧完了，锅里的水还没有烧开。最后，我只好把温热的白菜将就吃了。多年以后才明白，因为浮力的因素，白菜是沉不到锅底的，白菜也是不需要那么多水就可以煮熟的。还有一次，阿婆带着我站在 5 米多高的悬崖上面，用镰刀割从崖底长上来的硬头黄（竹子中特别高、特别直、特别坚硬粗壮的品种）竹子尖部的竹叶，用于喂牛。阿婆让我拉着竹尖，方便她割竹叶，哪想她一放手，因为我体重太轻，我使劲拽着的硬头黄竹子一下子向上弹了起来，将我抛向了空中然后直接摔到了崖底，幸好摔到了一个竹根上，噎了好久好久才哭出声来，那样的剧痛真的是刻骨铭心……这些和阿婆一起生活的岁月，好像大都不容易、不开心，但是成年以后，阿婆却是我睡梦中唯一经常出现的亲人。

那些日子里最大的愿望，就是寒暑假和爸爸、妈妈、弟弟团聚，也总是在期盼中去做很多自己认为有意义的事情来表达思念。我学着大人们的样子给妈妈绣鞋垫、织毛衣，漫山遍野找寻野地瓜存放在坛子里。好不容易等到见面时，我把这些东西小心翼翼地送给妈妈。可惜，妈妈说她不用这样的鞋垫，她用缝纫机一下子就能缝好多双；爸爸说要当心我织的毛衣里有虱子；我神秘地端出存满野地瓜的坛子，揭开后发现它们早就全坏掉了。每一次短暂相聚时，我总努力表现得最好。和弟弟一起做作业时，哪怕妈妈一直盯着弟弟，我也会乖乖地做好作业递过去期待被关注和表扬。妈妈每次都不抬头看我和我的作业，只埋着头盯着弟弟说："你看，姐姐都做好了，你还不快点！"我不但没有介意，还经常看着他们，在内心天真地祈祷：爸爸、妈妈、弟弟，你们不要离开我，就留在农村吧，让我一个人去劳动，我一定能养活你们。只要天天能见到你们，我就知足了。

　　思念父母和等待团聚似乎成了那个阶段我核心的生活寄托。在没有电话可以联络的情况下，写信是唯一的联络方式。9 岁那年寒假，妈妈不能回来看我，写信让我放假后自己到镇上坐汽车到县城，再从县城坐火车到重庆家里团聚。她要我回信写明回家的日期，他们会到重庆菜园坝火车站接我。一个月后，我一个人扛着大大小小的包裹（我的个人物品和亲友们给妈妈带的土特产）在晚上 11 点左右到了重庆菜园坝火车站。在接站大厅等到空无一人时，还没有看到妈妈爸爸的影子。听到墙上的时钟敲响午夜 12 点的钟声时，我心里越来越害怕和慌乱，不敢再等待了。和以往生活中临近绝望时一样，我总会想起爸爸告诉我的，遇到困难时就要接受现实、面对问题并想办法解决问题。于是，我根据写信的地址一路问询，乘坐菜园坝到两路口的皇冠大扶梯、403 路公交车之后，在谢家湾站下车，在昏暗的街灯下恐惧不安地又走了 40 分钟左右的夜路。回到重庆的家里，才知道我在给妈妈的信里写错了时间。他们一周前到火车站等到了夜里最后一班火车，也没有接上我，又给我写了封信寄回去了。

　　每一次相聚都很短暂，离别前几天，我每天都会跑出去找一个地方悄悄地哭很久，才能平复内心的无奈和伤心。我从来不在人前掉眼泪，总是强忍着，想在珍贵的团聚时光里给彼此留下更多开心的记忆。这样的悄悄哭泣只有一次没有忍住。那是在 10 岁那年，妈妈请假回来看我，当时我已经严重咳嗽两个多月。妈妈在回来的第四天病倒了。我步行到 8 公里之外的镇上给妈妈买了橘子，在回来的途中差点晕倒。令我感到最伤心的是，当我回到家里时，却看到妈妈开始收拾行李准备回重庆了。我想说："妈妈，别走，我咳嗽得好难受！"但是我说出来的却是："妈妈，我送你到镇上，明天我再回来。"妈妈也许明白我是想和她多待一会儿，就同意了。我默默地帮着妈妈收拾行李后，跟着妈妈来到镇上，住在一个小旅馆里。那一夜，我都不舍得睡着。很快就到了凌晨 5 点，我和妈妈匆忙地来到长途汽车站。我很不情愿却又无可奈何地松开了妈妈的手，看着她上了长途汽车。她从窗户探出头来，让我赶紧回去。我不愿走，但汽车已经开始徐徐启动，那一刻，只听见整个长途汽车站里回响着我失控的无比悲伤的哭声……不知道哭了多久，我才慢慢往回走，每一步都努力去踩那些昨天和妈妈一起踩过的石板，回忆着和妈妈在一起的分分秒秒，黄昏时分才回到乡村的土墙房子里。

　　小学五年级以后，我寄住在了舅舅和外公家里读书，状况好了很多。中学时期，因爸爸经商，重庆的家成为 20 世纪 80 年代的万元户，是我们家那条街上第一个买电视机、录音机、洗衣机的家庭。爸爸带着我和弟弟出门时不再坐公交车，只坐出租车。我们洗头都到理发店，家里还请了阿姨做家务。这样的富足生活持续了几年，随着爸爸经商不顺，我们家又回到普通的生活。不管家境好还是不好，爸爸妈妈却总是因为一点小事争吵。哪怕是一次晚餐菜品的味道，或是下象棋过程中不同的思路，都会成为他们吵架的诱因，这总会让我感到紧张害怕。所以，对于我们一家四口的生活，我最怀念的还是妈妈返城前在老家的幸福时光。中学毕业后，出于潜意识中对教师职业的认同，我考入了重庆幼儿师范学校（现已并入重庆师范大学），结束了自己从来不想提起却很难忘记的早年生活。长大后，我有一次在妈妈面前谈及儿时的经历时伤心落泪。妈妈说："我也没有办法啊，你总比我好嘛，我小时候连我妈妈什么样子都还没有见过，她就去世了呢！"从此，我再也没有在妈妈面前谈论过童年的生活。

阿德勒说，幸福的童年可以治愈一生，而不幸的童年需要一生去治愈。千万不要把孩子当成一张白纸，因为他们从小就有丰富的内心世界和情感需求。我们应该关注、尊重和敬畏孩子们的进步。我的童年，虽然少了家长的陪伴，却给了我太多独立思考和自主生活的空间，让我刻骨铭心地懂得了人生中最重要的不是物质条件，而是善良、温暖和爱，也让我明白了在不能由自己主宰和改变的生活面前，唯一的办法就是面对它、接受它、战胜它。

二、初为人师

成为一名幼儿教师后，一个个稚嫩无邪的孩子，用各种不同的性情和特点吸引着我。我着迷于孩子们的一颦一笑、一言一行，总忍不住牵着他们的手嬉戏，抱着他们讲故事……初为人师，体验到了孩子们带给我的幸福感和归属感，享受到了人生中第一次被大家如此看重和尊重的感觉，我似乎找到了生命的意义。我在被信任中增强了继续前行的自信，常常在大家都说"不可能！"的时候，我却说："不，可能！"我总对自己说，不管我们经历怎样的坎坷，都不能失去憧憬未来的权利和让自己幸福的能力；不管我们身处怎样的低谷，都不能放弃追求梦想。

　　三年幼师的课程学习主要以舞蹈、音乐、美术、体操、语言等学科为主。像我这样的个头体型，又没有一点相关基础，总体成绩都一般。我留给大家的印象是默默无闻、不善交流、胆小自卑。只有比较亲密的朋友会认为我比较有思想、有创意和有幽默感。

　　1992年我毕业时，幼儿师范生还是比较"紧俏"的，班上大多数同学都被分配到了重庆市区各个幼儿园，少部分同学被分回了原来所在县城的幼儿园。我被分配到了离荣昌县城约10公里的一个镇上的中心幼儿园。

　　没想到，经过火车、汽车的长途辗转到了这个镇，找到这所中心幼儿园却很不容易，因为在这个镇上有一个规模很大的矿务局，整个镇几乎都被矿务局机构占满，其下属的机关幼儿园和各个分厂的幼儿园都比中心幼儿园更有影响力。穿过一条陈旧没落的老街，拐进一条深巷，终于在一个小巷的尽头找到了这所中心幼儿园。幼儿园的校舍是一栋光秃秃的三层高楼房。幼儿园共有教师6名，设有大中小班各一个，共有57个孩子。因为幼儿园没有宿舍，我被安排和镇教育办公室的一位打字员郭凤住在一间空教室里，旁边的幼儿盥洗间便是我们的简易厨房。园长宋中林是一个温和严谨的中年妇女，无党派人士。她向我介绍幼儿园时，无奈地感叹条件、师资、生源都比较差。我却信心满满地说："只要努力，一定会有改变！"她笑着说："年轻人就是有朝气，你好好干吧，我支持你！"

　　成为一名幼儿教师后，一个个稚嫩无邪的孩子，用各种不同的性情和特点吸引着我。我着迷于孩子们的一颦一笑、一言一行，总忍不住牵着他们的手嬉戏，抱着他们讲故事……开学一周后，我带的小班的孩子们几乎都喜欢上幼儿园了，被父母送来道别时不哭闹了。但有一个孩子却在每次家长离开时哭闹得厉害，怎么也哄不好。我没有办法，就坐在他旁边陪着他大哭。一分多钟后，他停下来问我为什么哭，我说看见他哭我也很伤心。听完他竟然破涕为笑，扑过来一把抱住了我。工作中，我负责一个班的数学、美术、音乐教学。下班后或周末，我带着孩子们找来生活中的各种废旧物品，通过手工制作、绘画、实物改造等方式，为孩子们创设小商店、小医院、娃娃家等角色游戏活动角。有时为了让孩子们白天上课就能用上教具，晚上加班到两三点也是常事。最辛苦的一次是为了准备一节游戏公开课，我连续两天一夜没有睡觉。周末我常常早上起来就到办公室，铺开画纸开始画一幅大的环境布置水粉画，完成时已经到了黄昏，才想起一整天都没有吃饭，于是抓起钥匙冲向菜市场。宋园长常常自己做些好吃的，然后悄悄放到我宿舍。此外，我还主动请缨，带领老师们在全园开设主持、舞蹈、绘画、体操等兴趣小组活动，带着孩子们学习，排练一个个小节目，新年来临之际还带着孩子们到街上挨家挨户表演。演出结束后，人们会给红包，但我们都拒绝了，只要大家知道我们镇上有一个中心幼儿园就行了。六一儿童节，我还邀请所有家长都来观摩孩子们的活动，了解孩子们的成长。慢慢地，大家都知道了镇上有这样一所幼儿园。

刘希娅（后排居中）在中心幼儿园工作时留影。

一年之后，听说全县要开展首次幼儿舞蹈专场表演比赛，我觉得这是一次难得的促进幼儿园艺术活动发展的机会，于是很兴奋地建议宋园长报名参赛。宋园长慈祥地看着我说："我们基础太差，试试吧，不行就算了。"我嘟着嘴说："还没有比赛呢，怎么就说不行呢？"宋园长笑而不语。我猜想：是不是宋园长看了我幼师学习的舞蹈成绩，对我没有信心？但我认为这是孩子们去比赛，又不是我去比赛。接下来，我用了一周的时间观看、研究能买到的幼儿舞蹈录像。我并没有像一般幼儿园那样选一个舞蹈模仿排练，因为我觉得那个年代的舞蹈多半都是为展示舞美效果而编排的动作，内容普遍远离孩子们的生活。于是，我决定创编一个最能接近孩子们平常生活，又能让孩子们理解并喜欢演绎的舞蹈。我将舞蹈主题定为"蛙趣"，根据一群小青蛙的生活故事，编排了孩子们熟悉和喜欢的游戏化、生活化、拟人化的舞蹈动作，不需要孩子们模仿抽象的高难度舞蹈动作。晚上，我一个人在屋子里用最便宜的绿色绒布窗帘裁剪缝制青蛙服装、荷叶道具，沉浸在青蛙生活的情景中，并一个个小节甚至一个个音符地用上百盒录音磁带剪辑录制音乐。白天只要有空，我就带着孩子们一遍遍排练。一个人又喊、又跳、又辅导，三个多月下来，我咽喉严重化脓。有一次排练时痛经严重，只好坐在凳子上抱着热水袋指导孩子们练习跳，没想到因为热水袋水温过高，与皮肤仅隔一层薄衫，直到热水袋不热了才发现，小腹上竟然烫出了水泡。

　　终于到了全县演出时间，看到各个参赛队的豪华阵容，我和孩子们有些胆怯。演出时我在台下一直陪着孩子们跳，担心没有人理解我设计的音响灯光效果，一会儿又跑到音响灯光控制台前自己调整。孩子们朴实自然、纯真有趣、憨态可掬的演出，格外清新、可爱和精彩，赢得了全场热烈的掌声。当18个节目演出结束后，县教委领导宣布我们获得全县第一名时，我们惊呆了！宋园长激动地抱着我说："你太棒了！孩子们太棒了！"我也语无伦次地说："我相信孩子们，只要跳他们自己的舞蹈，他们就会跳得非常精彩！"

　　是的，热爱孩子、相信孩子、亲近孩子，是我初为人师最真实的教育教学写照。

　　1993年，我带的班级已经由小班升入了中班。孩子们已经和我成了好朋友，他们脑袋里的奇思妙想改变了我的教育教学方式。卓品是班上最小最胖的男孩，他有着胖乎乎的身材、圆圆的脸蛋，又大又圆的眼睛总是好奇地打量着周围的一切。和他同组的小川（化名）又瘦又小，但他们俩特别合得来。有一天，我正在上数学课，小川突然对着教室门口大喊一声："皇上驾到！"还没等我反应过来，他紧接着两手一甩一抱半跪了下去，眨眼间，随着他大喊一声"喳！"全班25个孩子齐刷刷半跪了下去。我惊呆了，扭头看见突然站在门口的卓品才反应过来。只见他头戴一顶拖着长长辫子的"地主帽"，还穿了一套非常华丽的"地主服"。我顿时明白了，孩子们看到这个情景想起了最近电视里播放的宫廷剧里的皇帝形象。我正要请卓品进来，却见他面不改色地甩过长辫子，一手背在身后，毫无表情地踱着方步走到讲台上，抬起右手，淡定地说："平身！"孩子们默契地回应："谢皇上隆恩！"我一时间不忍心打扰这样的情景，来到卓品右侧弯下腰轻轻地问道："皇上，您这是去哪儿了？"卓品没有看我一眼，继续平视着伙伴们，一字一顿地说："我去了重庆，那个地方有一种梯子，你站在上面，它就会把你送到高处。"顿时，孩子们七嘴八舌讨论起来：为什么？什么梯子？……

　　面对讨论得热火朝天的孩子们，我放下了正在进行的数学教学。围绕卓品的见闻介绍，我按下了教室的电灯开关，教室里刹那间暗了下来。我又打开开关让灯亮起来，和孩子们一起讨论："这个灯泡和电线后面有一种神奇的东西叫作电，有了它灯就会亮。"我又打开录音机，让孩子们体会录音机也是因为有电所以可以放音乐。"刚才卓品说的那种梯子可以把人送到高处，就是因为这种梯子通了电，所以这种梯子叫'电梯'。重庆，不仅有电梯，有卓品身上这样好看的服装，还有许多我们没有见过的神奇事物。等我们慢慢长大了，有了更多的本领，都到外面的大城市去看看，那里有很多让我们意想不到的惊喜等着我们……"孩子们讨论得更加热烈，一张张兴奋的小脸对着我不愿下课，巴不得马上去重庆。趁着孩子们的好奇劲儿，我顺势引导大家理解了本节课的数学内容——多与少的认识。

刘希娅在中心幼儿园任教时，在给大班的孩子们上课。

那节课给我留下了深刻的印象，每一次回忆起来都庆幸自己当时没有打断那个情景，没有按照教案把孩子们"拽"回我的数学课，而是把自己融进孩子们的世界里，因势利导地传递信息，激发孩子们的好奇心和求知欲。在后来的教育教学中，我始终尽最大努力站在孩子们的立场去预设、实施、评估、调整我的教育教学活动，总会收获满满的惊喜。

1994年全县进行教师基本功大赛，我代表所在镇参赛。经过层层竞赛，我竟然获得了全能组第二名，并代表全县参加在重庆幼儿师范学校举行的重庆市教师基本功（全能组）总决赛。在备赛的整个暑假里，我没有投入更多的精力和时间，不是偷懒，而是觉得自己作为偏远地区的代表基本没有获奖可能。经过三天的决赛之后，全能组一等奖取前 5 名，而我是第 7 名。竞赛的内容并不全是个人才艺，更多的是幼儿教育教学法的相关内容。我感到十分愧疚，觉得对不住自己，更对不住县里的信任，可是机遇已经与自己擦肩而过了。从此，我牢固地树立了一个信念：最大的遗憾不是没有成功，而是根本没有为成功付出最大努力。不管在什么境地里，都不要妄自菲薄，要像信任孩子那样信任自己，凡事都要竭尽全力去争取，不管结果如何，至少不会给自己留下遗憾。

凭着这个信念，在后来的三年工作中，我收获了很多荣誉证书，涵盖教学竞赛、演讲比赛等。其中让我最受鼓舞的是，在县委县政府第十个教师节隆重的表彰庆典上，22 岁的我被评为荣昌县优秀教师。胸前佩戴着大红花，在锣鼓声、掌声中走过红地毯，最年轻的我站在一排受表彰的同行队列中，意外地遇见曾经教过我的李老师。50 多岁的李老师说他工作了快一辈子才获此殊荣。我感到非常幸运和幸福，这种被关注、被认可的感觉让我体会到了从来没有过的感恩和自信。

在大家齐心协力的努力下，1995 年这所中心幼儿园的生源已经接近 300 人。初为人师，体验到孩子们带给我的幸福感和归属感，理解了辛苦付出之后就会有收获，享受到了人生中第一次被大家如此看重和尊重的感觉，我似乎找到了生命的意义。我在被信任中增强了继续前行的自信，常常在大家都说"不可能!"的时候，我却说："不，可能!"

1995 年，我到一所不通公路的大山深处的村小去教语文，成了一名村小教师。

在村小当班主任教语文的日子里，孩子们淳朴可爱，老师们真诚友善，学校领导也很器重和信任我，给了我很多平台学习锻炼。印象最深的一次是我上了一节公开课《我爱故乡的杨梅》，其中需要带着孩子们理解"细腻"一词。除了引导孩子们查字典说出意思以外，我还特别鼓励孩子们结合生活情景说出"细腻"的感觉，于是，孩子们说"细腻"就是吃汤圆的感觉，"细腻"就是婴儿皮肤的感觉……大家都觉得这样创新地教孩子们理解词义，比简单地查字典后死记硬背，能让孩子们学得更轻松，理解得更深透。这样的教学方式得到了学校领导和老师们的高度评价，使我备受鼓舞。不到两年，我不仅喜欢上了小学教育，也喜欢上了语文教学。

我觉得，不管我们历经怎样的坎坷，都不能失去憧憬未来的权利和让自己幸福的能力；不管我们身处怎样的低谷，都不能放弃追求梦想。

几个月后，当我得知重庆主城区的九龙坡区城乡接合部的华岩小学由于新建搬迁后规模扩大，需要引进教师，我就赶过去报名参加选调考核。

到了华岩小学，校长办公室里有两位考核人员。一位是谢宗朝校长，原是本区中梁山地区最大的小学——玉清寺小学的校长，刚调过来；还有一位是过去十几年一直在华岩小学工作的副校长。他们一起对我进行逐项考核。经过各项个人素质考察后，两位对我都很满意，问我："如果调过来，你需要教数学兼大队辅导员，有问题吗？"我说完全没有问题！但在他们的考核基本结束时，副校长突然说："你可能不适合，我们更需要引进一位男老师。"

刘希娅1996年在重庆市区公园留影。

我高度紧张地请求："请相信我，给我一次机会，我一定做得比男老师更好！"在约一分钟左右可怕的沉默后，谢校长笑着说："不久就要开学了，有新的男老师来更好，没有就先引进这个小刘老师吧。"就这样，1997年，我终于调进了九龙坡区华岩小学。

进城，靠近妈妈，可能是我童年里就埋在心底的愿望。虽然一路走来，有些坎坷，但这些经历也成了我人生中的宝贵财富。

三、孩子们喜欢我这样教数学

我一直就不太喜欢看似枯燥的数学，也特别理解不喜欢数学课的孩子们。但既然安排我教数学，我就要想尽办法，让孩子们在数学课上感到好玩儿，感到学数学有意义，努力让孩子们和我一起都爱上数学课。在学校里，不管做什么样的工作，我们都要全心全意站在孩子们的立场去思考和实践。越靠近孩子的立场，越感觉成效显著。

我从小就喜欢语文学科，喜欢读书，喜欢在阅读中探寻多彩的世界，喜欢那些丰富的文字带给我的坚定力量和浪漫遐想。在中学时代，除了读中外名著以外，我还偷偷地读完了不少名家的小说和诗集，特别是那种随意、朴实、深刻的写作风格，深深地影响了我。

来到九龙坡区城乡接合部新搬迁来的华岩小学，工作岗位是学校大队辅导员兼数学教师。我一直就不太喜欢看似枯燥的数学，也特别理解不喜欢数学课的孩子们。但既然安排我教数学，我就要尽量让孩子们在数学课上感到好玩儿，感到学数学有意义，努力让孩子们和我一起都爱上数学课。

为此，我借来小学数学教学的相关杂志，学习各种数学教学理论和案例，有时间就请教有经验的同事们，每天晚上都要针对第二天教学内容的目标、方法研读教参，站在孩子的立场进行长时间的斟酌推敲，觉得各个环节都有把握了才安心睡觉。每当我精心设计的数学课得以圆满地呈现，孩子们学得主动积极时，我就增添了一份对数学课的喜欢。在我有意识地引导孩子去发现、欣赏数学的思维性、逻辑性、严谨性等学科特点的过程中，我和孩子们都渐渐地喜欢上了数学课。所带班级孩子们的数学成绩在当时的全区统考中十分优异，使我增添了对数学教学进行持续探索的信心和决心。

刘希娅1997年在重庆市区公园留影。

我的数学课很朴素，很少有花哨的形式。我喜欢带着孩子们将简单的数字、符号和图形与具体生活联系起来，同时又从生活中抽象出来进行探究。1997年冬天，区教师进修学校教研员康老师带领学区数学骨干老师们在华岩小学开展数学研讨活动，让我上一节六年级观摩课"分数应用题"。那天是当年冬季最冷的一天，当老师们、孩子们都在讨论天气太冷的时候，我临时改变了原有的教案设计，就当天降温展开讨论，引导孩子们将近期温度升降的差异作为研究主题，再从降温幅度出发引出人们调整生活方式带来的相关数据，最后预测后几天温度的走向。整节课中孩子们都很积极投入……在课后老师们的研讨中，大家都赞叹说这节课中学生学得很主动、很投入、很有收获。教研员康老师兴奋地说："我太喜欢希娅老师上数学课时那种轻松、自然又严谨的风格了。"

华岩小学虽然地处城乡接合部，但是因为是新建学校，所以区里很多活动都会安排到这里，为教师的发展提供了很好的平台。在全国刚刚提出实施素质教育的背景下，1999 年秋季，区教委组织区里所有的科级以上干部和教研员，来到华岩小学进行集体视导。老师们都很害怕自己的课被抽到，因为区教委听完课后会打出优秀、良好、合格、不合格四个等级，在最后汇总的大会上进行公布，并会影响到整个学校教育教学水平的评估。我也一样很紧张。当数学教研员邓老师坐进我的课堂时，他很和蔼地说："听说你的数学课上得很灵活，所以你不要紧张，想怎么上就怎么上。"一节"有余数的除法"让邓老师听得忍不住加入孩子们去热烈地讨论。下课后，邓老师很高兴地和我讨论这节课的精妙处，还鼓励我可以更大胆地放手，并问我下一节上什么课。我说上数学兴趣课。邓老师竟然要继续听我的课。说实话，我当时心里直嘀咕今天惨了，如果听课等级不好，就把学校连累了，还要承受来自学校领导和老师们的责备，但我也不能拒绝教研员听课呀。见我有些忐忑，邓老师还是那句话："别紧张，想怎么上就怎么上啊。"当他看到我带着孩子们来到操场，以游戏的形式上完整节数学思维课后，他两眼发亮，连连说："不错！不错！很有想法。"这时已经到了全体集中反馈的时间了，我跟着老师们来到会议室，忐忑地听着大家反馈各组情况。当听到邓老师说："这是我第一次在操场上听数学课。刘希娅老师上的数学课很有趣味、很有深度，学生的思维非常活跃。我给今天刘老师上的两节课都打'优秀'。"那天所有学科被听课 11 节，只有我那两节课获得了"优秀"。

一周以后，我接到通知，区里让我在全区首次数学三课观摩研讨会上执教一节公开课"三角形的面积"。"三课"就是说课、上课、评课系列活动，当时老师们都没有参加过这一类活动。我觉得压力很大，尤其是当我找到邓老师汇报我关于上课的教学设计时，他总是那句话："大胆放手，让学生去探究发现。"我继续问怎么放手、怎么说课时，邓老师笑着说："怎么放手是我们基础教育在这个世纪的教育困惑。至于怎么说课，以前没有人尝试过，你自己琢磨吧，反正说清楚上课的目标、内容、教法、设计思路和依据就行了。"筹备公开课的过程是艰难的。设计课堂教学时，我脑子里塞满了的不是那些来自全区的数学专家和老师们，而是怎样让孩子们在课堂上不过度依赖老师的灌输牵引，而是在大量的动手操作中发现、合作、质疑，通过剪切、平移、旋转、拼合等步骤，去体会转化、迁移的数学思想。准备说课时，没有范本可以参考，我只能根据自己摸索数学教学的体会去解读、诠释这节课。在1999年11月2日全区小学数学三课观摩研讨会召开那天，全区来了300多名数学骨干老师。虽然我有些紧张，但整节课有很多地方是放手让孩子去尝试、探索的。孩子们放松的状态给我加了很多分，也恰恰很好地体现了学生为主体的课堂风格，呈现了一种师生平等合作、一起探究的课堂新理念，得到了参会老师们的高度评价。上完课后，紧接着我面向全体与会老师们做了题为"小学数学教育生活化"的说课，从观念转变到教学方法去阐述我所理解的素质教育在课堂上的实践。2000年3月，我在九龙坡区校级干部教学示范活动中，通过执教"圆柱的体积"再次公开呈现我的教学理念。当年，我把这些实践体会和思考写成了一篇数学教学文章《在小学数学教学中培养学生的创新思维的关键在于"放"》，并被收录在《重庆教育论文大系》里。

　　那天送走了参会的老师们，邓老师来到我的办公室，当着同事们的面问我："你要想好，以后在业务线和行政线之间到底走哪条线？不要一辈子稀里糊涂地就过去了。"我当时十分不理解，什么是业务线？什么是行政线？邓老师拿区里的一些校级干部和教学名师为案例，给我耐心地讲解。我似乎很让邓老师失望，因为最后他还是听到我说："我不知道，以前都是不管上级交给我什么工作，我都尽全力做好。最重要的是让孩子们获得更好的发展。以后走什么线，我也不知道。"

　　当我逐步走上干部岗位后，当管理工作和教学工作在时间上、精力上有冲突的时候，我总会想起邓老师的话，不过好像还是没有想明白，哪条线都放不下。

　　作为干部管教学的时候，我经常通过执教公开课来说明我的教学观。开始并不是每一个老教师都服我管的，她们会说："你才教了几天书呀？"于是我向校长申请了一台摄像机，跑到各个教室里去拍摄老师们上课的视频，教研活动的时候，组织大家一起观看、学习、讨论。很多老教师自己都看不下去了，拍着桌子嚷嚷："我怎么讲了半天也没有讲清楚呀？小刘，快关了！"还有一些老师说："小刘，你教的班级的学生作业那么少，成绩还那么好，我们能不能听你的随堂课，看你到底怎么教的?"其实，因为我还兼管了学校的其他事务，白天没有更多的时间给孩子们补课，也没有时间批阅和评讲很多，所以我特别注重课前精心备课，对给孩子们呈现的每一个细节都进行充分论证，并且发动学生自己预习。孩子们只要预习时自己做了书上的课后练习题，第二天上课核对后就没有家庭作业了，所以孩子们学得非常主动。有一段时间，每天都有老师来听我的课，我还常听到个别老教师说:"哎呀! 年轻人就是聪明! 我这么多年教书的时候都觉得那个关键环节是个难题，可是你看人家小刘在关键地方点一句话，孩子们就都懂了。"通过这样的角度和方式，我带动老师们重新认识自己、认识孩子、认识课堂教学，然后再去听老师们的课，发现他们还是有很大改变的。

在这样的过程里，邓老师说的教学线和行政线好像并不矛盾，而且可以互相转化、互相补充。后来在学科专业发展的道路上，我一直坚持留在数学学科里，一步步成长为重庆市数学特级教师、数学正高级教师。多年以后，事实证明，不管选什么"线"，在学校里，我们都要全心全意站在孩子的立场去思考和工作，越靠近孩子的立场，越感觉成效显著。

四、把我想到没想到的都做到了，就是不成熟

在华岩小学，谢宗朝校长说我把他想到没想到的都做到了，就是不成熟。从一名数学教师、大队辅导员成长为副校长，我获得了太多机会和平台让自己去思考，去发挥和挖掘个人潜能。教育孩子也是一样的道理，我们总想着获取外部资源，其实最重要的资源是自我潜能，关键是要找对方法和策略去激发和释放潜能。

一个人的成长，与遇到什么样的人、什么样的平台、什么样的机制息息相关。我非常幸运，因为在华岩小学，谢宗朝校长和学校领导班子都十分信任我，让我获得了很多锻炼和提升自己的机会。我在教数学的同时，还担任大队辅导员、德育主任，负责学校的鼓号队、舞蹈队和工会工作。学校作为新搬迁的城乡接合部学校，有几百个孩子和 40 位老师，基础并不好。我那时不懂什么管理到位与管理越位的区别，总觉得作为学校大队辅导员，和孩子相关的事情都应该由我负责。从严格要求

老师们、孩子们说普通话，到学校层面有关孩子们的大小型活动的设计、实施，我都主动承担。学校没有鼓号、舞蹈、体操、演讲、主持、书法等兴趣小组，我就带着老师们一一组建起来，忙得不亦乐乎。我每天几乎都工作12小时以上，沉浸在孩子们那令人沸腾的鼓乐声、舞蹈训练的节拍声、朗诵演讲声、欢呼声、嬉闹声中，辗转于不同的角色之间。每天的工作都排得满满当当的，让我感到充实而有意义。谢校长和领导们每次听我汇报活动项目的计划和实施方案时，都说同一句话："不错，按你的想法去做，需要什么尽管说。"谢校长还总是搞突然袭击，常常在我把老师们、孩子们都组织好，在操场上进行升旗仪式前一分钟，没有商量地安排我："小刘，今天的国旗下讲话，你讲吧。"放学后，我在舞蹈队排练时，谢校长告诉我："区里在遴选艺术节演出活动的节目，我们学校被选上了。明年六一儿童节时，你把《三个和尚没水喝》的故事创编成一个舞蹈表演一下。"然后又说："明天区里有一个教育综合治理座谈会，需要发言，你去。"我茫然地问："什么是综合治理？我讲什么？"他边笑、边走、边说："你没问题，可以讲好的。"我只好赶紧给舞蹈队的孩子们放学，到处找人、找资料了解学校综合治理，梳理我们学校的综合治理特色，通宵达旦地准备发言材料。

时间长了，我就越发放开手脚大胆工作，也习惯了自己独当一面地解决问题。1999年学校筹备50周年校庆，从校庆流程的设计到接待环节的安排，从节目的统筹排练到主持稿的撰写，从演出舞美的确定到照相师、摄像师的培训，校长都放手让我去做。令人感动的是，老师们、孩子们都非常配合和支持我的创意。校庆当天，来自全区的领导们、来宾们都在议论：这所学校的孩子们变了，过去经常连脸都洗不干净，现在居然能那么有礼貌地用普通话交流；一个个节目都那么精彩、有创意；女老师们（含50多岁的老教师）居然能全部上台，有模有样地跳舞，精气神非常足；特别引人注目的是那个年轻女教师，干净利索地忙里忙外，有条不紊地统筹落实。大家都在赞叹谢校长培养了一个好苗子。谢校长高兴地说："小刘的确不错。"

2000年冬季，九龙坡区教委组织首届校级干部竞聘上岗。在谢校长的鼓励下，我报了名。在第一轮演讲环节，我获得了全区第一名，但是进入答辩环节，我却遇到了问题。当看到抽签题目中写道"假如你被提拔为校级干部到一所学校去和全体老师见面，请你进行一分钟现场演讲"，我不知如何开口。我说："不同学校的状况不同，我的演讲风格和内容也应该不同，这样空对空讲话不对。"在场的领导觉得我太较真儿，让我重新抽一道题目。我这次抽到的题目是："假如你到一所学校担任副校长，大家对你不服气，和你对着干，你怎么做他们的工作？"我还是觉得要根据具体情况选择不同的方法进行沟通效果才好，管理最重要的就是不能太形式化、简单化、程式化。尽管我的答辩一塌糊涂，但总分还是可以的，最终我被聘为九龙坡区首批竞聘上岗的副校长，继续留在华岩小学。

成为副校长之后，我逐渐感觉到自己不仅要忙于具体事务，也要站在学校全局层面主动思考、带动实践，关键还要调动和激发每一个教职员工都主动积极、同心协力作用于孩子们的发展。这是不同的格局，也是不同的挑战。

刘希娅（右）与同事赵老师（左）在华岩小学留影。

那几年中，因为自己不够成熟，我错过了一次加入中国共产党的机会。后来尽管自己终于成了一名党员，但那件事情让我刻骨铭心地记住了，凡是涉及自己晋升、获奖的事情，不到文件下发或以类似方式落地，千万不能高兴过早，更不能声张，否则就是不稳重、不低调的表现。这是谢校长在培养我的过程中，送给我的一份特别难得的成长礼物，促使我在为人处世中更加成熟、沉稳、周到。

我做副校长试用期满要转正的时候，到学校来进行干部考察的区教委党办李主任，经过各种方式的全方位考察之后，感叹道："我做组织工作这么多年，从来没有遇到这种情况，学校里所有干部、老师一致对一个新提拔的校级干部给予这么高的评价！"多年以后，谢校长退休了，但见到我就说："小刘，我的孙子一定要读你们学校。我相信你的办学水平。"对我而言，这是一份多么难得的信任和肯定！

在华岩小学，虽然我付出了一些时间、精力，但谢校长这样的管理风格，使我获得了太多机会和锻炼平台，让我自己去思考，去发挥和挖掘个人潜能。教育孩子也是一样的道理，我们总想着获取外部资源，其实最重要的资源是自我潜能，关键是要用对方法和策略去激发和释放潜能。我真的很幸运，在成长历程中遇到谢校长。

六年影响一生

一、年轻的校长

这一段曲折的历程，让我强烈地意识到，对于一所学校而言，最重要的是校长的办学理念和人格魅力、教育价值取向和教师队伍领导力。只有解决好这些问题，校长才能在每一个具体的工作细节中保障孩子们的发展，促进老师们的发展。人生没有白走的路，每一段都有一种不同的领悟。这段艰难的经历，没有影响到我后来作为校长的办学活力和魄力，毕竟，我当时还是年轻校长。

2002年7月，我28岁。九龙坡区教委主任和党工委书记通知我去谈话，安排我任玉清寺小学校长。那是城乡接合部中梁山地区规模最大的学校，是由中梁山地区原最大的玉清寺小学和旁边的轮胎厂子弟校、电机厂子弟校合并而成且已运行半年的学校。全校共有70多位教师和近2000名学生。这类学校最大的挑战就是尽快地促进原来三所学校教师队伍的融合。

我去玉清寺小学报到前，为了让自己看起来更成熟干练，我将头发剪为寸头式短发，还购置了黑色、深蓝色系列的职业装。玉清寺小学原校长兼书记袁老师，只担任书记，和我搭档。由于过去华岩小学和玉清寺小学是一个党支部的，所以袁书记是比较了解并认可我的。报到第一天，她就拉着我的手说："小刘，你放心地干，和我过去的管理风格不一样我不会介意的。只要对学校发展有利，我都真心为你保驾护航。"

不知是袁书记母亲般的温暖解除了我的顾虑，还是因为我一路走来就没有学会稳重，就在那个假期里，我一再向当时负责玉清寺小学维修的区教委基建组周老师反映，现有的操场整改方案不科学、不合理，需要调整。周老师觉得操场刚花了钱修好马上就拆，压力比较大。我的观点是花了钱没有把事情办好，压力更大。我们还约定，调整后如果有领导责怪起来，就说是我的错。如果领导验收觉得好，就说是他的思路。就这样，学校把刚刚修好的操场边的舞台拆了，换了方向重新建好，还把教学楼和操场之间设计不合理的台阶、栏杆拆了重新建好。开学时，老师们回到学校顿时感觉操场方便、美观、大气多了。这个举动让袁书记感到震惊，她很慈祥地笑着说："虽然这么改是好多了，但是你还是太大胆了，以后做事情还是要稳重点啊。"我非常感激她的包容，后来我提出的一系列治校措施，都得到了她真诚的支持和友善的帮助。

针对三校合并后部分老师分派系、课堂比较沉闷等问题，我提出"和谐与生动"的办学理念，引导老师们不再分派站队，强调大家共同的身份是"新玉小人"（玉清寺小学简称玉小），在这个价值取向下大家才是团队的朋友，才有共同的未来。我抓住全区开展教研活动竞赛的契机，深入教研组带领老师们研究策略、创新形式，在全区竞赛中一举获得一等奖（学校第一次获得区级教研活动竞赛一等奖），这让全校老师信心倍增、士气高涨。同时针对老师们提出的学校合并后后勤管理效能不高的问题，我进行了管理项目的调整优化，让老师们拍手叫好。当年学校还第一次获得了区办学水平一等奖。领导们、老师们就这样忙忙碌碌、信心满满、热火朝天地工作着，没时间多想矛盾分歧问题。三校合并后的团队融合基本完成了，我感觉一年一晃就过去了。

第二学年刚开学，正当我乐滋滋地和老师们一起规划下一步发展时，我突然接到区教委通知，让我马上去深圳挂职锻炼，同行的还有谢家湾小学新上任两个月的校长。在深圳挂职期间，深圳和重庆基础教育的差异给了我很多启发。其间，我还主动申请自费跟随深圳教师团队去上海学习了 10 天。看到深圳教育和上海教育的差异，我思考最多的是，同样的课标和教材内容，在重庆、深圳、上海实施的效果截然不同，三个地区的孩子呈现出来的学习方法和效果也完全不同。哪些因素的影响最为核心和重要呢？区域文化？城市精神？经济发展？学校理念？校长思想？这些问题还让我从不同的角度去反思自己的办学，去更深层次地理解学校教育的本质属性。半年的挂职锻炼结束了，返程前，有深圳的学校领导找我谈话，希望我留在深圳发展，但我婉言谢绝了。

2004 年 1 月，我回到重庆，没想到的是，区教委没有让我再回玉清寺小学，而是直接让我去接任谢家湾小学校长，而和我一起在深圳挂职的谢家湾小学校长，担任谢家湾小学校长不到半年就被调走了。和我搭档的是卢秀书记，她之前在谢家湾小学担任了 16 年校长。她带领着谢家湾小学老师们不懈努力，把谢家湾小学办成了重庆市首批示范学校。因为还有一年多就到退休年龄，所以卢校长在几个月前改任书记。对于谢家湾小学我完全不了解，只知道它是重庆市首批示范学校。我只是几年前担任大队辅导员时，曾随片区党小组到谢家湾小学参观过半天。任命谈话中，一向很关心我的区教委领导见我愕然不语，问我有什么想法。我说："工作10年以来，每一个岗位好像都还没有待够，就换了。虽然不知道将来会有怎样的挑战，但我习惯了组织安排什么工作都尽力做好，一定不辜负领导们的期望。"

接任谢家湾小学校长后，根据此前的耳闻，加上周边一些朋友的热情相告，我才知道我陷进了一个学校领导更换带来的充满矛盾的旋涡中，所以接任谢家湾小学校长一职，让我十分忐忑。2004年1月8日，我到谢家湾小学交接工作以后就进入寒假了。按照学校领导班子的要求，2月2日开学和老师们见面时我就要做学期工作计划报告。在几乎完全不了解这所学校的情况下，做出一份好计划的难度是很大的，但是我不能也不敢拒绝或者提出延后申请。短暂的寒假里，我除了大年三十晚上吃年夜饭那两个小时以外，几乎都在工作，忙于调研谢家湾小学的相关情况，忙于查阅相关资料，忙于草拟下学期工作计划，思考谢家湾小学未来的发展定位、路径和策略，学习自己还不太熟练的电脑运用技术、课件制作等技能。

开学了，我在区教委领导的带领下首次与谢家湾小学近70位老师见面。我虽然感到压力巨大，但在区教委领导简单的介绍之后，还是做了慷慨激昂、热情洋溢的脱稿就职演讲。

尊敬的教委领导、谢小全体老师：

大家新年好！

银羊辞旧，金猴闹春，乘着区教委打造教育精品、实施"三名"工程、创建教育强区的强劲东风，我来到谢家湾小学，和大家一起学习、工作。谢小作为重庆市首批示范小学，在卢书记的"高品位办学，高质量育人"办学思想的引领下，连续13年获得区办学水平综合评价一等奖，无论是德育工作还是教学科研都硕果累累。学习，使咱们谢小精英荟萃；实干，让谢小的教育教学质量在市内外有口皆碑；团结，使谢小的师资队伍在每一个发展阶段都能保持昂扬斗志；创新，让谢小在百舸争流的教育中始终勇立潮头！这既折射出各级领导的关怀和支持，也浸透着我们全体谢小教职工的智慧和汗水。在此，请允许我向大家表示崇高的敬意，并由衷地道一声"辛苦了！"

　　能够与大家共事，我感到荣幸与自豪。多年来，从幼教到小教，从语文教学到数学教学，从德育管理到教学管理，从副校长到校长再到今天，每一次自我超越后，我懂得了终身学习的深刻意义；在教学、管理等领域获得了国家级、市级、区级奖励时，我感慨鲜花的芬芳源自艰辛的耕耘；考察北京、上海、香港、青岛的部分学校，尤其是在深圳的挂职锻炼中，我对中小学教育和学校管理有了更深层次的理解。在工作中我信奉求实而创新；在管理中我深信心底无私天地宽！

　　来到谢小，年仅30岁的我深感责任重大。我相信，有卢书记的鼓励和大家的支持，我不必为自己年轻而感到不安。大家刚才热烈的掌声，更使我备受鼓舞！这掌声里有信任，有鞭策，更有压力。任何单位和个人只有与时俱进，才能成为时代的主人。谢小发展到今天，让我们必须思考：如何寻求新的发展突破口，以文化经营学校，以内涵提升品牌？如何从全市示范校中脱颖而出，去实现区委区政府为我们提出的"中华名校"办学目标？实现这样的目标既是带领老师们打下坚实基础的卢书记等前任领导们对我们的殷切希望，也是我们应对未来发展趋势的形势需要！"中华名校"发展目标挑战我，挑战学校本届干部班子，也挑战在座的每一位教职工。只有每位老师都实现了自我超越，才能有咱们谢小的再次腾飞！老师们，拿出您的干劲，发挥您的潜能，实现您的价值，让我们按照上级的战略部署，去打造咱们共同的家园——谢家湾小学，努力实现"三年重庆一流，五年影响西南，十年走向全国"的发展目标！

　　金杯银杯不如老百姓的口碑，金奖银奖不如老百姓的夸奖。今后在谢小的发展进程中，无论是坎坷还是鲜花，我都愿和大家同在、同享，请大家时时鼓励我，事事监督我！

　　我的就职演讲结束了，老师们报以了热烈的掌声。从老师们的眼神里，我看到了惊异和认可。后来有老师告诉我，当时大家听这位来自城乡接合部学校的年轻的新校长讲话，认为我的讲话不仅对谢家湾小学表达了足够的尊重，而且以抑扬顿挫的语气语感、笃定自信的对话风格、真诚热忱而充满朝气的精神状态给大家留下了深刻而美好的印象。

　　但同时，部分老师觉得，一个刚满30岁的年轻人，来自城乡接合部，一点在重点学校工作的经验都没有，凭什么来任谢家湾小学的校长？各种针对我的发难接踵而来。

那段时间，大家在观望中揣测，看看这位年轻校长到底行不行。虽然我理想中的学校应该更加温暖、和谐、生动，理想中的学生应该更加阳光自信和积极主动，但我没有急于求成，一直保持谨小慎微。在第一次面向谢小全体老师进行学年述职时，我平静地说道："有利于学校发展的所有压力我都愿意承担，有利于学校发展的所有委屈我都愿意承受，请相信，我们还有共同的未来。"很多老师的眼圈都红了。

尽管在谢家湾小学最初的日子非常艰难，但这让我从不同的侧面更深层次地了解了学校，让老师们对我有了更多的观察和了解。我也非常理解老师们对于一个完全陌生的年轻人产生的不信任和无安全感。换一个角度而言，这也是老师们对于学校的一份厚重情怀，我甚至非常感激大家带给我的这份别样的磨砺，让我对谢家湾小学未来的发展之路思考得更加透彻和系统。这一段曲折的历程，让我强烈地意识到，对于一所学校而言，最重要的是校长的办学理念和人格魅力、教育价值取向和教师队伍领导力。只有解决好这些问题，校长才能在每一个具体的工作细节中保障孩子们的发展，促进老师们的发展。人生没有白走的路，每一段都有一种不同的领悟。这段艰难的经历，没有影响到我后来作为校长的办学活力和魄力，毕竟，我当时还是年轻校长。

二、经得住开放的，才是一流的

校长要开放自己的治校理念和管理策略，以足够的利他思想来换位思考，让干部们、老师们看到校长举手投足解决问题的出发点、水平和方法，这样就有机会赢得大家的理解和认同。从某种意义上讲，校长良好的情感、品行、格局和思维方式，就是学校、孩子们和老师们的安全感。无论对于一个部门，还是对于一所学校而言，经得住开放的，才是一流的。

在谢家湾小学初为校长的那段日子里，我很少有时间去亲近孩子们，因为的确有很多紧迫的事情需要面对和处理。孩子们虽然很有礼貌、很努力学习，但是还不习惯很放松自在地和校长、老师互动。校园里刻苦严谨、师道尊严、师生之间泾渭分明的氛围十分浓郁。我理想中的学校应该更轻松和更有活力，老师们应该更柔美与温暖，孩子们应该更健壮和阳光。很多领导、专家都说："希娅，你刚到谢家湾小学，先要学会稳重传承，过几年再慢慢提出自己的治校方略。"我很感激、很认同大家的建议，毕竟我是从农村、从城乡接合部一路走来的。我对老师们说，我要补上成为重点学校的老师这一课。我也知道自己当时资历尚浅，稍微不慎就会被评价为不谦虚、很高调。但是，当我看到学校的一些教育教学现象还存在可以提升的空间，想到孩子们在学校的每一天、每一节课都是不可逆的，想到再过几年我虽然成熟了但孩子们却都已经毕业了时，心里便不自觉地冒出许多关于孩子们、谢家湾小学的未来发展的想法，甚至总想尽快付诸行动。

从一个外来者的角度看，我感受到了当时谢家湾小学教师队伍中的高原现象。鉴于当时人微言轻的处境，我没有正面否定谢家湾小学过去办学中的任何一点内容，也没有急于自上而下地发号施令。与其让老师们在私底下对新校长、新局势议论纷纷，还不如敞开门办学。一方面，我组织全校老师开展"辉煌与使命"的主题研讨活动，倡导开放办学，提出"经得住开放的，才是一流的"的观点；聆听大家尽情表达对学校发展历史的看法，试着探讨下一步发展中可能遇到的困难，直面学校现状。另一方面，我邀请大批专家、领导、家长、同行走进学校，论证学校教育教学实践，还带领、选派大批干部、老师外出参加市内外交流活动。整个过程中，我不过多发表对学校过去的主导性评价。干部们、老师们在各种形式的讨论中，逐渐自行意识到并承认了学校之间的差距。我适时提出"不单打独斗、不夜郎自大、不故步自封"的三不原则。在多种形式的交流中，大家看到了我这个新校长的品行、能力和对学校的情感。毕竟学校的未来发展关系到大家共同的生活，所以交流活动引发了很多干部、老师的共鸣、紧迫感和危机感。

虽然老师们表面上依然和我保持距离，但我明显看到很多环节对老师们的触动。有部分老师开始慢慢地对我敞开心扉，主动关心或默默支持我。至于仍旧对我不友善、不接受的老师，我虽然心里清楚，但留有余地，不挂怀、不说透，尽量多站在他的立场去理解并包容他。安排任务被拒绝，没关系，换一个人试试看；推行工作有阻力，不着急，分析问题在何处，换一种思路再论证。但如果有人带有明显的恶

谢家湾小学校庆照片。

意攻击我，我也不会胆怯退缩。经过一件件具体的事，大家都渐渐知道了，有什么诉求一定要有礼有节在合适的场合提出来。学校能够满足的一定满足，采取不正当手段威逼学校的，学校也不会退步迁就。

校长的点头摇头之间就是学校的发展方向。校长深沉的教育情怀和最核心的任务，就是规划设计、营建创造出对孩子们而言更为适切的、先进的、科学有效的校园生活方式，并让老师们从中实现自己的人生价值。校长要开放自己的治校理念和管理策略，只要内心真正为了学校好，为了老师们、孩子们好，通过带领干部们、老师们一起专心做事情，让干部们、老师们看到校长举手投足解决问题的出发点、水平和方法，就有机会赢得大家的理解和认同。

有一次，上海语文教学名师贾志敏老师，应重庆市教科院的邀请，要在谢家湾小学为全市语文老师上作文课，届时全市语文骨干老师都会来观摩。我觉得全市各区县的语文老师大老远来一趟不容易，多安排一节现场观摩课可以增加本次活动的容量，也可以为老师们搭建锻炼的平台和机会。经申请，我让学校的一位语文老师与贾志敏老师同课异构，也上一节作文课。与贾老师同课异构，老师们感到震惊的同时，也感到压力巨大，纷纷不敢接受任务。我一再引导大家放平心态：我们的目的不是出风头，同课异构对老师们提高课堂教学水平很有实效，有机会和全国名师同课异构更能使老师们得到深层次的触动和启发，同时也能为远道而来的老师们提供一节研讨案例课。经过动员，肖颖老师主动请缨了。但肖老师上课时特别紧张，课堂效果自然也不好。

2005 年，重庆市小学语文观摩会在谢家湾小学进行，图为谢家湾小学教师肖颖（右）与贾志敏老师（左）同课异构。

在课后的专家评课环节，肖老师遭到部分专家的猛烈批评，这让肖老师感到十分懊恼和羞愧。我在后来和全场的同行们进行交流时，除了高度推崇贾志敏老师执教的作文课之外，还特别表扬了肖颖为大家提供了一节研讨课："肖老师的课虽然还有很多值得改进的地方，但是这一次同课异构中她的收获应该是最大的，她能在筹备时间非常紧张的情况下抛开杂念登上这个讲台非常不简单。肖老师只要能够在这节课堂上'颤抖'40 分钟，就是非常优秀的好老师。"当时在场的校内外老师们对这个观点致以热烈的掌声，感慨不已，都说老师们有这样的校长真有福气。很多年以后，肖老师说起这件事情依旧会感动得流泪，感叹我给了她和伙伴们摒弃功利、心平气和进行教学研究的安全感。

还有一次，我们接到了重庆市中小学校长骨干培训班到谢家湾小学参观访问的通知。我聆听了大家对于本次接待的思路后，在认识上、方法上都不太满意。我就自己精心做好接待方案，组织干部、老师讨论每一个接待细节可能带给来访者的体验，详细讲解大家带队参观时如何着装、走路、交流。例如，说话时不要四处张望，要面带微笑地与客人保持友好的平视；倒茶水时应该面向客人站位，用靠近客人一方的那只手端水壶，上身前倾约 45 度，用远离客人一方的那只手端杯子，倒完茶水之后轻声说句"打扰了"。这样才能让客人感到亲切，感到被尊重，感受到我们的真诚和热情。看着我一一示范、逐一培训，大家都在惊叹，问我是否学过专业的服务接待。我笑着说："没有学过，不过，只要以足够的利他思想来换位思考很多工作细节，就会有不同的自我定位和努力效果。无论对于一个部门，还是对于一所学校而言，经得住开放的，才是一流的。"

就这样，我带着干部们、老师们一起工作，让大家在合作中了解我，并逐渐认可我、接纳我。我也深深体会到，校长的表达水平、着装审美、谈吐品位、思维方式和解决问题的效果等，都影响到大家对校长的评估。不利的处境是另外一种学习和磨炼。校长一定要在每一个细节中体现出一个学校领头人应该有的价值立场和综合素质，真正从心底里把自己的情感和精力都投入学校、孩子们和老师们的发展中，让大家通过每一件细微的小事，去感受你是全心全意爱着学校、孩子们和老师们的，不会以谋取个人私利为目的；让大家在面对和处理一些临场问题中看出你的格局、视野和能力，让大家感到跟着你这样的校长一起工作有希望和信心。从某种意义上讲，校长良好的情感、品行、格局和思维方式，就是学校、孩子们和老师们的安全感。

到后来，学校从老师们慢慢地都愿意开放自己的课堂、开放自己的教育教学经验和疑惑，发展到倡导家长委员会选派家长代表长期驻校观察。学校为其提供驻校观察办公室等条件，家长代表可以自由选择进入学校的每一个角落深入观察，全天候融入学校教育环节，从而使家校之间敞开心扉，共同转变观念、提高育人水平。倡导开放办学，让老师们越来越豁达、明朗、理性、谦虚，对孩子和自己的工作越来越敬畏；让孩子们越来越大气、阳光、活泼，让学校的一人一事都逐步发生着改变。

同时，我还经常通过写作的方式传递自己的观点和情感。从结合刚做校长的管理体会，撰写《点击青年校长管理》一文并发表于《中国教育学刊》，到多年以后开通个人公众号——"希娅分享"，以"分享教育生活，汇聚缤纷遇见"为出发点，书写自己的所见、所闻、所思，这些写作历程都成了我教育人生中不可或缺的一部分。《校长写作的别样意义》在《中小学管理》杂志卷首语中刊载。写作不仅可以促使自己沉静下来深入思考，也可以带动老师们、孩子们、同行们换一种方式打开心灵、彼此对话、理性思考。

三、六年影响一生

我认为，教育即影响。

如果说，我们认同"三岁看大，七岁看老"这句话所蕴含的科学原理，那么，在具有基础性、关键性、可塑性的小学阶段，孩子们所接受的教育正是"六年影响一生"的教育。我把"六年影响一生"作为我的办学理念，不仅仅是基于人发展的连续性，从纵向上强调"六年"与"一生"之间的时间联系的，更是在把握教育的目的性、计划性、系统性的基本要义的基础上，从横向上把握孩子们在六年中受教育观念、教育方法、教育技术、教育内容的系统影响与其一生发展的内在联系的。

六年影响一生

顾明远先生题词。

教育是什么？

作为校长，我似乎一直在被追问："你追求什么教育？你的办学理念是什么？"我曾经很坚定地回答："我追求的是素质教育。"我认为，我的使命就是从实践者的角度，实现党的教育方针与孩子们、老师们的可持续发展的辩证统一。但是，这样的回答在每一次校长会议、校长培训和校长考核中都不能过关，很多领导、专家认为这没有特色。他们认为，每一所学校都应该有自己的办学特色，每一位校长都应该有自己的办学思想。很多学校很快找到了竖笛特色、书法特色、足球特色、武术特色，这些不仅对我没有相关启示，还加重了我的逆反心理。我认为每一个孩子都具有自己独有的特质和发展需求，所以不能把全校学生都陷在一个项目里，跟风似的把时间、精力、兴趣甚至未来发展方向，都框定在一个模子上。

为了找到更多的理论支持，我除了大量阅读古今中外教育名著之外，还大量阅读经济领域知名企业发展的成功案例，对比我们基础教育界现有的学校教育模式和效果后发现：学校追求的方向不同，带来的教育管理行为和结果完全不同，孩子们、家长们的受益程度也不尽相同。我豁然开朗：教育价值取向在很大程度上决定着孩子们发展的方向和水平，同时教育本身作为能动因素，对孩子们发展的进程产生或推进或延缓甚至抑制的作用。因此，让校长想明白要办什么样的学校并且进行论证，是完全有必要的，这不仅仅是提什么口号的问题，而且是坚定怎样的教育价值取向的问题。学校不应该只追求标新立异，更要看办学追求是否符合党的教育方针和孩子们健康发展的需要，从而让每个孩子都拥有成为更好的个体的机会，并成长为能促进世界文明进步的人。越是人性化的、个性化的教育，就越是前沿的、现代化的教育；越体现人本主义思想的教育实践，其效能越接近党中央提出的素质教育的本质。这些价值取向和办学追求，在我的脑海里挥之不去，也越来越清晰坚定。

《学记》被誉为世界上最早的教育著作，全篇只有1200多个字，却对先秦时期的教育思想、教育经验做了较为系统的总结，对教育作用、教育制度特别是教与学中的问题做了精辟的论述，如教学相长、循序渐进、长善救失等。先贤孔子倡导的"学而时习之""学而不思则罔，思而不学则殆""不愤不启，不悱不发""有教无类""因材施教"等教育思想也从一定角度阐述了教育如何作用于人的发展，对我国和世界都产生了深远影响。国外教育研究中，美国儿童心理学家格赛尔认为支撑孩子们发展的是"成熟"与"学习"两个因素；瑞士儿童心理学家皮亚杰认为学习是孩子们基于业已形成的图式，在与自然环境和社会环境的互动过程中，通过同化和顺应作用而不断展开的平衡化过程；苏联心理学家维果茨基的文化历史发展理论和"最近发展区"概念，以马克思主义关于人的全面发展理论为基础，特别强调社会历史文化在人的发展中的作用，认为孩子们的成长不仅靠受内部条件制约的自发性来完成，还要靠存在于个体外部的文化的介入。这些论述都从一定程度上说明了孩子们成长过程中自身素质、环境与教育的辩证统一，揭示了教育对孩子发展的重要意义：教育过程就是影响孩子身心发展的过程，就是在不断地向孩子提出新的要求并将要求转化为孩子自身的需要、发展的动力的过程，也就是外因转内因，促使孩子不但掌握教育内容，更能领悟学习方式和路径，形成自身的品性、知识、能力和思维的过程。

谢家湾小学50周年校庆活动中，刘希娅与孩子们合影留念。

什么是教育规律？

学校在推行素质教育的过程中，强调得最多的，就是要遵循教育规律和孩子们的成长规律。我带领老师们学习、讨论北京师范大学孙喜亭教授编写的《教育原理》中的观点：孩子们的成长规律，就是孩子们在生长、发育、发展的过程中，其认知、情感、意志、道德、行为等方面所体现出的由具象到抽象、由局部到整体、由表象到本质的变化过程。这个过程具有连续性、顺序性、差异性、分化性与统一性的特点，并受环境与教育主导。在这个过程中，孩子们自身的遗传素质与自然环境、社会环境及教育中的目标、内容、方式互动时，孩子们根据外界环境和教育提出的新要求，基于原有的心理水平或心理状态，能动地产生调节、选择、吸收的需求，并将其转化为发展的动力。并不是所有的新要求、新矛盾都可以转化为孩子自身的新需要。教育过程中不是所有的活动都是积极的，违背孩子身心发展规律的活动就是消极的。老师们常用孩子们原有的认知与新的学习任务之间的矛盾所产生的认知冲突进行教学。

大家越来越认同，教育不是静态的现象，更不是单一的知识传递，而是与社会现象、自然现象、政治经济、民族文化等都有着本质性的密切关系的活动。孩子们在受教育的过程中，其自身内部与外部的这些相关要素之间建立联系、发生互动，对其思想与行为综合产生作用和影响。教育能够真正发生，从而引起学生发展的中心环节是学生的理解、领会、掌握和运用。因此，教育的核心应该是孩子。围绕孩子这个核心，教育者、教育目标、教育内容、同伴和环境等核心要素，都在以不同的方式和程度影响着孩子的发展。教育实践就是研究孩子发展的可能、动力、资源配置和方法策略的实践创新过程。因此，教育即影响，教育就是孩子们在成长过程中受到的一切积极、能动的系统影响。

　　小学阶段，孩子们从以保育为主的幼儿园生活，进入以学习为主导活动的童年期。孩子们将面临计划性很强的各学科学习任务，在与老师们、同学们等群体相处的过程中，形成新的行为规范、知识技能、思维能力。童年期是儿童认知发展，特别是思维发展的一个非常重要的时期，这个时期的儿童逐步掌握书面语言并向抽象逻辑思维过渡。皮亚杰将人的认知发展阶段分为感知运动阶段、前运算阶段、具体运算阶段、形式运算阶段，而小学阶段正处于具体运算阶段。在这个阶段，孩子们的思维从具体形象思维向抽象逻辑思维过渡，是思维过程中量变到质变的关键阶段。这个阶段的儿童，其概括能力、分类能力、比较能力等的主要特点都从直观具体为主过渡到形象抽象为主。概念作为抽象逻辑思维的基本结构，儿童对其的掌握也从对概念本身的充实和改造，发展到掌握概念之间的区别和联系，从而建立起网络化的概念系统。可以说，思维发展的关键飞跃，是在小学阶段完成的，而这个思维发展由量变到质变的过程，正是在每一位老师每一天的日常教学中得以实现的。我国心理学学者林崇德、朱智贤都曾通过实验发现：思维发展的关键期在三四年级，但具有一定的个体差异性；只要教学得法，小学生的思维品质可以得到培养与训练，因为它存在巨大潜力和可塑性。

　　我也很赞同个体心理学创始人阿德勒关于童年期的理论。童年期是孩子们获得社会性自我的时期，这一时期自我意识开始加速发展，并分别在一到三年级、五到六年级进入上升期。小学生的自我评价在低年级常因外部情境而改变，到高年级已比较稳定。他们在自我评价的基础上产生自我情感体验，即以自尊为主的自信、自卑、内疚等关于自我的态度。除了自我认知的启蒙，孩子们将在这个阶段形成初步的社会认知，逐渐理解自己，理解人与人之间的关系、团体及团体之间的关系。因此，小学阶段获得良好的社会发展，能使个体控制攻击性行为、抑制自私意图，培养互助合作、尊重自我、尊重他人、关心社会、热爱祖国的优秀品行，促进儿童从自然人成为社会人。

因此，我认为，小学教育"六年影响一生"。

然而，时至 2004 年，虽然距离实施素质教育的提出已经有几年了，但基础教育领域还存在以"讲、练、背"为主要教学模式的情况，忽略学生在教育中的主体地位，违背教育规律。2001 年，为贯彻落实中共中央、国务院《关于深化教育改革，全面推进素质教育的决定》和国务院《关于基础教育改革与发展的决定》，教育部颁布了《基础教育课程改革纲要（试行）》（以下简称《纲要》），大力推进基础教育课程改革，调整和改革基础教育的课程体系、课程结构、课程内容，构建符合素质教育要求的新的基础教育课程体系。重点力求改变课程过于注重知识传授的倾向，改变课程实施过于强调接受学习、死记硬背、机械训练的现状。强调形成积极主动的学习态度，形成结合实际提出、分析和解决问题的能力，并在学习知识与技能的过程中形成正确的世界观、人生观、价值观等。《纲要》的颁布，既体现了学习方式对学生发展、素质教育的重要作用，也体现了基础教育阶段应培养"完整人"的价值取向。

作为一名城市优质小学的校长，我经过村小教师、城乡接合部学校教师、中层干部、校长等岗位的历练，面对谢家湾小学的优势以及优势所带来的高原现象，强烈地意识到自己应该肩负起自我突破与引领发展的使命，竭尽所能带领老师们独立思考和担当使命，去深刻理解"六年"小学教育与孩子们"一生"发展的内在关系和与国家、民族的必然联系，增强老师们的教育情怀和担当精神。

在酝酿和论证学校办学理念的过程里，我走进课堂，希望老师们不要自己独霸讲台，不要只埋头紧盯教材，不要局限于一本统一发放的教学参考资料，要理性地思考，更要抬头看看世界，尽量给每一个孩子互动、展示、交流的机会；我来到操场上，希望孩子们不要脸色苍白、弯腰驼背，而要健硕挺拔、享受运动；我走向舞台，希望不是家里条件优越、重视校外培训的艺术尖子生独占聚光灯，而是所有的孩子都在舞台上大显身手，体验被瞩目的感觉；生活在校园里，我希望不只是孩子们主动和领导们、老师们打招呼，而是所有人都能民主、平等相处；我希望孩子们见到来宾、专家不会感到紧张胆怯，而是平视对方、自然大方、侃侃而谈……所以，多年来，我坚持在每个星期一下午的学习会上，不让文件传达、琐碎事务占据宝贵的一小时，而是结合当前社会发展的最新形势和趋势，结合未来社会发展的可能走向，结合学校师生生活中的典型现象，也结合我自身成长的经历，对全体教师进行有关世界观、价值观、教育观的专题培训。每次培训我都精心准备，开始全部由我亲自主讲，渐渐地，我根据老师们的学习进展情况，创新各种培训方式。老师们从开始喜欢听校长讲，到逐步自己站上演讲台，结合自己的岗位去思考我们到底应该追求什么样的教育。

在一次次理性的论证与碰撞中，大家更加明确了自己心中的理想教育是什么样子的。"学校主体地位的确立"成为大家讨论争辩的核心问题。老师们起初认为教师才是教育过程的主体，因为老师教什么，学生就学什么，所以老师掌握着教育的方向和进程。但是没有学生的存在和发展，哪有老师？家长、老师倾其所有，为什么不同的孩子的学习效果差异巨大？为什么孩子学习的主动性越强效果越好？随着学习和讨论的深入，并经过许多案例分析，大家逐渐理解了孩子才是教育的主体。

但关于这些理解和讨论，我并没有很快将其定性为学校办学理念，担心大家说我刚来谢家湾小学不久就急于搞自己的一套。

2004 年 8 月，谢家湾小学朵力分校落成开学。学校门厅的屏风上需要一句校长寄语，刘希娅将"六年影响一生"在此呈现。

一次偶然的机会，让我提出了自己的办学主张。那是 2004 年 9 月，谢家湾小学朵力分校即将开学，很多领导、专家到学校视察后认为进入大厅就正对洗手间十分不雅，需要在大厅的洗手间外面设置一块能挡住洗手间的屏风，在上面写一句给全校老师、孩子的励志话语。在向全校师生、家长征集这一句话的过程中，我让大家先各自提建议，在大家都没有令人满意的想法时，我提出"六年影响一生"让大家讨论。大家一时之间没有更好的提法，就说先用"六年影响一生"这句话，慢慢再论证。由于当时朵力分校是校企合作办学机制下的新型学校，全国范围内来校参观的领导、专家、同行非常多，大家进门就可以看见的屏风上的"六年影响一生"，总是会引起大家的关注和讨论，特别是"影响"一词，引发了广泛的讨论。大家认为教育只能是正面的，而"影响"这个中性词不行，必须改为"成就"或"造就"等。还有中学同行公然说道："你们小学六年就影响一生了，那我们中学干什么呀？"

在当时追求办学特色化的学校教育发展大潮流里，全国范围内出现了"成功教育""艺体教育""书法教育"等特色鲜明的学校。我仍然总是被不断地追问："六年影响一生"是什么教育？有什么办学特色？当大家听我回答"我们忠诚于党的教育方针，落实立德树人根本任务，追求的就是素质教育！素质教育所倡导的基础性、全体性、全面性、差异性、发展性就是我们追求的学校教育特色"时，大家往往会因为没有听到特色而失望，因此我们甚至常常被排斥。我越来越深刻地意识到，教育领域出现的很多乱象是经济发展中某些急功近利的思想在教育行业的投射。当耀眼的政绩工程遮蔽了校长的视野的时候，学校无疑会演变成失去温度的刷题场和选拔地。不管面对多少非议，也不管遇到多少坎坷，我都带着全校老师始终坚持回归孩子们的立场，力求遵循教育规律和孩子们的身心发展规律，不断自我突破，大胆创新实践，变革自己习以为常的惯性思维和行为，争取一切可能的机会和资源为孩子们搭建平台。越是能调动孩子们积极参与的学习内容和学习方式，越能吸引我和伙伴们孜孜以求地探究研发。

"六年影响一生"这句话在朵力分校大厅的屏风上任凭大家讨论了一年时间，我依然没有急于把它作为谢家湾小学的办学理念。但我坚持自己的看法，这句话既是对谢家湾小学原有的"可持续发展"办学理念的传承，也是对孩子们而言更为简洁、通俗的表达。鲜明地选择为孩子终身发展负责的办学价值取向，是每一位教育工作者应该担当的时代使命。我期待通过这个理念唤起孩子们、老师们、家长们的共鸣、敬畏感和使命感，让大家去体会"六年"与"一生"的内在联系，理解孩子们"每一天"与"一生发展"之间不可逆的逻辑关系，时刻警醒我们去反思、调整和优化自己的思维方式和行为方式。选择"影响"一词，目的就是充分强调教育的辩证性原则，引领大家理性地去反思我们的教育行为是否真正全面、科学、合理地作用于孩子们的发展，去调整那些远离孩子们生活实际、以教师为中心、以教材为中心的教育内容，创生更多更好的教育内容来满足孩子们发展的需要。我期待我和伙伴们能从教育观念、教育技术、教育方法层面，系统地从传统的单向灌输式为主的教育教学模式走向丰富多彩、生动活泼、润物细无声的启发式教育教学模式，注重孩子们学习过程中的体验、探究、质疑、合作并将所学进行内化、迁移，让影响得以真正发生，让教育得以真正实现。

2005年，谢家湾小学探索在全校范围内开展社团活动。图为刘希娅与油画社团的孩子们在一起。

　　2005年9月，听说顾明远先生要来重庆做报告，我异常欣喜。我们守候在沙坪坝他所住的酒店，等他回来时，就在酒店大堂向他汇报了一个多小时。顾老非常亲和耐心，对待我们这群陌生的一线校长、老师没有一点架子。他了解了学校的情况和我的办学思路后，对我提出的"六年影响一生"的办学理念非常认可，竟然取消了市里安排的第二天行程，改为到谢家湾小学调研了一整天，并欣然为我们题字"六年影响一生"。他还鼓励我，年轻校长就是要站在学生的角度创新学校管理，不要有太多顾虑，要有敢为人先的勇气和魄力，才不会辜负时代赋予的责任。得到顾老鼓励，我们当即买来一块六吨重的三峡石，将顾老的题字刻印上去，安放在谢家湾小学本部大门左侧。我请来九龙坡区电视台，在学校部分干部、老师的见证下，举行了一个简单的办学理念揭幕仪式。从此，很多领导、专家、同行经过校门口，

2005年9月，教育家顾明远（后排左二）来到谢家湾小学与大家合影留念。

总会在这个理念石前留影，并对"六年影响一生"办学理念表示高度认同。顾老也一直关心我和谢家湾小学的成长发展。无论在哪里参加会议，只要顾老在现场，我都会主动上前向他问好并简短汇报学校的发展。他也总是和颜悦色地了解情况并鼓励我们继续努力。

分歧总在争辩中消解，共识总在实践中形成。如果说，我们认同"三岁看大，七岁看老"这句话所蕴含的科学原理，那么，在具有基础性、关键性、可塑性的小学阶段，孩子们所接受的教育正是"六年影响一生"的教育。我把"六年影响一生"作为我的办学理念，不仅仅是基于人发展的连续性，从纵向上强调"六年"与"一生"之间的时间联系的，更是在把握教育的目的性、阶段性、系统性的基本要义的基础上，从横向上把握孩子们在六年中受教育观念、教育方法、教育技术、教育内容的系统影响与其一生发展的内在联系的。慢慢地，老师们也越来越认同"六年影响一生"办学理念，越来越理解实现这一理念需要思想的引领、坚定的方向以及摒除急功近利的勇气和耐心，更需要我们一切从孩子的立场、体验、收获出发去衡量和反思我们的教育。2005 年 11 月，时任中央教科所副所长田慧生到谢家湾小学参加中小学综合实践课题推进会时说："谢家湾小学刘希娅校长从孩子终身发展的高度去思考和办学，是对小学教育在基础教育工作中的地位和作用的深刻认识。"

办学理念"六年影响一生"作品登记证书。

重庆市版权局的版权注册资料中记录着："六年影响一生"是刘希娅校长于 2004 年依据小学教育在个体成长和发展中的基础地位以及个体成长与发展的关键期理论，站在学生终身发展需求的立场来思考和定位学校的办学，从教育哲学层面凝练而成的办学理念。为了让该办学理念和素质教育的核心要义更加形象、具体，更加贴近小学实际，结合重庆的城市精神，刘希娅从教育管理学层面构建了"红梅花儿开，朵朵放光彩"主题型学校文化，探索让师生获得全体、全面、全过程的发展的道路。这句朗朗上口的歌词"红梅花儿开，朵朵放光彩"引用于歌曲《红梅赞》，已征得其词作者阎肃老师授权并赠送使用。

四、教育观念的博弈与趋同

一名校长，坚定以孩子终身发展为本的价值取向很难，提出一个反映这种取向的办学理念不容易，但更难的是应对领导、专家、干部、老师、家长等群体，在立场、认识上的分歧所带来的博弈。一种价值取向从"我"到"我们"本来就是一个博弈的过程，也是分歧逐步消除进而达成共识的过程。

学校的价值取向决定着这所学校师生们的生活样态。每一所学校每一位老师的价值取向，都延伸出一种属于自己学校的素质教育内涵，折射出一条属于自己学校的素质教育路径。一名校长，坚定以孩子终身发展为本的价值取向很难，提出一个反映这种取向的办学理念不容易，但更难的是应对领导、专家、干部老师、家长等群体，在立场、认识上的分歧所带来的博弈。我带着谢家湾小学的老师们探索出了一条从"我"到"我们"的观念冲突、情怀融通的博弈之路。

（一）家校沟通与协作既是教育挑战，也是教育艺术

每一个孩子的发展都离不开家校合作，家庭对孩子的影响在很大程度上决定着一个孩子的成长轨迹和未来。在我提出并组织实施"六年影响一生"办学理念不到三年的时间里，老师们常常会抱怨，说希娅校长提出的这个理念的确不错，但每天具体和孩子们、家长们打交道的是老师们，其间的辛酸都是老师们在品尝，这让老师们感到自己总是处于家长监督的氛围中。有老师说，上课时，有孩子举手三次示意想要回答问题，但是老师没有注意到。孩子放学回家后不久，家长便发来短信："老师，你们学校不是主张'朵朵放光彩'吗？我们家'这朵'怎么就不开呢？"还有老师批改作文的确疲倦了，将批示语书写得随意了一点，于是就有家长打电话说："老师，作文批改请注意字迹工整，六年影响一生呢！"正因为有这样的质疑，才有了更多深层次的思考和论证。

在校长管理岗位上，我们必须要面对情况迥异的家长群体。例如，有通情达理、尊重信任老师的家长，有非常重视孩子发展、特别支持学校工作的家长，有恨不得学校的每一课都能让自己参与意见的家长，也有把功劳归于自己、把责任

推给学校的偏激家长。从事教育工作时间长一点，我们就会看到，哪怕在同一所学校，家长的品性、观念、意识和方法差异巨大。方法得当的家校合作，是孩子发展的一种福分，不当的家校合作则是学校、家庭、孩子、老师之间的困扰。作为校长，我们虽然要充分尊重并服务于家长和孩子，但是对不合理、不科学、不道德的家长行为，我们不能没有原则地迁就和纵容，这样才能给老师们带来安全感和稳定感。当有家长偏听于自己的孩子在学校里受委屈而大闹学校时，我会请家长和相关孩子、老师一起当面对质、还原事实，让家长看到自己的不客观判断和不理智行为。当有家长想以耍赖的方式凌驾于学校之上时，我更是不会纵容的。

（二）爱生如子、有教无类既是底线，也是考验

　　校长要带领老师们发自肺腑地去爱学校的每一个孩子，这本身不是一件容易的事情。我努力在每一个具体的教育细节中，去强化有教无类的教育精神；在一个个具体的教育案例的选择和经历中，去沉淀和主导学校的主流文化。

　　古月林（化名）是个有智力障碍的孩子。妈妈送他到谢家湾小学时，很小心翼翼地说："我不想让他去特殊学校，因为他将来总要面对社会。你们不要有压力，他小学毕业时能写自己的名字我们就心满意足了。"六年学校生活中，古月林上课会乱跑，中午吃饭不知道节制，经常大声吼叫发脾气，偶尔也会打人，周一升旗的时候常常执意要到楼顶上观看。渐渐地，他个头比我还高，对我还算客气，周一升旗时也常常会站到我身边。我挽着他的胳膊轻轻说："我们不闹，一起看升旗好不好？"他会很开心地说："好吧，给您面子。"年轻漂亮的肖老师是他的班主任兼语文老师，我不知道她是怎样渡过一个个难关的，又是怎样想方设法带领全班同学与古月林相处的。每次看到她，她都那么温婉而美丽地微笑着，似乎没有一丝厌烦和无奈。我每次走进他们教室，都看见大家都和古月林很自然、很亲密地生活在一起。令人欣慰的是，毕业的时候，古月林已经可以正常地与人相处交流、阅读报纸杂志、写作文了，语文、数学成绩竟然都及格了。古月林的父母对学校和老师非常感激，对古月林的发展也非常满意。

　　学校的谢典老师、贺琼老师、蓝青老师、刘燕老师、罗丹老师、龚艳老师等，都用仁爱之心陪伴着那些需要特别照顾的孩子们，让他们在学校里能够得到老师们、

同伴们真诚的爱护和全方位的帮助。也正是许多生活细微之处的小触动，才让老师们的内心慢慢地变得更加柔软。为此，我还经常写文章并分享给老师们，让大家也尝试去体验教育生活的温馨浪漫，例如这篇《原来，我最幸福的样子，都是和你们在一起的样子》（引用时有改动）。

2008年，刘希娅在谢家湾小学与孩子们一起。

老师们结束上午的工作，孩子们结束上午的课程，午餐时光，大家会在学校餐厅如约而至，给彼此一声问候、一个会心的微笑，或者有机会坐在一起聊聊今天的课程，交流交流彼此的心情和见闻。

我和孩子们一样排队取餐，随机落座，随意交流。如果我拿出手机，会有孩子过来拍拍我的肩膀说："希娅，吃饭时别玩手机！"刚入学的孩子们需要先在教室里学习自助餐的相关技能和礼仪，中高学段的孩子们则要根据班集体整体表现情况决定是否能到大餐厅用餐。规则意识、行为习惯、就餐礼仪需要进一步努力的班级，就要回教室里学习自助餐礼仪，养成了好习惯再到大餐厅里吃自助餐。

　　我碰巧和孩子们坐在一起就餐，大家和我讨论电影《少年的你》涉及的校园欺凌的问题，问如果他们以后到了中学遇到校园欺凌怎么面对和处理。他们还说最近班上准备针对教师惩戒权进行辩论赛。在我们讨论得十分热烈的时候，三年级的一位女生凑过来说："希娅校长，我代表我们班的几个同学过来邀请您和我们一起就餐。我们有几个问题想要和您讨论，还给您留了一个座位。"我说："我正在和六年级的同学一起讨论几个问题，而且根据我们餐厅取餐后就近入座的原则，我今天就不过去了，下次有机会，我一定和你们一起就餐，好吗？"她笑了一下，说："那好吧，谢谢您！"三年级的女生离开后，我问六年级的同学如何看待她刚才的行为。他们说她能主动争取，以后可能会成为一名外交官。

　　吃完饭出来，总能见到孩子们三三两两、说说笑笑在校园里漫步。又到了树叶发黄飘落的季节，大家总喜欢捡起树叶互相赠送或凝视发呆。见到我，孩子们总是很开心地打招呼、挥手。我边走边听孩子们讲讲他们最近关注的热点话题，还有班级里发生的新鲜事，还和他们讨论校园的装饰怎样可以更美丽。

　　听见楼上走廊里有孩子高声喊："希娅校长好！"我正要抬头回应，不料突然有人从后面紧紧地抱住了我，还一边笑嘻嘻地问："希娅校长，还记得我吗？我一年级的时候咱们一起聊过天，现在我已经三年级了。"一时间，我真想不起来他的名字，况且他在我右侧后方，我没看清他的脸。他却一副猜不出他是谁就不放手的认真劲头。我只好向他"求饶"："你告诉我嘛，很抱歉，我想不起来了。"旁边的杨静书记笑弯了腰，乐呵呵地说："校长，白衣服遇到小脏手了！"经杨书记提醒，我心里还真咯噔一下，但瞬间就被满满的幸福感融化了。还没有等我听清楚他的名字，另外几个孩子一下子就围过来了，同时跟着喊："希娅校长，我叫××，你也要记住我的名字哦！"混乱之间，除了身边的老师们举起手机拍照之外，远处还有好几个孩子用双手比画照相的姿势对着我们"咔嚓！""咔嚓！"

　　总是听不够你们的故事，总是想再多走近你们的学习生活。即使很累很忙，有这么一点时间和你们接触，也足以让我开心快乐、幸福满满。从事教育做教师，真好！和你们在一起，真好！翻看相册，原来，我最幸福的样子，都是和你们在一起的样子。

2012年，刘希娅在谢家湾小学操场上与孩子们聊天。

（三）观念的更新与方法的跟进是一个不断探索的过程

一种价值取向从"我"到"我们"本来就是一个博弈的过程，也是分歧逐步消除进而达成共识的过程。老师们最在意的就是自己的课堂教学水平被怎么看待，这也导致了在很多课堂教学研讨中，老师们打不开情面，不能直面执教老师存在的问题。在谢家湾小学的课堂教学研讨中，大家基本能打消这个顾虑，大家总能做到实事求是，单刀直入地进行理性剖析。我也带头抛开面子问题，与老师们进行同课异构成为常态，经常听课听到一半，就跑上去与老师们切磋。

有一次，元旦假期后上班的第一天，谢家湾小学两个校区145名语文老师聚在研课室，听刘婧老师执教六年级的阅读课文《金色的脚印》。刘婧老师是山东人，西南大学教育学硕士研究生。工作8年来，她的教学和班级管理能力都不错，担任六年级语文老师兼班主任，是大家非常喜欢的年轻教师。

她那天执教的《金色的脚印》，凝聚了语文组近期对学习方式转变的很多新探索。刘婧老师努力在课堂上呈现出语文组老师们共同研究的新策略，改变过去老师一讲到底、孩子们被动倾听和记录的学习方式。孩子们快速阅读之后，根据老师的提示，围绕小狐狸、狐狸父母、正太郎三个角色的关系与情感变化，在合作、创作、

2013 年，刘希娅在谢家湾小学教室内与孩子们交流。

表达中去体会人与动物之间的情感故事。

　　我一边听课，一边和旁边的特级教师欧宏、教学副校长兼语文骨干教师陈瑜、语文学科主任施立等一起讨论这节课的课标把握程度和教材处理方式。在刘婧老师上完课后，我从语文教学对于孩子们的概括、提炼、写作能力提升的角度，与大家交流了我的看法和主张。同时，我建议换一位语文老师带另外一个班级的孩子，用不同的教学思路再教一次这篇课文，提供两种不同的教学思路供大家研讨。这样，老师们视野更开阔，策略也更丰富，更能一起研究如何让孩子们学得更加灵活、深刻、扎实。

　　不过，六年级所有的班级都已经上过这一课了，我们只好请五年级一个班的孩子们做好准备，先预习这篇课文。当五年级的孩子们来到研课室后，我鼓励老师们现场执教，看哪一位老师能呈现一节使用不同教学策略的研究课。老师们都谦虚地微笑着彼此推让，还用鼓励的眼神看着我。于是我就上了一节语文课请大家指导。说真的，那一刻，我也是十分忐忑的，但是只要能促进孩子们的发展，即便我上课时出点难堪的小状况，也是值得的。

　　和刘婧老师执教思路不同的是，我没有要求孩子们在文中找关键词和相关内容，而是让孩子们充分阅读之后，尝试用一两句话概括故事的主要内容，再让孩子们带着不同的感受读课文，并与伙伴交流对自己触动最深的场景。第二遍阅读中，孩子们根据自己个性化的阅读速度和个体感受自然地形成了二次分组，有两两讨论的，有三四个人一起交流的，也有自己慢慢品读的，都在阅读、思考、交流中自然地沉浸、交融。

当孩子们视角多元又精彩纷呈地表达着自己的阅读理解时，我相机引导，就大家聚焦的小狐狸、狐狸父母、正太郎角色，分发给每一个小组一张白纸，请大家通过小组合作，采用自己喜欢的方式呈现课文中主要角色之间的关系、情感。我参与到各个小组的学习中，看到孩子们或托腮凝思、各抒己见，或统揽全局、密切配合、文采飞扬，在阅读、思考、谋划、创作的过程中，基于文本又不依赖文本，在总结提炼课文核心内容的同时，将自己个性化的知识基础、情感态度、表达方式、学习体验等要素都融合进了这一张白纸。在最终的各小组汇报中，虽然大家都采用了思维导图的方式来演绎学习成果，但每一个小组的思维导图都不同。大家的思维、情感等方面令全场惊喜。

意外的是，最后一个小组表示不想汇报。他们说，听了别的小组的汇报他们很受启发，很想修改完善自己小组的汇报方案，所以想课后完善好以后再和同学们分享。我和孩子们都尊重了他们的意愿。学习过程中，孩子们有的感动得热泪盈眶，有的剖析问题理性豪迈，有的在细节描写、文本呈现等方面颇有心得……在最后一个环节，我告诉大家我没有一上课就写上课文题目《金色的脚印》，因为我相信大家通过学习，对这篇课文会有自己不同的理解和感受。同样的文章、书籍，不同的人在不同的时间阅读后产生的感受是不同的。学习到这里，大家都有了自己不同的深刻体会，也渐渐明白了题目的意义。我说："如果请你给文章换一个题目，你觉得什么题目更好？"话音刚落，孩子们纷纷抢着回答：信赖、爱、小狐狸、爱与信赖、正太郎与小狐狸一家的故事……

虽然我还想和孩子们一起学习下去，让大家带着此刻的理解和心情再去阅读一篇课文，或者写一个小练笔，但是时间已经差不多了。简单小结后，一个女孩在离开教室之际，十分激动地抱着我说："希娅校长，您上课太有意思了！您太幽默了！"我不禁一把抱住她，乐在了一起。

进入课后研讨环节，老师们都从学生的立场和收获的角度进行了全面的对比分析。来自芬兰的李栋博士在进行点评指导时谈到，他在两节课中，看到了学生不同的发展状态。他结合教学环节，逐一引导大家去理解什么是真正的思维导图教学，怎样才能促进学生主动、投入地学习语文，从而有效提升孩子们的语文学科核心素养，培养孩子们的归纳、概括能力和初步的辩证思维。我也真诚分享自己的观点：小学中高年级的语文教学一定不能仅仅重视字词句篇的学习积累，更要重视教学的人文性、逻辑性和思想性；在充分理解和领会文本作者原意的过程中，不忽略孩子们的自身经验、知识基础、观点情感；写作能力的培养不能仅落实在作文课中，平时每一节语文课都是写作能力渗透培养的重要契机和载体。

平时我有这个习惯，互相听课时有什么分歧我就直接通过上课呈现出来，供大家观摩讨论。我作为数学老师敢上语文课，不是因为我上得好，而是我想带头摒弃面子观念，换一个思路和角度，为老师们提供不同的课程，供大家观摩研究，带给大家一些启示和思考，为孩子们的科学发展提供途径和载体。对于每一次这样的经历，我都觉得很幸福，很有意义。这样持之以恒的课堂教学研究，不断优化着老师们的课堂教学文化，形成了谢家湾小学特有的课堂教学文化。

如何在国家课程落地的过程中，让孩子们既要分数更要精彩人生，形成一种从孩子立场出发的、心平气和地教书育人的教育教学价值取向，需要每一位老师都真正放下高高在上的自我和急功近利的浮躁情绪。在一个个具体的教育教学事例中，在身边一个个榜样的感召中，老师们逐渐改变着自己的价值取向和思维方式。"六年影响一生"不仅成为孩子们、老师们、家长们所接受、认同的办学理念，也凝聚了社会各界对基础教育关键地位的共识。

红梅花儿开　朵朵放光彩

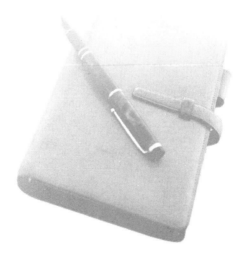

一、主题文化：红梅花儿开　朵朵放光彩

当人们在多种信息的刺激下，做出种种行为选择和反应时，我们常常意识不到这是价值观在起作用。它虽然相对于技术层面更难以识别，但却是一种团队文化的自然展露。以价值观为核心的学校组织文化，在对人的影响方面最大的特点就是"无意识"。它不是固化的、有意的，也不是有目的、有计划、有组织的，它对人的作用似乎也是不可预测的。然而，它是学校里影响人的发展的决定因素之一。

学校文化是老师们、孩子们在学校生活中的价值选择、思维方式、行为习惯、相处方式、兴趣爱好，以及环境氛围和资源条件等要素的综合体现，也是学校所有成员精神、行为、情感、外形的全面反映，其核心就是学校的办学理念。虽然我在2004年的工作计划报告中提出了"以文化经营学校，以内涵提升品牌"等治校思路，但"六年影响一生"办学理念如何通过学校文化的全面系统建设去渗透和积淀，以及如何让学校文化更好地烘托和承载办学理念的价值取向，我一直在思考。

就在我深入思考的时候，2005年，教育部和重庆市教委相继提出加强中小学校园文化和学校特色的发展思路。我更赞同"学校文化建设"的提法，因为它更能体现把学校教育纳入整个经济社会发展的大背景中去定位行业文化建设。学校不能关起门来办教育，要将学校生活融入师生实际生活。伴随学校文化建设工作的推进，我们搜索着关于学校文化建设的文献资料和实践案例，发现最多的就是校园环境的装饰、美化。而我认为学校文化建设是一个关乎师生学校生活所有环节的系统建设，不太赞成校园文化建设仅仅停留在环境文化层面。但我知道，环境文化是最容易呈现的，而且假期是环境改善的最好契机。

2005年6月初，在选择校园文化设计单位时，我们听到来自北京的赵平老师说道："刘希娅校长在聊天过程中满腔激情，言谈间总是念及孩子们，反映出一位校长办学的价值立场，这是我们选择合作学校最看重的一点。'六年影响一生'办学理念，是在哲学层面的思辨中与实践中产生的，说明基础教育的实践者已进入教育社会学领域的思考与研究。"他们以孩子为中心的立场，以及关于校长办学理念和学校文化建设的价值取向，让我们班子成员非常认可。

　　有了一致的学校文化建设价值取向，我们商量着先做一个学校环境文化改造设计方案，报区教委审核通过，利用假期实施。十几天过去了，我们多次讨论、碰撞，也没有做出一个比较满意的方案，大家都很着急。就在大家都有些泄气的一个中午，几位干部和老师坐在一起又开始讨论。赵平老师总是不断地问我："希娅校长，您那么爱孩子、了解孩子，您认为孩子们喜欢什么样的校园？您想要把学校变成什么样子？"我天马行空地说："我不想让孩子们在学校又黑又长的走廊里感到害怕压抑；不想让孩子们觉得学校的标语与他们没有多大关系；不想让老师们、孩子们觉得除了三尺讲台，别的地方和时间都无关紧要。我想让孩子们在更加温馨的学校里感到放松、舒服；想让孩子们热爱自己生活的这片土地的文化；想让孩子们不只是被动地接受、死板地学习，还要积极、主动、快乐地学习；想让学校的每一个地方都能与孩子们产生互动，让学校的每一位师生都能从学校生活中受到积极影响，最好是有一个主题能够囊括所有学校生活。小学的孩子们还是以形象思维和直观思维为主，还是特别喜欢在一些主题情景下学习……"赵平老师很激动地打断我："好！那我们就选一个主题作为学校文化建设的载体！让老师们、孩子们都能时时处处受到这个主题的感染和激励，用刘校长的话说，就是受到潜移默化的影响。"

　　可是，选什么主题能表达和承载我们的教育价值取向及办学理念呢？大家七嘴八舌地展开了讨论。行政楼二楼会议室的干部、老师越聚越多，甚至引来一些孩子加入讨论。但是直到黄昏时分，也没有定论性的成果。正当老师们站起来，哼着歌准备离开的时候，一位老师无意间唱起的《红梅赞》的一句歌词引起了我们的强烈共鸣，那就是："红梅花儿开，朵朵放光彩！"好一句"红梅花儿开，朵朵放光彩"！它既是重庆红岩精神的地域文化标志之一，又能充分彰显素质教育背景下，我们想全过程促进全体孩子全面发展的核心要义。不需要太多的解释和沟通，大家几乎一瞬间欢呼沸腾了！"红梅花儿开，朵朵放光彩"就是我们想要的学校，想要的谢家湾小学教育，想要的"六年影响一生"！就这样，我们以"红梅花儿开，朵朵放光彩"为主题，创新推进了谢家湾小学学校文化建设。

　　文化主题确定之后，环境文化 VI 系统的改变是很容易做到的，但需要集中时间去完成，于是假期就成为进行改造的好时机。2005 年 6 月底，我正好在北京参加科研型骨干校长培训。每天白天参加完培训，晚上我带着学校的韩晴渝主任与赵平老师团队一起，共同讨论学校环境文化的改造设计方案，几乎每天都到凌晨两三点才休息。半个月下来，我们终于在 7 月 11 日完成了整体性设计，而我在北京的培训也结束了。回到重庆，我就不停地催着区教委审核方案，多次向区教委分管领导汇报这项工作内容，他们也都非常支持。但是，他们的确太忙了，总是没有时间进行专题研究。眼看暑假改造快来不及了，我们只好从早到晚守在他们开会的地方。领导们看我们如此倔强与执着，就召集教委班子成员开会讨论。当我们把设计方案一一汇报完毕后，副主任们基本都不同意，主要担心资金和工期。我们千方百计争取，表示可以自己通过拉赞助解决经费问题，最后终于征得了教委同意。我们心里简直乐开了花，回到学校连夜深化设计方案。

2005 年 7 月 15 日，我们启动了暑期学校环境改造工程。当时我刚到主城区，很多事项都不了解。多亏了干部们、老师们纷纷推荐自己能找到的工程队和商家。那个时候还没有系统、完备的招投标程序，大家互相不认识，就把这些商家临时命名为"李玩具""王假山""郭铁皮""赖墙砖"……老校区从拆除原有的装饰装修设备开始，调整和优化全校范围内 VI 系统、基础设施的功能，全面推进装饰装修。每天晚上到第二天凌晨两三点，一堆人扑在电脑前优化设计方案。每天早上 7 点半给所有工人开会，诠释施工中每一处要带给什么年龄段的孩子们什么样的感觉，以

2005 年，谢家湾小学环境文化改造前的校园一角。

及工程中怎样落实细节。每天下午 6 点左右检查所有施工环节是否达到标准。所有工作都要站在孩子们的角度，从落实学校办学理念和文化的角度出发，去考量和评估每一项工作的效果。那个暑假里，学校几乎每一天都是热火朝天、灯火通明的。我和干部们、老师们每天都工作 12 小时以上，很多孩子也参与进来了。

孩子们来到陶瓷厂学习烧制瓷砖，用于学校环境文化改造。

王智博同学创作学校装修需要的瓷砖。

　　综艺楼梯的一侧是白色瓷砖墙，于是我们就召集部分师生回到校园里参与设计。大家整体构思，都赞成用孩子们绘制并烧制的瓷砖来装饰。于是，几百名孩子来到陶瓷厂亲自绘制、烧制瓷砖，然后一块不落地把它们贴上了墙面。很多工人说："刘校长，这些瓷砖上的图案画得很一般啊，有些连正反都不好区分，贴上去太没有档次了吧？"我说："那是最美最好的作品，因为那是孩子们的真实想法，那是孩子们的童年铭刻，都是最好的，都要贴上去！"开学时，很多孩子看到自己在陶瓷厂烧制的瓷砖作品真被贴在了综艺楼的墙上，兴奋地奔走相告！有些家长也为自己孩子的作品被学校装修选用了而庆祝呢！

孩子们没想到自己创作和烧制的瓷砖被全部用在了学校综艺楼新装修的墙面上。

　　当学校需要一张吉祥娃娃吹蛋糕蜡烛的照片，用以制作贺卡、邀请卡等学校文化形象物品时，有老师、孩子建议选全校最漂亮、成绩最好的孩子当主角，但到底选谁呢？大家争论不休时，苏公菜书记的一句话让大家豁然开朗，他说："到底怎样做才叫'朵朵放光彩'呢？"于是，我们请愿意回到学校拍摄的同学抽签，最终一个成绩、外貌都一般的孩子被抽中了。大家兴高采烈地帮助他吹蜡烛，一起找寻更好的拍摄角度，最终制作成了学校的贺卡、邀请卡、祝福卡。这个孩子的妈妈感动得泪流满面。

2005 年，谢家湾小学环境文化改造过程中正在拆除的校门。

　　改造也遇到了一些阻力。令我印象最深刻的，就是一位老教师站在花坛旁边阻止施工。我耐心地给她讲了很多道理，讲孩子们在光线不够充足的校园里生活会感到压抑，讲这样改造是想让校园更加亲近孩子，让校园更能对孩子们、老师们的发展起促进作用。压力最大的，是拆校门进行到一半的时候，行政楼整栋楼都在摇晃，致使施工方不敢继续施工。虽然原有大楼的设计工程师说没有问题，但是大家还是感到恐惧不安，怕引起大楼倒塌。停工论证半天，众多干部、老师和工程人员在会议室里催促我做决定并签字。我感到自己从来没有做过这么难的抉择。经过近 3 小时的艰难选择，我对大家说："继续施工吧！"那天夜里大门拆卸结束，行政楼安然无恙，工程得以顺利进行。

　　回想起来，自己当时真是年轻无畏，一心一意为了学校，坦坦荡荡，没有私心杂念，义无反顾往前冲。

　　虽然在那段时间有专家质疑：校园文化就是校园文化，从来没有听说过主题型学校文化。但看到改变后的学校环境文化给孩子们、老师们带来的巨大冲击，我觉得当初的"冲锋陷阵"很有价值。2005 年 9 月开学时，谢家湾小学老校区以"红梅花儿开，朵朵放光彩"为主题的环境文化改造工程基本结束。孩子们、老师们回到

　　2005 年，谢家湾小学环境文化改造后，学校的办学理念和文化主题在校园的各个角落展现。

环境文化改造后教学楼外的彩虹门。

学校的时候，完全震惊了。大家围绕学校的每一个角落展开了热烈的讨论。有老师说："我还是喜欢学校过去的样子，清净。"有老师说："我喜欢学校现在的样子，温暖、通透又明亮，而且把我们的学校理念和文化都渗透进去了。"孩子们有的说没有看到过这样的学校，有的说感觉现在的校园更像他们小孩子生活的地方，还说特别喜欢新校歌的歌曲风格。

校歌是赵平老师和我共同作词的。在邀请北京交响乐团的程先生作曲时，我特别要求曲调风格不用太激昂，要有孩子们早上睡醒了喃喃自语唱校歌的平实感觉。程先生在作曲中完全遵循了这种格调。其中的"红梅花儿开，朵朵放光彩"在征得词作者阎肃老师的同意后，在校歌中保持了原词原调。这样的校歌在校园里循环播放几天后，孩子们不知不觉就学会了，走着哼着唱着，非常舒服自然。那年秋季，我带着老师们、孩子们应邀到北京参加亚洲艺术教育论坛。大家不管走到哪里，只要一坐下来，就不由自主地哼唱起刚刚创作并录制完成的校歌。从那段日子开始，校歌的旋律和歌词内容就渐渐融进了老师们、孩子们的精神世界。我把自己的手机铃声也设置成了校歌，喜欢来电时，就听到孩子们婉转地唱起："春风唤醒晨曦，鸟儿在云间嬉戏，秋阳洒满丰硕的土地。我们是枝头含苞的花蕾，我们是冰雪间绽放的红梅。红梅花儿开，朵朵放光彩……"

当人们在多种信息的刺激下，做出种种行为选择和反应时，我们常常意识不到这是价值观在起作用。它虽然相对于技术层面更难以识别，但却是一种团队文化的自然展露。以价值观为核心的学校组织文化，在对人的影响方面最大的特点就是"无意识"。它不是固化的、有意的，也不是有目的、有计划、有组织的，它对人的作用似乎也是不可预测的。然而，它是学校里影响人的发展的决定因素之一。

我们将"六年影响一生"办学理念和"红梅花儿开，朵朵放光彩"主题文化在环境文化中的系统展现，带给了老师们、孩子们全新的校园感受，给了老师们、孩子们强有力的自我激励，增强了文化育人的目的性、计划性、组织性和导向性，充分发挥了主题文化在学校教育教学过程中的引领作用。学校的办学理念、文化也在这个过程中逐步得到了师生们的普遍认同，唤起了大家自我发展的潜意识和归属感。后来，伴随学校的价值文化、环境文化、管理文化、教师文化、学生文化的系统建设，我们明显感受到，这样鲜明浓郁的学校主题文化，对老师们、孩子们的影响是深远的。

扫一扫，
听校歌

红梅花儿开 朵朵放光彩

校歌　童声　　　　　　　谢家湾小学校歌

作词：赵平　刘希娅
作曲：程巍　张牧

反复合唱

春 风唤醒晨 曦　鸟 儿在云间嬉 戏　秋 阳 洒满丰 硕的土 地
Spring wakes up in the morning　Birds flying up singing　Over the earth, autumn sun is shining

丰 硕的土 地　我 们是枝 头 含 苞的花 蕾　含 苞的花 蕾
Over the earth　We are the new flowers budding　new flowers budding

我 们是冰雪间 绽 放 的 绽 放 的红 梅　绽 放 的红 梅

朗诵：
红梅花儿开，朵朵放光彩，我们迎接春雨，我们走过四季，六年影响一生。

红 梅 花 儿 开　朵 朵 放 光 彩 啊

合唱

啊　　　　　我们迎 接 春 雨

独唱

我们走 过 四 季　是 枝俏 上 顽强的 寄语　是 红岩 上 娇健 的 美丽

合唱

红 梅 花 儿 开　朵 朵 放 光 彩

谢家湾小学校歌。

二、价值文化：孩子们的发展是校园的灵魂

我一直在观察和思考一个现象，全世界几乎所有的父母都会为了孩子的发展竭尽全力。也许方法和效果千差万别，但它们都有一个共同的价值取向，那就是一切为了孩子，为了孩子的一切。由此，我认为，从管理学的角度而言，学校教育对孩子们影响最大的是学校教育的价值取向。自 2004 年我和老师们商量着确立了"孩子们的发展是校园的灵魂"以来，我带领着伙伴们一直坚持把孩子们的立场、体验、收获作为一切工作的出发点和落脚点。大家慢慢地在最平常的教育教学生活中，去体悟和坚守这个价值取向的意义所在。

谢家湾小学办学六十多年来，一直秉持每一个孩子的发展是第一位的价值取向。在区里、市里统考的岁月里，有些学校曾经为了不影响学校考试成绩在区里、市里的排名，总把几个成绩偏低的孩子纳入不记分类别，而谢家湾小学几十年来从来没有区别对待过任何一个孩子，虽然在实际情况中的确存在这样的孩子。后来在"六年影响一生"办学理念和"红梅花儿开，朵朵放光彩"主题文化引领下，我们倡导"天天快乐，健康飞翔"的行为追求。我们在德育为首、创新为核的基础上，促进每一个孩子都尽可能全面发展、全程发展和优势发展，追求学校教育过程中个体的愉悦感和发展性。为此，我带着谢家湾小学的伙伴们走上了一条充满激情、艰辛、博弈但又幸福的道路。

2006 年春天，全国小学数学赛课活动在重庆进行。组委会经过两个月的调研选拔，确定将赛课地点选在九龙坡区杨家坪中学体育馆，将谢家湾小学的学生作为在赛场上课的学生。组委会特别提到谢家湾小学的孩子们学习习惯好，思维活跃，数学基础好。学校很珍惜这样的发展机会，所以全力支持。但是没有想到，在全国小学数学赛课的通知都已经发出去之后，在正式竞赛前一周，组委会提出一个条件，即被抽到的班级只能选 30 个相对优秀的孩子参加赛课活动，因为组委会之前通知全国的选手准备的学具是 30 份。我不同意选出部分成绩优秀的学生参与，不管各级领导以什么理由找我谈话，甚至提出不支持他们就换学校派学生，我也坚决不同意。我们的理由就是谢家湾小学的教育影响每一个孩子的一生，我们要面向全体、全过

谢家湾小学校园里活泼舒展的孩子们。

程、全方位践行"红梅花儿开，朵朵放光彩"的理念和文化。我们宁愿放弃这次机会，也不违背我们好不容易营建的价值取向。僵持了三天以后，领导们一再教育我要讲政治顾大局。我和老师们商量着还是退后一步，但提出三点要求："一是30个孩子通过抽签产生，不以成绩进行选拔；二是会场来宾席第一排座位留出来给没有抽到上课签的孩子们；三是现场上课时来宾席第一排的孩子举手回答问题时，参赛老师要同等请他们回答问题。"也许是因为时间紧迫，也许是因为专家、领导觉得我们是为了践行我们的办学理念，以公平公正对待每一个孩子，他们竟然答应了。于是，在那一次全国小学数学赛课现场，令全场惊异的不仅仅是孩子们进出场时和在课堂上表现出来的得体大方、思维敏捷，更是台上台下的孩子们都在抢着回答问题，而参赛老师也兼顾着台上台下的学生的一种大家从来没有看到过的生动的赛课场景。三天的赛课，吸引全国各地前来听课的老师们纷纷到谢家湾小学参观。青岛的一位校长说，他就想来看看这些孩子生活在一个什么样的校园里。大家都纷纷对重庆的孩子们和重庆的教育赞不绝口。这样的事件一次次冲击着孩子们、老师们和家长们的内心世界。"六年影响一生""红梅花儿开，朵朵放光彩"不是空话，是大家的行动指南和纲领，也是学校发展的底线和红线，它激发着孩子们、老师们内心深处的主观能动性。

谢家湾小学课堂上专注听课的孩子。

一所学校的价值取向决定着这所学校师生们的生活样态。现行教育领域出现的很多乱象，一定程度上是经济发展中某些急功近利的思想在教育行业的投射。当耀眼的政绩工程蒙蔽了一些校长的视野的时候，他们不惜以牺牲部分学生的终身可持续发展为代价，让学生沉溺于题海战术中，忽略了学校里那些成绩中下的学生，学校不应该践行最基本的"有教无类"教育精神吗？除了研究拔尖刷题，学校不是更应该研究如何针对不同水平的孩子提供更有差异化的教育教学吗？

在我们提出并实践"六年影响一生"办学理念和"红梅花儿开，朵朵放光彩"主题文化的几年时间里，从孩子的立场出发，很多习以为常的制度和文化被提上了论证的议程，也逐步得到了一系列改变。例如，老师是长期分段蹲点教学，还是从一年级一直带到六年级？对于当时学校主导的老师长期分段蹲点教学的情况，有老师哭着告诉我："我这一辈子就教过一、二年级，一直很想随班教上去。因为没有高学段教学经验，每次都眼看着自己刚熟悉的孩子们又由别的老师接着教。孩子们舍不得我，我自己也很难受，时间长了就形成了职业倦怠，没有教学激情了。尽管领导们觉得我高学段教学能力不够，但是正因为不够我才会主动学习和跨越提升，才会有专业发展的持续热情啊。何况不提供机会学习锻炼，怎么能下结论呢？"我不太赞成老师长期"蹲段"教学，也不赞成一个老师必须从一年级教到六年级，这要根据孩子们的综合发展情况而定。所以，在一年一聘的教师双向岗位竞聘中，我引导老师们改变把六年级能够考进重点中学孩子的多少视为成绩和荣耀的取向，改变把六年级的"把关教师"作为学校头等功臣奉为上宾的风气，反对让老师长期教一个学段，反对让一种经验反复复制，那样会造成老师熟悉教材但不熟悉学生，弱化了老师对不同学段学生的成长特点的精准把握和研究，容易形成"重教材研究，轻学情分析"的教育教学趋势。通过大量的校本教研，学校倡导人人都应该基于一年级到六年级的整体视野去研究课标、教材和孩子的成长规律，不再实行一部分老师长期教低学段或高学段的岗位规定，而是让老师们从一年级教学开始就要考虑六年甚至孩子一生发展的持续性。学校在这个过程中根据老师的教学状态跟进评估，能胜任者坚持到六年级，不能的随时更换岗位，这要以所教班级的孩子们的发展状态来确定。很多老师为了能够继续教高年级，同时为了证明自己的专业水平和能力，主动积极地学习，参加各级各类教研活动，花大量的时间和精力研究孩子们的学习习惯和方法，始终坚持

谢家湾小学孩子们在课间休息时放松地聊天。

孩子的立场是教育教学的第一位的取向，带动家长们坚守信念、开放包容，一起寻找更能促进孩子们主动积极学习的路径和方法。如果中途哪位老师的教育教学的确影响了孩子们的成长，在学校老师们共同论证的价值取向面前，当事老师就应该讲道理，接受学校的调整意见。

李学勇老师是一名从城郊引进的语文教学名师，曾获重庆市赛课一等奖。在他原来所在的区县里，他经常被安排在各个大型活动中当主持人。他来谢家湾小学应聘的时候，课堂教学表现很不错，于是学校就安排他接任五年级语文教学工作。一个多月过去了，我没有听到班级的孩子们和家长们对他有不满的情况，学校教导处观课时也没有发现什么异常。但是，和他同年级教研组的一位中年数学女老师，平常经过李老师教室外面时，发现了一些不妙的情况，就主动找到学校教导处，请学校关注李老师的语文课堂教学状况。她观察了一段时间，认为李老师的课堂秩序混乱。根据这种情况，学校教导处多次深入李老师的课堂，都发现没有大问题，好几天都没有找到原因。后来，大家不进教室，调教室监控后才发现李老师组织教学时出现了严重的问题。只要没有同行来听课，课堂就会出现很多孩子自由散漫、说话打闹的情况，而李老师似乎对孩子们没有办法。学校教导处

谢家湾小学孩子们在学校图书馆投入地看书。

找李老师多次沟通，效果都不太好。第二周开始后，学校教导处安排另一位有教学经验的语文老师替代了李老师的语文教学岗位，并调整他到食堂工作，建议他一边参与学校食堂工作，一边去听别的老师的课，学习他们的课堂教学组织方法。

李老师岗位调整后第二天，他的爱人给我写了一封长长的亲笔信，三天后又亲自乘坐长途汽车来到学校找我理论，说原来区县里的那些孩子们更听话、更有向师性，而这里的孩子上课时还没等老师讲几句，就举手提意见："老师，您刚才的平舌音发错了。"一会儿又说："老师，您后鼻音发错了。"李老师曾对孩子们说："我的普通话有时不标准，请大家原谅。但是一个小女孩竟然举手说："不原谅，因为我们没有这样的时候。"李老师的爱人还说，李老师原来在当地也是响当当的一位名师，到这里却被安排到食堂待岗，将来如何见人？学校为什么不给他一学期或一学年适应期？我心平气和地问她："如果您的孩子在这个班级读书，您会怎么看？"她说，如果自己孩子的老师这样，当然要让学校整改。说到这里，她似乎理解了什么是从孩子们的立场出发做选择。旁边的李老师忍不住劝阻妻子："你放心，我调过来的时候凭借的就是自己的真本事。我只是暂时不适应，我会努力查找原因、完善自己，很快就会回到教学岗位。我听说谢家湾小学一直就是这样的，把孩子们的发展放在第一位。学校就事论事，不是针对我，也不会放弃我，更不会影响我后续的发展。"李老师的妻子看到他这么平静地讲道理，便放心地回去了。

李老师一边在食堂工作，一边听课，一边找机会与原来班级的学生沟通，了解他们为什么上课不听话。孩子们看到李老师因为他们待岗，就说出了实情。李老师听说谢家湾小学倡导老师们要特别呵护孩子们的自尊心，呵护孩子们的天性，所以就不敢严厉批评孩子们，不敢呵斥孩子们的不良行为习惯。上课时有孩子故意调皮捣蛋，他只好摸摸这个孩子的头，轻轻地说一句："不要讲话啦。"拍拍那个孩子的肩，说一句："请安静好不好？"五年级的孩子们觉得李老师没有阳刚之气，渐渐地，听到他说话常觉得浑身起鸡皮疙瘩，于是就开始捣乱，但又觉得李老师很温和善良，所以也没有向学校、向家长告状。找到原因后，李老师和我们讨论道："过去自己总以为只要备好课、上好课就可以成为一名优秀的语文教师，现在看来非知识性、非智力性因素也是课堂教学中不可或缺的因素。对于自己将来如何把握好教育教学中的宽严尺度，不管是宽还是严，只要是从孩子发展的立场出发的，就都是正确的。"后来我听李老师感叹道："我在谢家湾小学，深刻感受到学校对每一位老师的关注和关心。你若需要，学校就会坚定地站出来；你若精彩，学校就会尽心去为你搭台。最令人敬畏的不是规章制度，也不仅仅是希娅校长，更是身边那些最普通的老师们为了捍卫孩子们发展的立场而不计个人得失站出来的勇气。我很佩服这位为了帮助我而站出来质疑我的老师，这才是希娅校长常常说起的'谢家湾小学老师们要练就的骨子里的高贵'。"

　　一学期以后，李老师通过几次考核，顺利返回语文教学岗位，在连续几年的语文教学中，成绩都不错，也没有再出现过教学组织混乱的问题，还通过竞聘成为学校一名得力的中层干部。

谢家湾小学放学后正走向校门的孩子们。

　　校长的点头摇头之间就是学校的发展方向。对于校长而言，当很多立场、取向摆在我们面前时，我们必须忠诚于党的教育事业，贯彻落实党的教育方针，维护"孩子们的发展是校园的灵魂"的立场；我们需要带领着伙伴们坚持把孩子们的立场、体验、收获作为一切工作的出发点和落脚点，尽量不被一些急功近利的立场所左右。

　　2005 年冬天，趁着学校环境焕然一新，社会各界对学校新的办学理念、主题文化、环境改变十分关注和认可的良好契机，我带着老师们、孩子们一起筹备了一场

谢家湾小学的孩子在 50 周年校庆时展示自己。

以学生演出为主的迎新年联欢会。因为室内容纳不下全体学生，我们只能在户外搭建舞台，这既是为了给老师们、孩子们搭建展示的舞台，也是为了把各级领导、周边同行请来，从而提高学校的影响力。不料元旦前两天，气温骤降至几度，偶尔还有丝丝小雨，别说为孩子们准备的很多演出服装都是非常薄的，就连在操场上坐一小时也可能会让很多孩子感冒。可是请柬已经发出去了，老师们、孩子们也都盼望着联欢会。我们行政班子在开会研究时，认为取消演出活动损失太大，可以让孩子们在户外坚持一个半小时，同时给孩子们准备好姜汤和感冒药。我考虑再三，还是说服大家取消了演出活动，改为分班迎新活动，还向上级部门和各个友邻单位说明了情况并致歉。为了弥补孩子们的遗憾，我开始着手亲自为全校近 2000 名孩子写新年贺卡。时间比较紧张，伙伴们看我熬夜亲笔写那么多张贺卡太辛苦，就悄悄把贺卡拿去复印，被我发现并制止了。孩子们拿到贺卡后，看到校长亲笔写道："亲爱的孩子，校园因为你的笑脸更加欢乐，学校因为你的可爱更加美丽，谢家湾小学因为你的进步和快乐而不断前进，祝你新年快乐！天天开心！你的朋友：刘希娅。"很多孩子都感到非常兴奋和自豪。有家长说，他的孩子一回家就说："爸爸，快看！我们谢家湾小学是因为我才这么优秀的！一定把这张贺卡给我保存好哦！"老师们看到孩子们拿到贺卡的那一瞬间如此开心，似乎明白了为什么我坚持自己手写新年祝福语了，也理解了我常说的：我们不要说空话套话，要说孩子们能听懂的话，要说能打动孩子们的、走进孩子们内心的话。

其实，在校长的职业生涯中，这样的抉择经常存在，每一次抉择都是一次关于教育价值取向的心灵对话，每一次抉择都是对孩子们发展方向和速度的一次深刻影响，每一次抉择都是对校长情怀和良知的一次叩问。人们常说身为一位校长，其格局、视野、魄力很重要，我则认为，最重要的是校长的情怀和良知，因为这决定着一位校长所有的教育价值取向和实践行为。

三、环境文化：让环境成为隐形的课程

孩子走进一所学校，这里的一花一木、一人一物似乎都是他所不能主宰的。大家似乎习惯了"我提供给你什么，你就喜欢什么；我告知你什么，你就接受什么"的环境建设范式。我们往往最容易忽视和最缺乏的，就是蹲下来，站在孩子的立场去思考：他们需要和喜欢什么样的学习生活环境？什么样的环境最能让孩子在成长中受益？

人在不同的环境中，其思想、情感、行为、言辞都会受到不同程度的影响。《孟母三迁》的故事形象地强调了环境对于孩子们成长的重要作用。不同的学校有着不同的历史积淀和价值文化，所以学校的环境也呈现出不同的风格和氛围。相对课标、教科书、作业而言，大家似乎认为环境不是那么重要。从升学激励性标识、学校获奖牌匾，到中外名人、名画、名家、名言，这些都是成年人想要给予孩子们的。成年人不同的价值观带来了不同的学校环境文化。孩子走进一所学校，这里的一花一木、一人一物似乎都是他所不能主宰的。大家似乎习

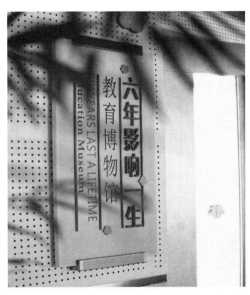

谢家湾小学"六年影响一生"教育博物馆。

惯了"我提供给你什么，你就喜欢什么；我告知你什么，你就接受什么"的环境建设范式。我们往往最容易忽视和最缺乏的，就是蹲下来，站在孩子的立场去思考：他们需要和喜欢什么样的学习生活环境？什么样的环境最能让孩子在成长中受益？虽然环境文化是最容易改变的，只要理念确定、思路清晰、经费来源有保障就可以实施，但环境文化对其成员的影响，却是深入久远的。在让环境文化成为学校隐形的课程的探索中，我有以下三个方面的深刻体会。

（一）尽量在空间上为孩子们的发展提供充足的平台

一所学校的门厅、荣誉室无论多么高档，但对于孩子们而言，他们最能享受的学校环境空间却是每天待的时间最长的教室和功能室。一所学校的教室和功能室才是学校环境文化最本质的体现。很多学校的门厅、荣誉室、会议室、贵宾接待室都是用大理石等高档豪华的材料装修装饰的，而学生的教室、功能室、洗手间却装修得简陋粗糙。学生拥有的空间环境质感和领导、老师、来宾享受的空间环境质感有天壤之别。这样的学校环境没有从孩子们具体生活的细微环节给予人性关怀，不是现代学校里现代学生生活的现代环境。

谢家湾小学教学楼环境。

我们坚持不让一个班级成为大班额；坚持除了改造基础环境之外，将学校三分之一的空间用于建设满足孩子们综合素质发展需要的功能室，保障每一个孩子都有充足的空间和平台；坚持把学校最大的支出用于教师队伍的专业化培训等。进入集团化办学时代后，各个校区在没有达到全面小班化的情况下，我们坚持多开班级，确保每个班的学生人数一般控制在 45 人以内，不形成大班额，始终将保证孩子们的发展空间作为环境文化建设的底线。

在环境文化建设中，学校里几乎所有的地方选用的材质都不是豪华型的，教室、

谢家湾学校（原谢家湾小学）课桌。

会议室、接待室等地方使用的材料几乎一致，师生平等的感觉处处彰显。新校区洗手间的盥洗台按照学生的平均身高设置高度。我将课桌设计为可调节高度的半圆形。一张弧形课桌可以容纳6~8人，方便小组合作交流和变换组合方式，也方便老师在圆心位置与一个组的孩子等距离互动。桌子底下仅有6根桌腿支撑，不占空间。如果一人一张小方桌，8张小方桌就有32条桌腿，会使孩子们的腿部空间很局促。学校在十分紧张的空间里，还保留了攀岩墙、游泳池、击剑馆、国画室、油画室、沙画室、体育馆等功能场所。墙面材料、地面材料、窗帘的价格都不高，但色彩、质感、图案都是经过精心挑选并搭配的，呈现的效果让很多来访者都感到"很高级"。学校里几乎所有的地方（含贵宾室，又称聊天室）在上课期间都不上锁，可以供孩子们日常自由使用。环境布置也尽量少用名人、名画、名言等，因为孩子们在课程里可以和这些内容有更多的接触，而校园环境这样有限而宝贵的空间要尽可能留给孩子们。其实越走近孩子，你越会发现，他们想展现自己或与自己有关的事物，并不希望大家把他们当成小孩子对待。所以，我们请全校所有的孩子参与学校环境文化建设。孩子们的个性照片、自画像和作品充溢着整个校园，学校四层楼高的大型喷绘上全是孩子们的笑脸照片，布满校园各个角落的人文实录上都是孩子们学习生

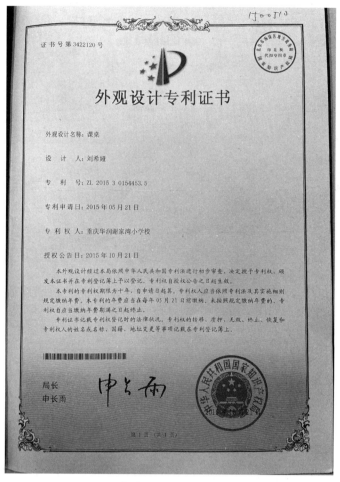

课桌外观设计专利证书。

活的瞬间，以及孩子们和校外各界人士、学校保安、食堂工人、老师在一起的场景。孩子们说："今天，我们和他们在一起。未来，我们有可能成为他们中的一员。"这样的环境总能启发孩子们去体会：只要你愿意，学校的空间里就有属于你的位置。舞蹈厅的墙面上，都是孩子们第一次学习油画时临摹的芭蕾舞油画作品。孩子们还在作品下面附上自己人生中的第一张"个人名片"进行注解。此外，为了尽可能不打扰老师们、孩子们，学校形成一个机制：除紧急情况之外，维修施工一律要在师

孩子们成为校园教学楼外人文实录的主角。

生们不在学校的时间里进行。所以，在谢家湾小学，你几乎十年都不会遇到一次学校在上课时间维修施工的情景。但要一直维持学校环境的可开放水平，就需要管理人员和后勤人员平时多加班观察维护。这就像在高档的场所，你似乎看不见服务员，但优质的服务一直在身边。

谢家湾小学图书馆一角。

（二）在环境中充分渗透学校的办学理念和文化取向

孩子们每年根据自己的意愿决定是否让自己的照片出现在学校的笑脸墙上。

学校的办学理念和文化取向不应该高高在上，或者仅仅是学校干部层面熟悉知晓的，师生们却感到遥远和生分。从2005年开始，在谢家湾小学老校区，我们大胆创新，把学校的办学理念和文化取向全面渗透在学校环境里。走进谢家湾小学，大家就会看到门厅里呈现着学校环境装饰中所采用的主色调——红色、灰色、粉色，以及它们各自精准的色号和色度。一个红色阿拉伯数字6，包含着一朵小梅花所形成的学校校徽标识，旁边就是老师们、孩子们非常喜欢的校歌、校旗。坐落在大门内左侧边的是一块六吨重的三峡石，上面镌刻着顾明远先生题写的"六年影响一生"办学理念，远处综艺楼墙面上镶着一个熠熠生辉的大校徽，与旁边教学楼、行政楼外墙上醒目的"六年影响一生""红梅花儿开，朵朵放光彩""天天快乐，健康飞翔"交相辉映。在校园里散步，在栏杆上、花坛上、班牌上、墙面上、门框上等细节中，你都能看见六朵梅花一组的装饰图案，或温馨贴切的"六年影响一生""红梅花儿开，朵朵放光彩""天天快乐，健康飞翔"标识。哪怕是洗手间里面，也悬挂着孩子们的油画、书法作品，体现着学校的文化。置身其中，让人无时无刻不受到"六年影响一生""红梅花儿开，朵朵放光彩""天天快乐，健康飞翔"思想氛围的感染和启发。一组由六支铅笔构成的雕塑，引发了孩子们的讨论：为什么这六支比我们还高的铅笔雕塑上有六朵梅花？铅笔是小学生活起步的标志，我们几乎都是从拿起铅笔写字开始学习的。铅笔雕塑高矮不同，是因为每一个孩子都不一样，但是每一个孩子都要像上面的梅花一样绽放自己的光彩。来到综艺楼，

谢家湾小学校园里代表小学阶段孩子们特殊记忆的铅笔雕塑。

浓郁的校园主题文化将孩子们带进一个理念和文化鲜明的微环境中，为孩子们营造了一种积极向上的团队生活氛围。

可以看到一层至五层有图案的墙面瓷砖都是孩子们亲自去陶瓷厂绘制并烧制出炉的作品，镶嵌在白色的瓷砖中间格外有生机。为什么过了五楼再往上走，这些作品周围的白色瓷砖就没有了？只剩下了裸露的斑驳的水泥墙面，只是外面罩上了一层刻有红梅花的玻璃。原来，这是后现代主义风格的装饰手法，这暗示我们，每一个人在不断往前、往上走的过程中，需要进行必要的取舍，改掉一些不好的学习和思维方式，保留自己的优点和优势，这样才能促使我们更上一层楼。我们在原来孩子们感到有些压抑的幽暗的走廊顶上，装饰了许多六朵为一组的硕大的红梅花。那些用油画颜料在木板上创作的红梅花，是孩子们和四川美术学院的大学生们在一起完成的。好几组红梅花还从楼顶一直探到了窗户上面，孩子们见后乐呵呵地说："红梅花都想出去玩儿了，还拐着弯儿绽放呢。"走出校门，铁锈红岩石感的校门看起来十分厚重。两扇门交叉的视觉效果，预示着走出校门的孩子们未来应该是多元的，应该走向属于自己的人生方向，表达了我们对孩子们美好的人生祝福。体现红岩文化的校门上还有一个清新雅致的匾牌，上面刻着中英文版的"六年影响一生：教育博物馆"。我们把整个老校区作为一个动态的博物馆，每天都提示着老师们、孩子们：这里的每一天、每一个环节都不可重来，每一位孩子都十分宝贵。

改造后的学校大门，由两扇门交叉而成，寓意每一个孩子都
来自不同的方向，也都有一扇属于自己的独特的人生之门。

（三）努力增强环境与孩子们的互动感

学校环境如果一成不变或封闭压抑，就容易让生活其中的老师们、孩子们感到疲倦。特别是6～12岁的孩子们普遍不喜欢被隔断分开的感觉，那会让他们感到没有安全感。长期生活在封闭压抑的环境里，也容易使孩子形成孤僻胆小的个性。很多学校往往因为成年人喜欢层高、门洞高的感觉，就把学校里很多地方都设计成高高的墙、高高的门，在高高的屋顶上悬挂着古色古香的灯具，窗户又高又小。那样的环境无论多么豪华，也往往让人感受不到教育的味道。

所以，在谢家湾小学的环境文化建设中，我们的主张就是尽量倾听孩子们的心声，体现孩子们的立场，尽量远离和摒弃功利，让整个校园通透起来、敞亮起来，尽可能增强透明感和安全感，让老师们、孩子们生活其中感到自然、舒坦、自在。老校区综艺楼楼道改造之前，我穿过二楼楼道时曾经碰见一个孩子快速地跑着。我提醒他别跑、注意安全，但他还是边跑边对我说："这里很暗，我害怕！"

后来改造时，我们就把原有的高高的窗户往下移并增大一些，保留到孩子们可看见外面的高度，并把屋顶上的灯通过换灯具往下降50厘米，再加上墙面文化和孩子们照片的装饰，使整个楼道明亮温暖起来，孩子们也不会感到压抑害怕了。

更为大胆的是，在金工木工陶艺室装修时，我们直接将三间教室打通形成一个大空间。在三个班同时上课时，这样的空间使老师们没有办法一言堂，最好在孩子们注意力能够集中的前15分钟讲解操作原理和规则，然后留给孩子们充足的时间去操作和互动。孩子们不仅可以放手操作，还可以跨班级、年级去走动观摩，所以他们很喜欢这样的课堂。在新校区修建时，我们决定所有的教室、办公室、功能室、贵宾室、博物馆墙面都采用小块的落地玻璃。曾经有人说，

综艺楼楼顶装饰着孩子们的梅花作品，走廊顶灯下降为适合孩子们的照明高度，走廊变得温馨活泼了许多。

红梅花在校园的每一个角落，引领孩子们增强自我认同感。

还是墙体比较安全，而且落地玻璃会让孩子们上课时总往窗外看，容易分散注意力。我们则认为，当孩子们懂得玻璃易碎的事实后，他们可能不但不会故意破坏，反而会主动约束自己的行为。通透的教室给孩子们带来的感觉更为开放、自在。老师们也慢慢接受和习惯了这样开放的环境，努力提高课堂质量，吸引孩子们的注意力，而不是靠单一强制性的管束方式。事实证明，这么多年过去了，落地玻璃既没有影响孩子们上课的注意力，也没有引发安全事故。

　　校园环境文化建设，要增强与孩子们的互动感，还要根据孩子们的学习生活特点去调整、留白和优化。每年深秋季节到来之际，银杏树叶洒满校园。孩子们喜欢趴在地上玩银杏树叶，躺在银杏树叶上聊天、打滚儿、嬉戏，还会三五成群玩各种与树叶有关的游戏，互相抛撒叶片，摆各种姿势拍照。于是我们就不扫那些落叶了。差不多两周的时间里，孩子们发明了很多关于树叶的观察、游戏方法，几乎把这满地厚厚的银杏树叶玩成了粉末状。学校有好几棵需要两三个孩子合抱才能围起来的黄桷树（重庆市市树）。大家很奇怪，为什么黄桷树那厚实硕大的树叶会在春天或夏天慢慢变成金黄色或火红色？飘落后还会发出新芽长出嫩绿的树叶来呢？通过查阅资料、交流讨论，孩子们才明白，原来黄桷树不都是在秋天落叶的，而是在什么季节里栽种或移栽，就在什么季节里落叶，落叶时的黄红程度和落叶速度则受当季的

谢家湾小学教学楼外的标语。

阳光、雨水的影响。根据绿化公司的规划，每棵黄桷树下都是一片草地，几米开外才是道路通道，可是孩子们越是关注和喜欢黄桷树，就越是要踩到草地上去亲近它。德育处想了很多办法去制止和引导孩子们不要踩草地，可是效果都不好。如果校园里的这些大树只能远看而不能亲近，是否符合我们的校园生活特点呢？不如我们把大树底下的地面向孩子们开

在美丽的落叶季节，谢家湾小学陈荣娇老师正在校园里忘情地为孩子们拍照。

放，给孩子们创建一个生活乐园？当我们按此方案实施后，几乎每天都有很多孩子在课间相约来到大树底下，或窃窃私语，或跳前跳后地彼此打趣。在 D 栋教学楼与建设广场之间，有一条长约 20 米、宽约 1 米的绿化带。课间孩子们从教学楼出来后，虽然大部分都能够守规则，绕开绿化带走过去，但总有一些孩子在没有人的时候，踩过绿化带然后跑到广场上玩耍。我们常常提醒孩子们不要踩草地，但这样的事情却几乎天天发生。我观察了一段时间后，找来一部分孩子讨论这样的行为是否

正确。他们却说:"希娅校长,我们也很想遵守规则,可是我们课间休息的时间本来就不多,我们都想争分夺秒玩游戏,可是每次都要绕很远才能从教学楼走到广场,为什么要造一个绿化带故意拦住我们,耽误我们的时间呢?"我被他们逗乐了,答应他们改造这条绿化带,即在中间专门增加几块石板,供大家走过去。这件事情做完后,孩子们大大方方、高高兴兴地通过石板走过了绿化带。因此,我还获得了孩子们的"希娅校长是最善解人意的"赞誉。我后来在"希娅分享"公众号里写了一篇短文,题目就是《究竟是我们的不合理,还是又一次宠着你?》

"天天快乐,健康飞翔"行为追求,在校园里随处可见。

在围绕"六年影响一生"办学理念和"红梅花儿开,朵朵放光彩"进行环境文化建设的过程中,我深刻体会到,环境是一门隐形的课程,环境文化的建设应该从孩子们的立场出发,有孩子们的参与。就像一堆简单的沙一样,成年人觉得不好玩,而孩子们却会投入其中玩得忘乎所以。我们不是孩子们,我们不能完全理解孩子们需要的环境文化,但我们可以从更尊重孩子们立场的角度,去构建学校生活环境。孩子们的合理立场与诉求,会渐渐影响我们过去的观念、思路和方法。有意义的环境文化总会于无声处胜有声,潜移默化地影响生活其中的老师们和孩子们。正如杜威所说:所谓人的成长,就是个体在与环境相互作用的过程中更新了自己。

　　"红梅花儿开，朵朵放光彩"主题文化在校园里时时
激励孩子们自我发现、自我发展。

四、管理文化："从我到我们"的教育生命增值

　　一位好校长就是一所好学校。我总对自己说，要对自己的岗位有敬畏感和使命感，不能把自己陷于名利场，不能被各种利益诱惑，不能被升迁机会、急功近利绑架；要有原则，不能见责任风险就后退，见好处利益就争抢，见矛盾就回避，见困难就层层下放；要敢于面对各种压力，重视方方面面的沟通协调，以正确的政绩观和工作业绩得到上级部门的信任与支持；要善于调动教职员工的主观能动性，在成就老师们、孩子们的过程中，实现自己的教育人生价值。

　　一次在全体毕业班孩子、家长共同参加的毕业典礼上，我在讲话前临时给了现场孩子们提问的机会。没想到，在众多举手的孩子中，得到提问机会的三个孩子所提的问题引起了大家的深思。有一个孩子问现场的妈妈："你总逼着我去上我并不感兴趣的补习班，你不心疼吗？"另外两个孩子的问题都是："我在同学们心目中是一个什么样的人？"是的，从小到大，从青年到老年，我们其实都很在乎自己在别人心中是一个什么样的人。这些年来，不管是到过谢家湾小学的领导，还是来校驻校研修一个月、一学期不等的校长、老师，都纷纷感叹：谢家湾小学教师团队的字典里似乎没有职业倦怠这个词，在谢家湾小学老师身上我们看到了"使命、激情、细节、品位"的综合体现，这是一支特别爱孩子、特别阳光、特别能战斗的铁娘子军！（女老师占70%）我也常常被追问：怎样才能带出这样纯粹优秀的队伍？每每听到这样的鼓励，我和伙伴们备受鼓舞，也很欣慰，同时也激励我们不断地思考总结：这一条"从我到我们"的管理文化积淀之路是怎么走过来的？

（一）做事先做人，学校管理文化的本质追问和回归

做事先做人，这好像是人人皆知的一个普通道理，但是在具体管理中，大家很容易陷入各项事务的分派、督查、总结中，很少专门坐下来讨论彼此是什么样的人、该做什么样的人。更因为情面，很多在做事过程中反映出来的做人的负能量，都不会被摆在桌面上讲，而是变成了在评价考核等关键时刻被挑的毛病。也许是受我个人成长背景的影响，我不赞成这样的领导方式，不喜欢那些让人猜不透的"领导艺术"。我认为一个人的成就大小关键不在于能力，而在于其人生观、价值观的核心作用。我始终崇尚一种纯粹的、信任的、透明的组织文化，减少猜疑带来的内耗，凸显谢家湾小学博爱、纯粹、信任的精神文化。在学校管理的各个场景中，我从不吝啬对那些人格高尚、敬业奉献、爱生如子的好老师致以崇高的礼遇，毫不含糊地为那些管理中无私无畏、一心为公的干部们助力喝彩，明确提出把有没有"大气、灵气、才气"和"敢不敢打开情面、会不会开展工作、有没有解决问题、能不能独当一面"作为评价和选拔干部的原则。

我和伙伴们以坚定的信念和执着的行动，在平常纷繁复杂的管理工作中去诠释"我在，我敢，我行"这六个字。"我在"是一种纯粹的责任和担当，即遇到问题不回避、绕弯、推诿，体现的是工作中的一种自我角色定位，让管理对象有依靠感和归属感；"我敢"是一种干净的勇气和胆魄，而"敢不敢"又不仅是胆量问题，更是选择做什么样的人的问题：是把师生发展放在第一位的人，还是圆滑世故、损公利己的人？"我行"是一种无畏的自信和从容，这就需要我们注重学习积累、独立思考、自我历练提升，拥有不被世俗权威压倒的强大内心。我心目中真正的人性化管理不是"你好我好大家好"的一团和气，而是直面人性、引导人性、发展人性的通

达。在学校里，要让老师们不因献媚或利益关联而得宠，不因默默实干而被忽略，不因个性鲜明、开拓创新受到压制，不因业绩卓越招致排挤嫉妒，不因艰辛付出而觉得待遇不公，要给团队成员公平公正的组织安全感。只要和我们的团队深入相处过的人，几乎都会夸赞我们谢家湾小学的干部、老师特别阳光坦荡。其实，有阳光的地方，就有阴影，而如何对待和消除阴影，让干部、老师轻装在岗、眼光放远、心中踏实，这就需要做工作。如果张副校长告诉我王副校长总是当面一套背后一套，说校长或其他干部、老师的是非，我就会把相关的老师和全体干部召集在一起对质。这样的对质很常见，也非常管用。甚至还有一次因为一个上报审批流程的责任问题，被追责的学校中层干部说这是区教委一位

刘希娅在课堂上与孩子们交流。

副主任的意思。但这位干部没有想到，我们也同样联系了该副主任对质。结果在事实面前，这位干部承认了那是自己的责任。这件事不但没有得罪这位副主任，她还表扬我们说："这么多年来，我十分赞赏谢家湾小学的拼搏精神，也很欣赏希娅校长的管理风格。凡事只要认真，就容易出精品。"对于以女老师为主的小学而言，要坚持最简单的价值导向，做到不无事生非，把复杂的事情简单化，避免让大多数女老师卷入消极的队伍行列，让那些阴暗、狭隘、自私的团队情绪在简单透明的组织文化里无法生存。

　　清除心灵的垃圾，让彼此都敞亮起来，才能让团队快速运转。提起谢家湾小学，很多人都会对我们每年十几次以上的"做人做事专题案例剖析会"印象深刻。有一次，学校之前同时被提拔的两位副校长经过三年的考察培养，其中一位被提拔为了学校的书记。接下来近半个月的时间里，学校很多工作的效率和质量都不高。我就召集案例剖析会，让干部们先发言。所有行政干部纷纷抢着发言，几乎都是指

名道姓地分析新上任的书记做事瞻前顾后，主要是因为她没有把爱孩子、爱学校、爱事业的基本精神放在首位，而是自私自利、回避矛盾。同时一针见血地指出没有被提拔的那位副校长心态失衡，工作中有时故意消极拖延，这种狭隘的做人方式不可取……直到副校长和书记直面自己的问题，提出下一步改进措施，请大家继续观察，会议才结束。会后，驻校研修的影子校长们去询问当天发言最直接的信息中心敖主任："你这样不计后果地发言，心里没有负担吗？"敖主任说："这是我们学校的管理文化，我真心想帮助他们变得更优秀。正因为不会有后患，我们才不计后果地坦诚发言啊。"果然，在后来的相处中，他们看到敖主任和两位被他批评的校级干部没有隔阂和矛盾。当我们的行政办陈主任工作不得力的时候，行政会上，万李副校长当面提出换李主任来当可能更合适。党小组会上，有老师提出不知道陈主任整天在忙什么，离老师们很远，有时说话不知道是代表学校还是代表自己。陈主任也真诚接受意见并反思改进。行政会上，大家总结刚结束的市级课题结题工作，涉及教科室主任在本项目中的贡献度的时候，干部们坦率地分析她总找借口回避，参与度和贡献度都严重不足，当场提出换一个教科室主任。就这样，教科室主任和几个干部都举手示意自己可以胜任。经过大家的当场研究决定，他们的分工马上进行了调整。

当年区教委马书记因为华润校区的修建工程，和我们学校的干部、老师摸爬滚打一年多。工程结束时，他感慨地说："我以前不知道希娅校长用了什么高招把队伍带得这么好，深入接触之后，才发现她就是用了小学思想品德课的知识管着大家，特别'较真儿'地以'爱不爱孩子、爱不爱学校、爱不爱教育、爱不爱国家'来引领这支队伍，爱了就是谢小好人，不爱和不会爱就不符合谢小合格标准！值得我们学习呀！凡事一旦从做人上较真儿，还有什么事做不好呢？"或许，在外界看来，这样单纯和较真儿的作风都是不可思议的，但置身其中，大家十分享受这种共建共享的阳光的团队文化所带来的光明和温暖。既然生活在孩子们中间，就像孩子们那样热爱生活，不好吗？在这样的文化里，你只要心无旁骛、纯粹工作，就好。

学校管理文化已渗透到每一个干部的心田。在这样一种坦荡、阳光、纯粹的队伍中，干部、老师都心无旁骛地围绕孩子如何成长得更好、学校如何发展得更好去思考、去行动、去奉献。下班后、周末、寒暑假，大家都加班研究自己的工作，学校行政楼、教学楼里的办公室在晚上九十点还常常灯火通明。大家也从不惦记领导有没有看到自己在加班，而是踏踏实实、安安心心做自己觉得该做的事情，不遗余力地将个人价值融入团队价值，在与团队共生共长中实现教育生命的增值。

（二）校长文化，学校管理文化的核心

大家都说，一位好校长就是一所好学校。所以，我总对自己说，要对自己的岗位有敬畏感和使命感，不能把自己陷于名利场，不能被各种利益绑架，要有原则，不能见责任风险就后退，见好处利益就争抢，见矛盾就回避，见困难就层层下放。要敢于面对各种压力，重视方方面面的沟通协调，以正确的政绩观和工作业绩得到上级部门的信任和支持，善于调动教职员工的主观能动性。校长应该是一个高尚的人、纯粹的人、脱离低级趣味的人、有人格魅力的人，在成就老师们、孩子们的过程中实现自己的教育人生价值。

校长的气度就是学校的广度。校长治校主要是靠思想引领，而人与人之间最难的，就是让不同的群体理解并认同同一种思想。因此，校长在带领学校发展的过程中，也就不可能一帆风顺、一蹴而就。随着谢家湾小学办学规模的不断扩大，教职工数量与日俱增，老师们跟进学校发展的节奏不尽相同。我感激和珍惜那些紧跟发展步伐的积极上进者，引领和激励那些不够稳定的摇摆者，也包容那些固守己见的观望者，甚至理解那些鲜明的反对者，让时间和实践去消解、填平彼此的误解和沟壑。

闫老师是 20 世纪 70 年代出生的，一直都是学校的班主任和语文教学骨干，积极上进，好强而有个性。十几年前，因为对一次班级管理评价结果不满意，她对学校和部分干部一直有意见。我多次与她沟通，但她坚持自己的观点，而且明确表示，她以后不会再相信学校、相信我了。虽然我不想失去她的信任，但也不能违背原则。这些年来，她的确只默默地做好自己岗位的事情，不太热衷于学校的核心工作。我随时提醒所有的干部要给她时间，给她机会。她每一次态度和行动上的细微变化，都会令我们兴奋。看到她慢慢地为学校的进步感到欢喜，为学校的困难感到忧虑，我就知道，我们一直都没有放弃彼此。小梅花课程语文学科研发中，她渐渐融入并主动承担重任。她的班级管理越来越成为年级榜样，她的性格也越来越豁达开朗。时间会给彼此机会成长。我们之间，没有再讨论过曾经的分歧，反而有了默契与认同。寒假里某一天，她约我喝咖啡，这让我很高兴、很激动。那天中午吃过饭以后，

当我撇下满屋子远道而来为我过生日的亲友们，执意要去喝咖啡时，家人不理解我为什么不改时间，我说因为我等她这一份邀请已经等了十年，我珍视每一位老师对我的信任和需要。那天我和闫老师之间还是那么坦诚、那么融洽。我把这份幸福，当作给自己的一份特殊的生日礼物。

有一年正逢推进绩效工资改革，又遇上学校推行小组合作学习方式变革，各种矛盾积压。通过多次教代会论证，虽然最终大家认可并落实了改革方案，但教职员工各个群体之间的分歧和不友善依然存在。我非常理解大家的感受，思忖着用什么办法引导大家释怀，鼓励大家去接纳新事物。为此，我翻阅了大量的管理资料，但觉得借鉴性不够。后来，书柜里的一本心理学书给了我灵感。等到那一周政治学习时间到了，老师们把孩子们都送出校园并落座以后，我倡议大家闭着眼睛休息，静静地听就好。然后关上观众席的灯，请何军书记打开那本书，按照我事先排列好的段落顺序朗读。中间有一段他念错了，坐在台下的我赶紧轻轻地提醒他："你现在应该读 183 页的第二自然段。"老师们都惊异于校长怎么对书中内容如此熟悉。其实，我更为牵挂的是书中关于情绪调节的相关内容的递进。虽然灯光微弱，但我分明观察到老师们的表情随着书中的内容起伏变化：有的慢慢平和，有的满脸通红，有的面带微笑。就这样一小时过去了，大家的心结似乎渐渐打开了，绝大部分老师的状态随着心态的改变而变轻松了。我真诚地说："老师们，但愿这样的感觉为你带来健康、快乐和幸福的每一天，大家辛苦了，今天的学习到此结束。"十几年来，每一次政治学习，除了传达必要的文件，我从来不照本宣科念稿子，而是精心安排形式和内容，尽量不浪费老师们的时间和精力，尽量带给老师们思想、情怀、专业上的启发和思考。

当我听到中年数学老师许勇在面向全校几百名老师的演讲中说："过去六年，由于个人原因，我偏离甚至背离了学校发展方向的要求，但是我今年开始理解并认同学校的发展理念和思路了。谢谢希娅校长和学校等待了我六年，谢谢学校没有放弃我。"我听后感慨万千，感动不已。

校长的力度就是学校的速度。学校不是真空，校长也总有压力。面对压力我们如何选择，如何应对，常常就形成了学校不同的风气。当几十名数学老师正处于课程研究的关键期、困惑期，需要一名特级教师帮助指导，而这位特级教师却放手不管时，我严肃地对她说："特级教师除了对专业的热爱，还要有带领伙伴们共同成长的情怀。"……就这样，我一如既往地坚持自己的价值取向，立场始终稳定而鲜明，学校也按着既定的方向和目标稳步向前。我很庆幸，老师们在生活、专业发展、思想情感等方面遇到问题，总会第一时间找到我倾诉，我也会马上放下手头所有事务，来到老师身边，给他们建议、支持和力量，尽可能为他们解决困惑和问题。我听老师们上课，不仅提出尖锐的批评意见，还总是提出改进方案甚至亲自上课示范。课改中我自己思考部署在前、钻研学习在前、操作论证在前，不给老师们带来过多的阻力和误区，让老师们的付出更加精准地体现在孩子们的发展中，让老师们体会更多的专业发展成就感和价值感，更加钟爱自己的教育人生。

校长的温度就是学校的温度。这些年来，我越来越深刻地体会到校长就像一位校园生活程序员，始终操心着、精心设计着师生们校园生活的方式、内容、节奏和体验。校长要将自身的温度浸润在朴素的生活中，不仅要做老师们的坚实依靠，更要努力做老师们人生价值、专业发展、生活质量上的精神导师，要以自己热爱生活的实际行动和效果，引领老师们热爱生活。由于我穿的四季服装，大部分都是自己设计然后找裁缝店缝制的，因此学校老师们参加全市或全国高平台展示交流的时候，总是愿意找我商量服装搭配及发型设计。我在自己的个人公众号里，记录下老师们、孩子们的生活点滴，写下自己对生活的理解和追求，用近 100 万字平实的内容，换一个视角与老师们真诚交流、理性对话，给老师们更多的感染力。每年教师节前一个月，我都控制不住自己，绞尽脑汁地琢磨如何让节日活动精彩纷呈，常常吃饭在想、走路在想，有时深夜兴奋得无法入睡。如果临近教师节我还没有满意的灵感，我会陷入深深的焦虑和痛苦，因为我不想让老师们在自己的节日里失望，不想错过这么一个让老师们深度体验和思考自我教育人生的契机。所以，这么多年来，从温馨浪漫的"为了你的款款而来"到大格局的"教育强国与我的教育人生"，为了给老师们带来温暖和触动，为了有一个更有创意、更能打动老师们的方案，我常常带着少数干部悄悄加班到凌晨。节日活动中，每一个环节、每一处细节，我都精心部署、落实、检查。每当听到老师们说这是最幸福、最有意思的教师节，这是最难忘、最令人感动的教师节，今年刚过完就开始憧憬下一个教师节时，我才安心回家。

作为校长，我从来不掩饰自己对孩子们的喜爱，也倡导老师们做热爱孩子的老师。每当遇见孩子们时，我总是会不厌其烦地主动和他们打招呼、聊天。开始孩子们很不习惯，有些诧异地望着我，或者不理我，或者奇怪地笑一笑跑开了。时间长了，孩子们发现：自己的鞋带松了，校长会蹲下来帮助他们系；当他们尝试和校长

刘希娅在校园里教孩子系鞋带。

刘希娅在校园里与孩子们讨论阅读。

聊天时，校长会搂着他们耐心地倾听；校长会分享他们遇到的困难，还会和他们一起开心地大笑。孩子们开始主动走进校长办公室，给学校午餐提建议，给校长写信，说希娅校长就像她看的书里的女校长（那是一位特别爱孩子、鼓励孩子的校长）。如果我外出开会了，他们会往我的门缝里塞纸条，上面写着关于谢家湾小学春游的建议，充分阐述了春游对于孩子们发展的作用和意义。我总是很认真、很急迫地和干部们、老师们研究孩子们的建议，并尽快落实回复。慢慢地，让我感到最幸福的就是走在校园里，孩子们或远或近地奔跑过来，挥着手微笑着喊着"希娅校长好！""希娅，您好！"有的快速跑过了，还特意跑回来拉着我的手说："希娅，你今天的衣服比昨天的衣服好看。"有时坐在校园的花坛边，突然有孩子从后面一把搂住我的脖子，把刚刚吃过饭满嘴是油的嘴巴凑到我耳边说："希娅校长，我们俩拍张照吧！"在嘻嘻哈哈之间，不远处还有一拨孩子正"幸灾乐祸"地比画着拍照手势对着我们笑。我想，应该没有人不喜欢孩子的纯真无邪，没有人不会对真善美无动于衷。你是校长，你热爱什么、关注什么、践行什么，大家都会观察、议论、评估。如果你有他们赞同欣赏的部分行为，他们还会模仿你。我尽可能利用在公众号写文章和集中学习的时间，和老师们一起分享孩子们带来的启示和美好感觉。我带动老师们平等地走进孩子们的喜怒哀乐，共享孩子们的童年味道。越来越多的老师开始迷恋于孩子们带给自己的人生价值和意义。正如布鲁纳所言："校长是教育过程中最直接的有象征意义的人物，是教师可以视为榜样并拿来同自己比较的人物。"

（三）共同成长，学校管理文化的目标和愿景

2006 年，中国教育学会第十八次年会在重庆召开。开会前两天，组委会两位年长的女老师，突然通知我前往她们住的宾馆，让我介绍一下学校文化建设的情况。听完后，她们说让我在本次年会上进行专题发言，内容就是介绍学校文化建设经验。在大会召开的近两天时间里，我非常紧张地期待着，因为能登上这个中国教育领域的高端学术平台发言，是对我们学校这些年实践探索的一份认可，也是勉励我们继续努力的力量。可是，会议进行到最后一天中午，我们还没有接到发言的具体通知。我不好意思自己去问，就让学校教科室徐主任去问组委会重庆方的会务组人员（重庆市一所小学的校长），得到的回答是："回去告诉你们刘希娅校长，在这样高端的学术平台上，不可能有你们发言的机会。"徐主任在转达这些话的时候，很小心地看着我的表情，还安慰我。我也安慰她说："没关系，这说明我们做得还不够好。我们继续努力，总会有机会的，不要泄气！"中午休息后，我们回到会场时，居然听到广播在喊："谢家湾小学的刘希娅在会场吗？请你到台上来，马上进行的会议中有你的发言。"我一时有点慌乱，立马跑上台去。那天下午的发言赢得了全场的热烈掌声。在场的顾明远会长表扬我讲得好，说我把我们的做法、经验都讲清楚了，对校长们一定会有很大启发。时任重庆市教科院院长的万院长激动地鼓励我说："小刘，你给重庆教育争光了！你们的探索很有价值！小学教育就是要形象化一点，不要那么呆板枯燥。"

就这样，我总是在学校发展的每一个关键路口，引导干部、老师不妄自菲薄，也不妄自尊大，增强心平气和的定力和保持积极向上的能力，跳出急功近利的圈层文化。每一届孩子都是新的，学校在传承中必然也是新的，所以我们的工作方式和内容更要日新月异。学校发展不能光靠吃老本，更要靠未来的孩子们和孩子们的未来。

只有学校发展得好，才会给老师们、孩子们的发展带来更广阔的空间和平台，但也只有老师们、孩子们发展得好，才是一所学校发展的本质特征，哪一部分偏颇失衡都不是真正的发展。"六年影响一生""红梅花儿开，朵朵放光彩""天天快乐，健康飞翔"的追求属于孩子们，也属于每一位教职员工。我们十分注重让每一位干部、老师都去体现自己的价值，挖掘自身潜能，实现职业生命的全面增值。我们把最多的经费用在培训上，保障老师们活跃在全国各种专业平台上；每年派出老师出国培训和访问，保障每一位教职员工在退休前都能出国学习一次，还千方百计帮助老师们晋升。老教师在观念碰撞中依然是学校发展的强大基础，青年教师伴随课改进程逐渐成为中坚力量，年轻教师迅速成长并释放着活力。大家始终坚守着党的素质教育方针和以孩子为核心的发展立场，有着充沛的活力、清晰的目标，做着扎实的研究。孩子们不仅成绩优秀，还越来越大气、开朗、自信。近 10 年来，学校老师3000 多人次在全市、全国的各种平台上展示交流，喜获佳绩。在打破行政分工模式的项目管理中，任何一位干部或老师都可以申报或承担一个管理项目。我尽可能地放权给大家，让学校为他们提供一切可能的资源和平台，去落实他们的合理可行的思路。虽然前面提到我会正面帮助干部、老师认识他们的不足，但是只要发现了他们的优点，只要他们乐意，我就尽心尽力地满足他们的专业发展和体现自我价值的愿望：或让他们为全校老师做报告、做培训，或在市级平台上上课、做讲座，或为全国各地的同行们上观摩课、分享经验，或成为全国各地校长、老师的影子研修导师。伴随学校成为全国备受关注的小学之一，自我生命的增值也成为干部、老师不断前行的动力。

在谢家湾小学担任校长 16 年以来，在上级部门的支持和大家的努力下，我不仅看到伍丽霞、欧宏、严梅、郑臻、胡城乡、代成容、彭彦林、李葵、谢晶晶、周楠等近60 位老师成长为特级教师、副高级教师、市级骨干教师、名师，近 10 位老师成长为各学科教研员，还培养了 16 名校级干部（何军、杨永财、李红琴、杨静、万李、罗

谢家湾小学课程改革探索得到了教育部基础教育司的高度肯定，这让
谢家湾小学的老师们激动不已。全体校级干部幸福地在校园里合影留念。

凤、邹贤莲、杨光荣、韩晴渝、陈瑜、肖颖、任路艳、黄波、周政敏、陶燕、李云
竹），其中7名伙伴后来成为正校级干部。他们都是凭借自己良好的品德、艰苦的付
出、扎实的能力、出众的工作业绩成长起来的，都在各自的岗位上做出了不俗的贡献。
我和这一群伙伴的创业历程，是我们共同书写的一部青春奋斗史。那无数朝夕相处、
风雨共担的日子，总让我眼含热泪。每一个名字背后都有着我们珍藏的时光，那些夹
杂着"不懂事成分"的峥嵘岁月里沉淀了我们战友般的珍贵情谊。而今外出担任校长、
副校长的，都带着谢家湾小学的人品风骨、文化基因、管理经验去开拓革新，留在谢
家湾小学的都保持着自己独有的个性特质和优势，不可代替、不遗余力地成就着孩子
们、老师们的发展和学校的发展。大家的成长是学校管理文化发展的成果，也是谢家
湾小学落实"六年影响一生"办学理念、"红梅花儿开，朵朵放光彩"主题文化和"天
天快乐，健康飞翔"行为追求的一个侧面。最让我神往的学校管理文化境界，不是一
枝独秀，而是"待到山花烂漫时，她在丛中笑"。

五、教师文化：我们的教育人生为教育强国赋能

我们在一所学校的教师文化里，一定可以找到"培养什么人、怎样培养人、为谁培养人"的答案，还可以看到这些答案与老师们的世界观、人生观、价值观的相关性。教师的学识、性格、情怀、格局和视野会影响孩子们的成长方式和结果。我们在进行教师文化建设的过程中，坚信不是所有的人都是靠物质激励才有动力的。在绩效工资改革背景下，我们特别注重带领老师们想明白自己的教育人生与教育强国的内在逻辑，想明白自己要做一个什么样的人，以及怎样努力去成为这样的人。

数学教师雷娟（左二）、邓发远（左一）与同事们在一起研发小梅花课程。

很多同行不理解：在课余、周末甚至节假日里，谢家湾小学几十位甚至几百位教师为什么会自愿到学校来研究课程、研究孩子？大家也不停地追问：怎么才能带好一支教师队伍？如何让学校的办学理念和愿景促进每一位教师的教育教学实践？这些问题对于每一位校长而言，都是考验，也是影响一所学校发展的关键。有很多同行来学习时，想留存我们的学校章程、管理制度等，我都诚恳地向大家介绍。我

数学教师张益健（右）与王晓燕（中）、杨帆（左）在一起研发小梅花课程。

数学教师谢晶晶（右二）与同事在一起研发小梅花课程。

带队伍更注重价值引领之下的文化感召，更强调人的观念和情感在管理中的作用，更重视人性在管理过程中的能动性。在贯彻落实党的教育方针的过程中，"六年影响一生"办学理念和"红梅花儿开，朵朵放光彩"主题文化就是我们学校教师文化建设遵循的最重要的原则。

（一）我的教育人生为教育强国赋能的崇高感

　　我们在一所学校的教师文化里，一定可以找到"培养什么人、怎样培养人、为谁培养人"的答案，还可以看到这些答案与老师们的世界观、人生观、价值观的相关性。教师的学识、性格、情怀、格局和视野会影响孩子们的成长方式和结果。我们在进行教师文化建设的过程中，坚信不是所有的人都是靠物质激励才有动力的。在绩效工资改革背景下，我们特别注重带领老师们想明白自己的教育人生与教育强国的内在逻辑，想明白自己要做一个什么样的人，以及怎样努力去成为这样的人。

教师节里的谢家湾小学环境。

　　今天的学生就是未来实现中华民族伟大复兴中国梦的生力军。没有好的教师，就不可能有好的教育。我们首先要带领老师们想明白：我们是谁？我们的价值体现在哪里？也许有人说，我们不会说大话，理想没有那么高远，我们上好课、教好书、做好本职工作就行了。在全国各地的学术交流活动中，老师们听公开课时兴趣浓厚，一到课堂评析时就不感兴趣了，只喜欢模仿一招一式，不愿意思考背后的原理。我认为这样是做不好教育，也当不好老师的。校长既不能完全放手让分管校长去按部就班地管理老师们，也不能带着老师们只在"术"的层面原地转圈。校长要从源头带领老师们想明白自己的教育教学行为对一个孩子一生的深刻影响，对一个家庭甚

谢家湾小学教师李欣悦在学校教师节活动中留影。

至一个国家的深远影响，以及在成就孩子们的发展中成就自己的基本道理。只有老师们从社会哲学层面深刻理解了自己的工作与自身、社会、国家之间的内在联系，才能迸发出特有的、主动的教育激情和教育智慧。我们通过大量的沙龙、会议，借助案例分析、评价等策略，在一年一度每个教职工都参与的"梅花奖"中，在平时的评优评先、常态课例和教育案例剖析中，在一个个教育观念和教育行为的抉择中，引导老师们去理解这种内在联系，并在自己的教育教学行为中体现这样的价值取向。在遇到困惑、分歧、矛盾的时候，大家会静下心来叩问："六年影响一生"强调的是什么？什么才是"红梅花儿开，朵朵放光彩"？"天天快乐，健康飞翔"的意义在哪里？这样的思考、引导、讨论，会花费我们教育生活中的很大精力，但是首先想明白，然后才能做得好。

很多老师说他们在工作中的投入、提升和成长，以及自主、自律、自强对孩子们起到了很好的示范作用，令孩子们越来越崇拜他们。他们教育孩子的方式也由过去的紧盯唠叨变成了榜样引领，收获着自己与孩子的共同成长。有一次我问办公室主任陈曦："你的孩子才8个月大，你就这样每天工作10小时以上，而且还那么投入，你怎么想的？"刚满30岁的她感慨地说："我是学心理学的，过去只想到从普通教育工作者的角度教好书本上的内容就行，但是经过学校价值观和许多培训的熏陶

谢家湾小学副校长万李（前中）带领体育组一起研发小梅花课程。

谢家湾小学副校长陈瑜（右）与语文教师代成容（左）在
一起研发小梅花课程。

之后，我觉得自己的职业认知和生命意义完全不一样了。就像校长您说的，教育强
国我不能缺席！我的教育观、质量观、学生观有了很大的改变。我也想像您那样，
不一定要升官发财，但是要做一个能促进教育发展、促进社会进步的人。这样，我

谢家湾小学教师李葵（右）与易正星（左）在一起研究小梅花课程。

谢家湾小学教师李妍妍在 2020 年重庆市小学语文赛课现场。

和家庭不也是受益者吗？"正如她所说，我明显感受到了这些年来老师们在反思、改变，在提升、进步。哪怕已经工作了二三十年以上的周梅、谷艳、罗世维、余官英、荣雪梅、赖世惠、郑继、朱红英、罗其燕、桂燕、王琴、许勇、陈国强、彭政等老师，也都积极主动地优化自己的教学风格，以开明、充满智慧的方式，促进班级孩子们全面发展。他们在班级文化、教学质量、家校共建等方面都依然出类拔萃。他们身上那种朴素感、通透感、使命感在教育行为中的融合，显得尤为高贵和美好。谁说老师们不可志存高远？谁说老师们的胸怀只有一方讲台？正因为价值观和文化的浸润，老师们才理解并追求着"平凡如我、志存高远、舍我其谁"的教育人生境界。

谢家湾小学语文教师吴晴漪在 2019 年学校教师节活动中进行
"教育强国与我的教育人生"的主题演讲。

2019 年教师节，中年教师吴晴漪短短几分钟的发言，说出了谢家湾小学老师们教育人生的精神追求。她情深意切的演讲打动了全场，吐露了全场老师的心声："我们是全中国千千万万人民教师的缩影。我们携手所走的路，也必将或浅或深地影响中国的教育强国进程。作为中国的教育人，我在思考时代与使命。教育最核心的价值是什么？我想，教育最根本的目的是培养学生的个人品德、社会公德、国家民族大德。教育兴则国家兴，教育强则国家强。我在思考个体与全体。个体的力量真的那么微薄吗？不，星星之火，可以燎原。我们的生命都会遇到许多学生，我们会成为开启他们万千世界大门的人。他们，经由我们，走向未来，影响世界。我在思考坚守与创新。我真庆幸，走进谢小的二十年始终初心不改；我真庆幸，我的身边有这么可敬可爱的谢小伙伴。我们并肩前行，书写教育人生。这不就是刘校长所倡导、祝福与期许的教育人生吗？她曾说，教师的教育教学是个人世界观、人生观、价值观的综合体现。伙伴们，如何将国际视野、家国情怀、民族担当渗透到日常的教育教学和生活中？无论目标、策略，还是路径、方法，都需要我们在锐意进取的点点滴滴中去思考、去实践、去探究、去碰撞、去总结。我们用潜心教学、心无旁骛、奉献、坚守、创新，去诠释爱国的内涵。我们敢为人先，勇担责任，砥砺前行。教育生活是人生的修行。平凡如同你我，我们能否不辜负时代？不辜负使命？不辜负自己？普通就像你我，我们能否把自己有限的生命与国家的命运相连？与民族复兴的梦想共振？答案是——能！愿祖国，因教育，因你我，更美好！愿祖国，因你我，因教育，更加繁荣富强！伙伴们，我们最大的幸福不是生在这个伟大的时代，而是中华民族伟大复兴的中国梦，将在我们的奋斗中变成现实！"

教育在本质上就是向善向上的事业。教师更应该有这样的格局和情怀，具有"我的教育人生为教育强国赋能"的崇高感，并努力做一个崇高的人。教师就应该像毛泽东在《纪念白求恩》一文所说的那样：一个人能力有大小，但只要有这点精神，就是一个高尚的人，一个纯粹的人，一个有道德的人，一个脱离了低级趣味的人，一个有益于人民的人。

（二）从上好每一节课开始的教育报国使命感

观念转变之后，老师们教育教学方法的跟进还需要一个过程。很多老师抱怨，现在我们不缺理念、理论，就是缺解决实践中的问题的具体方法。大多数老师当年读书的方式不是素质教育模式下的学习方式，而今要老师们摒弃单一的应试教育方式，改变过去以单向讲授为主的课堂教学方法，老师们不是不赞成，而是想不出到底如何改变教学方式，如何创新教学流程去体现孩子们的主体性。在普遍还不是十几个孩子的班额中，老师们实施素质教育能力的提升，仅仅靠参加区域、全国的教研活动是非常有限的，更需要深入的、专业的田野式校本研究，来满足老师们专业发展的内在需要。如何针对每一个孩子的特点、需求，制定差异化的目标、方法？如何做到既能保证孩子们的主体性体验，又能保证学习成绩不下降？个体与全体之间如何兼顾？这些问题不是个体能够独立解决的，而是新时代素质教育发展面临的全国性课题。

十几年前的教改之初，我们改变观念、改进课程，从综合实践类活动开始。以

谢家湾小学数学高级教师严梅（前左三）带领同事进行小梅花课程研究。

前每年的六一儿童节，孩子们都围坐在操场上，通过看一台精彩的演出活动来庆祝。我们平心静气地分析：什么样的活动能保证每一个孩子都上台吗？刚开始，大家觉得不可能，但通过夜以继日的研究，我们找到了新的路径。我们将六一儿童节变成"六一周"，由孩子们自主申报节目，将一个舞台变成十几个、几十个舞台，使全校几千名孩子都有机会登台展示。孩子们说，六一儿童节在台下鼓掌六年，不如自己登台一分钟的感觉幸福。这样的探索打开了大家的思路，也形成了方法总比问题多的思维方式。体育节也变成了人人有参赛项目的"校园吉尼斯"活动。对于这样的创新探索，如2006年"我的节日我做主"六一儿童节，经《重庆日报》《重庆晚报》等媒体报道后，很多市内名校纷纷效仿，共同探索满足孩子们差异化发展需求的路径。老师们在专业研究方面越来越自信了，开始将这样的思维方式带进课堂教学中，通过整合社区资源开发了"军营生活""思维训练""男孩女孩""礼仪"等校本课程，为孩子们的发展提供了更丰富的学习内容。我们进而拆除讲台，推行小组合作学习。刚开始，有些老师不习惯走下讲台，不习惯走到孩子们中间。好长一段时间里，有些老师在原来讲台的位置摆上一张小方桌，才能找到师道尊严的感觉。小组合作式座位让老师们没有安全感。如果孩子们没有老老实实坐着且目不转睛地望着

　　重庆市教科院基础教育所副所长张咏梅（前左二）、九龙坡区教师进修学院书记江涛（前左三）与谢家湾小学语文教师一起研发小梅花课程。

谢家湾小学教师在校园里研究小梅花课程。

老师，老师们就担心孩子们会走神……一个月左右以后，有些老师又将小组围坐格局改回了排排坐的座位方式。但是有老师一直坚持下来了，班上孩子们不仅听课不受影响，而且学习状态和学习效果更棒了。为了更好地实现合作探究式学习，由我设计并获得专利进而投入使用的圆弧形课桌也应运而生。慢慢地，老师们试着放低自己，平等地和孩子们对话；尝试把自己的控制欲望降低一点，让孩子们的机会更多一点；把自己的方法讲授延后一点，让孩子们的探究再主动一点。老师们尽量保留课堂原本的生态，倡导"主动、生动、互动"的课堂文化。从绿色课堂到对话课堂，在一部分老师反对声不断、另一部分先行者不断探索的步调中，学校不同班级学生在各项目中的数据分析结果，使越来越多的老师体会到了"观念一变天地宽"的实践效果，让大家看到了满足孩子们个性化发展需要的信心和路径。

刘希娅在数学课堂上示范教学。

　　同时，我们充分发挥公开课、示范课、竞赛课、研究课的示范引领功能。学校每年都有很多面向全市、全国的观摩课和代表全区参加的全市、全国的赛课活动。我总是十分重视这些课，亲自参与核心团队研究。我们不赞成赛课老师传统的打磨方式——先选定一个赛课选手，然后让他把教研组集体备好的教案反复进行操练，再到赛场上去表演，而我们则要求学科组一起研究，甚至到赛课前几天，才通过主动报名或抽签等方式选出选手去参赛。这样的研磨课的方式提升的不是一个表演型选手，而是一个学科团队。

有一次在市级数学赛课筹备过程中，关于是重教材内容呈现、按既定教案上课，还是重学生在现场生成课程资源，团队产生了较大的分歧。有个别老师强烈反对后者，她认为将孩子们的临场反馈作为课程资源上课太冒险，万一参赛老师临场驾驭不住，不能获得一等奖，就浪费了代表全区参赛的机会。而我坚持和学科组的老师进行同课异构，让老师们看到不同的教法带给孩子们的获得感。老师们最终选择了我的教法建议。我带着大家去理解一个道理：越是远离急功近利的教育，才越是孩子们需要的教育。传统中不良的教学模式总需要有人去突破。我们参加赛课除了想拿一等奖之外，更重要的是想贡献我们最新的教学研究和思考。我们要相信各级专家会从孩子们发展的立场来评判，所以我们坚持以课会友觅知音。果然，这些年来，我们每次在全市赛课中呈现的课堂，几乎都能让大家感到特别朴实、生动和震撼，也几乎都获得了一等奖。我非常敬佩重庆市教科院康世刚、张咏梅等学科专家，他们都具有很高的专业敏锐度和厚重的学术情怀。这些赛课的过程和结果，增强了老师们的专业定力和信心，也慢慢历练了老师们的学术风骨。

素质教育怎么发展，学校的教育质量如何，关键在于每一节最平常的随堂课的质量。老师最在意的就是自己的课堂教学水平被如何看待，这样导致了在很多课堂教学研讨中，大家打不开情面，不能直面执教老师存在的问题。在谢家湾小学的课堂教学研讨中，大家基本能做到实事求是，单刀直入地进行理性剖析。甚至我去听课时，老师们还会偶尔跟我开玩笑："希娅校长，你待会儿不要跑上来和我抢着上课啊！"持之以恒的课堂教学研究，不断提升着老师们的课堂教学能力，形成了谢家湾小学特有的课堂教学文化。如何在课标落地的过程中，让孩子们既要高分数更要精彩人生，形成一种从孩子立场出发的心平气和地教书育人的教师文化，需要每一位老师都真正放下高高在上的自我和急功近利的浮躁。2019年，《中国教育报》的记者深入学校蹲点，自由听课三天，写下了《"有机课堂"无限生长》，报道了谢家湾小学的课堂教学文化。在庆祝中华人民共和国成立70周年的活动中，我们就以"教育报国，从上好每一节课开始"为主题，再次以强烈的仪式感，唤起老师们日常工作的使命感。

重庆市教科院基础教育所原所长李光树（左二）与谢家湾小学严昌兵（左一）、伍丽霞（左三）等教师在一起研发课程。

谢家湾小学教导主任张文洁（左一）与同事在一起教研。

刘希娅在谢家湾小学课堂上与孩子们交流。

（三）在成就每一个孩子中体验教育人生的幸福感

一所好学校，一位好老师，不能只关注如何把孩子送进名校，而要让每一个孩子都能清晰地了解自己的优势与不足，明白自己的特点和未来的发展路径，并积极地付诸行动，从而实现自己的愿望。看到孩子们一个个成绩优异，当然是所有校长、老师最开心的事情，所以我们也总会为那些升入世界一流大学的孩子们感到自豪、骄傲，但毕竟总有成绩不好的孩子存在。对待成绩一般甚至成绩较差的孩子的态度和方法，才是对学校教育水平的考核和对教育品格的拷问。只有真正地做到有教无类、因材施教，才能为孩子终身发展奠定科学、坚实的基础。

兰颜（化名）同学的父母都在外地工作。他的大姨管不住他，就把他送到谢家湾小学来寄宿。不知是不是因为缺乏父母的关爱，他总是在学校里"飞檐走壁"。欧宏老师任他的班主任兼语文老师，每天详细记录他的言行举止，晚上向心理学专家讨教合适的教育方法。四年级结束时兰颜转到父母所在地上学了。可是，一个月后，我一接到兰颜的电话，就忍不住流泪了。他说："希娅，我想您，想重庆的老师们、同学们。这里的老师不好！"旁边的老师们听出了兰颜同学想转学回来，都拉我的衣袖示意我拒绝。我却直接在电话里告诉兰颜："你赶紧转回来吧！"果然，他第三天就回到了谢家湾小学，依然那样调皮多动。新班主任王云川和老师们依然每天研究他的思维方式和行为方式。他的信息技术老师卞先后，发现他在信息技术方面有天分，就教他学习编程。他兴趣很高，很快掌握了编程技术，毕业的时候已经可以非常快速地完成编程任务了。后来他还是到父母所在地读中学了，听说他还是非常喜欢玩电脑，全学校的电脑坏了都找他修。他依然喜欢编程，每隔一两个月就会发回来一个游戏程序让我们玩。升入高中以后，他发回来的游戏程序都具有一定的破坏性。我们很担心他会伤害他人，一直保持与他的沟通，对他进行疏导。他终于顺利从高中毕业了，进入南京一所信息通信学院学习，成绩和综合表现都不错，人也成长得十分健壮帅气，还常回到学校来看我们。

也许兰颜同学进入的不是一所令人瞩目的名校，但是他找到了自己清晰的人生方向，并且正积极地努力，这就是我们最大的成就感。苏霍姆林斯基的教育理论认为：我们作为教育者常常忘记，对小孩子来讲，认识世界是从认识人开始的。如果未能使小孩子恢复对善意和公正的信任，他就任何时候都不可能获得自己作为一个人的体验和尊严感。这样的学生到少年时期就会变得心狠易怒，对于他，生活中就没有了神圣和崇高的东西，教师的话语也深入不到他的心底。正如克鲁普斯卡娅在《克鲁普斯卡娅教育文选》中谈道：对于孩子，思想和人是不可分离的。他们对于一位自己所爱戴的老师说的话，和对他们蔑视的、一个与他们无关的人说的话，完全是用不同方式来接受的。

教育过程是两个世界的相遇，不能说孩子的世界是一张白纸。他们的世界有他们的色彩和逻辑，需要我们俯下身来，站在他们的立场去思考，才会产生我们预期的效应。说起学校的业绩和教学质量，我们很容易想起那一批批进入名校的卓越的孩子，分享他们每一步的成功也是我们的幸福所在。但是对于被名校拒之门外的孩子，让他们得到最好的发展，也是我们的基本职责。教师文化中最重要、最基本的底线文化，就应该是有教无类的博爱精神。

顾丹是一个残疾女孩，但聪明伶俐又漂亮。她在上小学之前，在重庆市的一家舞蹈培训机构学习舞蹈，不幸受伤导致下肢瘫痪。家人倾尽所有在全国范围内求医。在北京住院治疗6年以后，他们有些绝望了，回到重庆想要找寻一所学校读书却不容易，最后来到谢家湾小学。她的妈妈说，这所学校有"朵朵放光彩"的文化，应该会收下她。顾丹因为长期坐轮椅，下肢有些萎缩，而上肢却十分发达，不过看起来脾气十分焦躁。她的妈妈央求我们，让顾丹读一年书也好，让她体验一下学校里读书的氛围。我说："她从来没有读过书，读六年级怎么行呢？"她的妈妈急得掉下了眼泪，恳求我收下她。我实在不忍心拒绝，就说："那让她从三年级开始读，好吗？"她的妈妈含着泪说："太感谢您了！很多学校担心有安全问题都不收我们。"我接下来给三年级的班主任说明这个孩子的情况。令我鼻子发酸的是，老师们都一口答应并表态："校长，您放心，交给我们吧。"顾丹入校后，她的妈妈也尽心尽力配合。班主任谢典老师带着所有学科的老师精心照顾顾丹，学校、班级的活动都让顾丹平等地参与，还悄无声息地为她改变了很多做事细则。班级里的孩子们也像照顾自己的家人一样和顾丹生活在一起。顾丹越来越阳光自信。毕业的时候，我去看望她，并送给她我的名片，告诉她任何时候有任何事情，只要我能做，就给我打电话。她面带微笑，两眼炯炯有神地看着我说："希娅校长，谢谢您这几年对我的照顾。我在这里懂得了每个人都要绽放光彩。您放心，我会幸福生活的！"她的笑容让我特别安心。

刘希娅和谢家湾小学的孩子们与顾丹在一起。

"六年影响一生"不再只是学校里三五步之间可见的 VI 系统提示和符号装饰，而是每一位老师在最平常的教育教学环节中的坚守。我们在人人有奖的"梅花奖"里，设置了教学能手奖、最美微笑奖、最会节约奖、最爱学生奖等。奖励方式不仅有学术假、生日假、亲子假、孝心假、考察学习，也有家属别样的颁奖辞。老师们尽情地分享收获的酣畅，表达对职业生活的无限热爱。真诚善良、乐观豁达、积极进取、彼此信任成为学校团队文化的主流。

老师们不再讨论以教师为中心的师道尊严好，还是以孩子为中心的儿童教育观好，而是沉溺于研究课程、研究孩子，寻觅更好的教育途径和策略。在课余、周末甚至节假日里，几十位甚至几百位老师自愿来到学校，聚在一起，不断研究、突破，享受这种有意义的教育人生。在重庆市教育评估院的质量监测中，无记名网络问卷调查显示，谢家湾小学85％以上的老师认为自己的工作很有成就感、很有前途，95％以上的老师认为自己没有职业倦怠感。我和伙伴们深深相信马斯洛关于"自我价值的实现是人的最高自我需求"的理论观点，以自己的汗水和智慧谱写着中国基础教育的创新实践之路，正如《中小学管理》杂志原主编沙培宁到谢家湾小学参观后，送给我和老师们的那句话：迷恋他人的成长的人，也一定会被他人所迷恋。

六、学生文化：做改良世界的中国人

学生文化是主题型学校文化建设的出发点和落脚点。一所学校最显著的教学质量和文化特色，就是从这所学校里走出来的学生的状态。当然，事物之间总是存在差异的，"六年影响一生"办学理念和"红梅花儿开，朵朵放光彩"主题文化建设，遵循和彰显的正是这样的差异。不同的学校、不同的班级给予孩子们的环境、目标和方法不同，形成了不同学校学生的群体文化特质，这种群体文化特质是学生个体文化的集合，能对学生个体文化的发展走向起到强有力的感染作用。孩子们现在和将来的生活状态才是真正的教育教学质量。

阳光大方、思维敏捷、成绩优秀、善于创新、乐于沟通、视野开阔、健康活泼、热爱生活、有主见、领导力强、敢于批判质疑、勇于承担责任……近几年平均每年有近200个来自全国各地的访问团走进谢家湾小学，进行半天、一周、一月不等的驻校观察，上述关键词是大家描述谢家湾小学孩子们群体文化特质的高频词。我们期待，孩子们将来不管是成为国家栋梁，还是普通百姓，都能成为社会主义合格的建设者和接班人，能成为担当中华民族伟大复兴重任、胸怀世界、涵养人类情怀、改良世界的中国人。改良世界的中国人是什么样的人呢？我们期待，在孩子们将来

谢家湾小学的孩子们在校园里开心地交流。

毕业以后，脱下谢家湾小学的校服，无论身处何时何方，我们都能在以下群体文化特质中得以相认。

（一）在丰富多彩的生活中胸怀理想

不管孩子们将来要成为什么样的人，从小知道自己生活在一个什么样的城市和国家，对生活的这片土地充满深厚的感情，能正确认识自己、悦纳自己、规划自己，是综合素质发展的基本底色，对孩子们一生的发展是十分重要的。谢家湾小学的孩子们每年都会和家长、老师一起，讨论填写一份职业愿景卡。有的孩子未来的发展目标是当医生，那他当年就会特别关注医生行业有关的新闻事件。每长大一岁，孩子们就理性地分析一下自己，也许年年不同，但这是引导孩子们观察、思考自己与社会联系的重要机会。

从我 2013 年当选为全国人大代表以来，孩子们每年 3 月都会在学校大队部的组织下，开展一系列"跟着希娅看两会"的主题教育活动，从小培养关注国际国内大事的习惯，并体会自己与社区、城市、国家之间的联系，思考自己在社会中的角色和定位。2018 年全国两会结束后，我回到学校餐厅吃饭，刚坐下来，不同年级的几个孩子一瞬间就挤满了我周围的座位，迫不及待地和我聊天。有人问："希娅校长，您参加两会怎么参加那么久呢？"马上高年级的孩子就开始给她普及什么是全国两

谢家湾小学的孩子们关注全国两会。

会，包括两会的主要功能和参会对象等。我印象最深的是，六年级的欧阳翰凑过来悄悄地问我关于《中华人民共和国宪法修正案》的事情。我很奇怪地问他："你为什么这么关心《中华人民共和国宪法修正案》？""因为我的理想就是要当领导！我的各学科成绩都很优秀，我又是学校大队部的大队长，擅长主持、朗诵、拉丁舞、辩论。您看我还差哪些能力？"我鼓励他坚定目标，不断努力。他特别高兴地说："我就知道您会支持我。"旁边的一位温和甜美的女孩抢过话来说："我的综合成绩不够优秀，但是我的英语成绩非常好。我自己觉得我的气质还不错，所以我以后想当一名外交官。"还没等我插话，对面的一位男孩说他自己最近非常忙，在选择读哪所中学。因为他喜欢编程，数学成绩又在全市数一数二，各所中学都抢着要招录他。他要好好分析调研，看哪所中学能够帮助他实现当数学家的理想。他旁边的一位男孩说："我的成绩没你们好，但是我动手能力强，审美能力也不错，所以我以后想当一名理发师。"……和孩子们在一起的时光总是最快乐的。听着他们对自己的分析和要求，我替他们兴奋，也替他们担忧。理性地了解和接纳自己，合理、积极地规划自己，是我们特别提倡的学校教育目标和教育内容，但是，在以后的日子里，父母的价值取向、中学教育的环境和方法等非常多的考验都会影响他们，但愿他们有能力实现自我的人生理想。

正如杜威说"教育即生活，而不是生活的准备"。活动课程能促进孩子们生动活泼地发展，促使孩子们进行自我认识和自我规划。学校在"红梅花儿开，朵朵放光彩"主题文化中，以加强班级文化建设为基础，充分关注每个学生的个性特点、生活背景，充分调动他们的主体意识，为他们创设参与体验、主动探索、积极实践的条件，鼓励他们多参与个性化的活动课程，帮助他们认识自己的独特性和价值。活动课程可以全面提高学校教育的价值，在丰富的活动中让孩子们受到有意识的影响。活动课程的

谢家湾小学的孩子们在展示社团活动成果。

出发点是满足孩子们的兴趣，活动内容重视儿童心理的逻辑，所以孩子们在学习活动中总是积极的、主动的、活泼的，学习效果也就很好。我们提倡让学习与生活紧密联系，并尽可能让学生在活动中学习，使学生不仅在知识方面得到提升，同时在人格等方面得到发展。儿童年龄越低，活动教学效果越好，所以幼儿教育的主题游戏，小学教育中的主题活动、实践作业、劳动课程等，对孩子们身心的全面发展是很有利的。

（二）在阳光自信的体验中内心强大

我们都知道，自信是一种美妙的生活态度。自信，会激发我们强大的生命潜能，可以战胜困难、启迪智慧，使生活变得乐观、豁达而美好。自信对每一个人都很重要，但自信不是每一个孩子都有的，也不是自然生成、一蹴而就的，需要我们在孩子身心发展的关键时期进行系统的培养。自信的培养主要是在教育教学中鼓励、表扬孩子，不打击孩子的信心。创设一个以鼓励为主的环境固然重要，但我认为这远远不够，这仅仅是维持自信的途径，只是培养策略的底线。所以我和伙伴们尤其注重在"生态、生动、生长"的校园生活中，在开放的环境中提供机会、营造氛围，

加强孩子们独立思考能力和善于、敢于提问能力的培养。我们把学校的对外接待活动都作为课程资源，常态化地面向孩子们开放，利用各种机会让孩子们在体验中增强自信心。

谢家湾小学的孩子们在学校舞台上向大家展示班级自编操。

辽宁访问团看到孩子们如此放松开心，就问他们为什么这么开心、为什么这么喜欢希娅校长。孩子们说："因为我们的校园生活很有活力，希娅校长很理解我们。"北京中关村第三小学的刘可钦校长是教育部中小学名校长领航工程中我的实践导师，是全国小学校长们非常尊敬和喜欢的学术型专家校长。她竟然多次带着中关村第三小学的干部、老师，走进我们这样一所小学，每次待一天、几天不等。她们平和地深入老师们、孩子们，进行深度访谈、交流后，特别称赞我们的孩子们落落大方、热情友好，生活习惯和学习习惯也都非常不错。孩子们得知她们是从北京来的，主动向她们介绍自己的校园生活，邀请她们合影留念。刘可钦校长说，她们是来找寻谢家湾小学的老师们、孩子们都那么阳光自信、积极向上的密码的。一位全国名校长来到学校访问时，碰见一个男孩上课时间在校园里转，就问那个孩子为什么在上课时能跑出来。男孩很从容地回答："老师，欢迎您来到我们学校，我是四年级一班的学生××。我们学校很人性化，上课时间是可以出来上洗手间或者喝水的。我有点头晕，就出来走走，正好看见失物招领台堆着一些水杯需要整理。我整理完了就回教室。您想要合影吗？"那位校长在访问期间总笑呵呵地说："希娅校长，你们是怎么把孩子们都培养得这么阳光大气、机灵可爱的？"上海市教委组织了局长、校长、教科院专家共 50 人的团队来考察谢家湾小学。孩子们有机会就向他们提问："您对我们的第一印象是什么？"对方说第一印象感觉你们都很开放！孩子们又追问："上海去年的国内生产总值（GDP）是多少？上海最近的经济发展如何？"上海的专家、同行都夸赞孩子们有很强的问题意识，提问质量还很高。整体上，孩子们非常有灵气，也非常大气。谢家湾小学校园里最有特点的风景，就是孩子们的阳光自信。

孩子们在谢家湾小学大队委竞选中认真地投票。

　　这种阳光自信的学生文化特质，是需要有大量的优质的校园生活体验才能形成的。在校园生活中，我和老师们见到孩子们都会主动打招呼，老师们在课堂内外都会发自内心地与孩子们平等相处，学校的重大决策也很尊重他们的意见。每年学校的少先队代表大会上，孩子们提出的议案，都会得到高度重视。我们特别注重为孩子们搭建互动平台，让孩子们在课堂以外去了解、认识自己和他人，找到并体会自己的优势，建立信心，在各种载体中主动丰富和完善自己。学校从2005 年开始探索"人人参与"的活动机制，即合唱节人人都登台，体育节个个有项目。班级改变过去总是优秀的孩子当小干部、最能干的孩子当班长甚至连续多年当班长的做法，实行"小干部轮流制，人人都能当班长"。老师们带着孩子们把班级各种管理岗位全部梳理出来并明确每个岗位的职责，然后让孩子们根据自己的实际情况和兴趣竞聘上岗，一周或者两周后再轮换，确保每个孩子都能体验不同的管理岗位，在既接受他人管理又在自己的岗位上管理他人的过程中丰富体验、增强自信，同时还有效回应了家长都希望自己的孩子能当小干部、能多一些锻炼机会的愿望。

刘希娅与谢家湾小学棒球队的孩子们一起合影。

　　在"红梅花儿开，朵朵放光彩"主题文化的带动下，学校为了发展孩子们的兴趣爱好，从 2006 年开始就带头探索并形成了丰富多彩的学生社团活动。从每天有一节课，渐渐地变成每周有半天是孩子们的社团活动时间，到每天下午都是社团活动时间。孩子们不仅有机会尝试、体验不同的项目，还能换一个场景去认识、理解自己与他人，扩展交往范围。郭冠辰同学本来性格十分内敛，成绩也不太好。从一年级开始，他尝试选择多种不同的社团活动，却始终没有找到很喜欢和擅长的项目。三年级的时候，他感觉学校棒球队队员的服装很洋气，就报名参加了学校棒球队。没有想到，在获得两届全国棒球比赛冠军的谢家湾小学棒球队里，在平时训练和参加市内外棒球比赛的过程中，教练们竟发现他是最具价值和潜力的球员。他表现越发优秀，很快成为学校的棒球明星，而且其他学科成绩也越来越好，很快变得非常阳光自信了。2018 年毕业前夕，他在家长们、老师们、同学们、球队队友们的簇拥、见证下，与美国棒球联盟中心中国区签约。

在《人民日报》、新华社、《光明日报》的记者们深入学校调研的时间里，总有孩子们主动与他们互动交流，对他们说："需要我带你们转转校园，或者给你们介绍一下我们的校园生活吗？"或者偶尔在自助餐厅碰上了，就会有孩子主动陪他们就餐。孩子们的那份沉着自在让记者们叹服。

体验是一个人的知识内化为修养的必经之路。孩子们在学校里丰富的活动中，体验到自己不错，内心越来越强大，形成了很好的心理优势。在同一条件下，心理优势所爆发出来的能量，可以促使孩子们产生一种对成功的渴望。很多人感叹，谢家湾小学的孩子们与人交往时，总可以很温和淡定地看着对方，目光不闪烁、不游离，这就是内心强大所产生的阳光自信。

（三）在正直善良的氛围中思想独立

学校里老师们、同学们生活在一起的琐碎细节，对每一个孩子都有潜移默化的影响。就像大家照顾下肢瘫痪的顾丹那样，不分班级，不分年级。大家觉得能为她做点什么，是一种幸运，也是一种快乐。这样的品行是孩子们的一种常态。

一次，在学校大门口，一位老奶奶因为没有按时接到放学的孙子着急上火。学校负责放学工作的老师和保安还没有来得及上前询问，只见一个离老奶奶最近的正要回家的三年级女孩游舒惟凑了过去。她一手拉着老奶奶的手，一手拍着她的胳膊肘说："奶奶，您不着急，我可以帮助您。"原来老奶奶稍微来晚了一点，孙子放学了，自己没有接上，担心孙子走丢了。游舒惟很沉稳地微笑着说："奶奶，我一定可以很快帮您找到孙子，请相信我。"说完，她询问老奶奶她的孙子在哪个班、班主任叫什么名字、家里平时还有哪些人在管孩子，然后从老奶奶手中的老年手机上找到相关人员的名字和电话，先给孩子的班主任打电话，知道孩子已经离开学校了，然后给孩子的妈妈打电话，但是妈妈不在家，无法确定孩子回家没有。不过孩子的妈妈很快联系到邻居，确定孩子已经回家了。最后，游舒惟还特别懂事地问老奶奶："您还担心吗？需要我送您一段吗？"整个过程中，游舒惟不慌不忙，始终面带微笑。

有个别孩子离开学校以后，会在社区里表现出不良行为。因为小学阶段孩子们

谢家湾小学的孩子们在进行班级自编操展示。

的品德具有很强的可塑性和反复性，个体之间差异也比较大。谢家湾小学的孩子也有闯红灯的，也有在小区里踩花草的，但更多的是正直善良的孩子。一次在某商场里，有一个孩子捡到一个有大量现金和名片、证件的包，他坚持在商场等了失主4个多小时，亲手把钱包交还给失主，并且拒绝一切物质感谢。还有一次，几个五年级的男孩一起放学回家，其中有一个男孩走着走着就晕倒了。当时这几个孩子并没有返回学校找老师，也没有慌乱，而是当场分工合作，有的马上拦住路边的出租车，有的联系自己父亲所在的最近最好的地方医院，有的总体指挥。到达医院的时候，急诊室已经做好了充分的准备并在门口迎候他们了。后来这个孩子经过检查治疗很快回家了，可是他的家长知道这件事情的经过以后，非常生气地找我投诉，理由是从这件事情中可以看出，这个班的孩子对老师没有感情，在关键时刻没有想到找老师解决问题。我反驳了家长的观点，说事后应该提醒孩子们和老师联系，但是孩子们遇到问题能冷静处理，分析、运用自己能调动的资源力所能及地解决问题，这是非常可贵的，应该鼓励和支持他们。我们崇尚孩子们在遇到问题的时候，不推诿回避、主动面对和解决问题的积极的思维方式。

孩子善良正直而有思想，还需要家长、各阶段学校以及整个社会都多尊重孩子的立场，才有可能让孩子从小形成的良好品德、思维方式、行为习惯得以持续发展。

吴梓萌是很幸运的，因为她的父母有很科学的教育观念。她从小到大从来没有像别的孩子那样，被逼进一个又一个补习班，依然保持她唱歌的兴趣爱好，每天放学回家先唱歌，再跑步，保持身心健康。谈起面临的高考，她爸爸说："我们尊重她的意愿，目前我们觉得她考上中国人民大学基本没有问题，但是她如果考差了，去了一所很一般的大学，我们也理解。"吴梓萌始终充满朝气，快乐轻松地生活着。我们学校的孩子们小学毕业进入中学以后，始终有部分孩子的学习成绩不会在班级名列前茅。这部分孩子是需要家庭和学校更为科学和包容地对待的。王真（化名）就属于这样的情况。他性格开朗、活泼好动，待人处世很有分寸、很有风度，沟通、实践能力也不错，特别有爱心，充满正能量。一次在上完晚自习回家的轻轨上，已经十分疲惫的他背着重重的书包，看到有老人上车后立刻站起来让座。妈妈很心疼他。但王真说："希娅校长在毕业典礼上说，当我们毕业后，脱下身上的校服，我们凭什么相认？就凭我们谢家湾小学学生的言行举止相认。"

我们都喜欢善良正直有思想的孩子，可是一旦和社会功利相碰撞的时候，我们却很容易忽略和否定其价值。全社会同心同德、齐心协力，构建起允许孩子们有自己的思想、鼓励孩子们坚持做一个善良正直的人的氛围，才能让孩子们真正实现"朵朵放光彩"。因此，我们抓住生活中的每一个教育契机，让实践性的教育活动潜移默化地影响孩子，让他们形成活泼开朗的性格，以乐观向上的心态对待生活和学习。

（四）在善于学习中勇于、乐于创新

第斯多惠提到如果教学生习惯于简单地去感知或被动地接受事物，那么老师所用的任何方法都是不好的方法，能激发孩子主动性的方法才是好方法。让孩子们善于学习并不是崇尚让孩子们成为书呆子，而是要让孩子们勇于、乐于创新，培养孩子们的创新意识和创新能力。如何让孩子们主动学习、热爱学习？敢于创新、乐于创造？这可能是每一所学校都面临的课题。谢家湾小学的老师们结合各门学科，尝试开发专题活动，开展小课题研究。它们既是各门学科内容的延伸，也是生活性内容的体现，又是孩子们个性发展的载体。这样的专题活动很好地激发了孩子们的学习能力，丰富了学习内容和学习方式。我非常赞成斯滕伯格关于创新型人格特质的理论：小学阶段培养孩子们的创新能力，不一定在于孩子们能够发明创造多少科技

作品，而在于奠定普通公民的创新素养，包括愿意冒险、有胆识、自我肯定、有支配性、独立、坚持不懈、乐于尝新求变、兴趣广泛、独立思考、有好奇心、善于批判质疑、有丰富的想象力和预见力等。

喜欢读书并敢于表达自己独立的见解，是谢家湾小学很多孩子的共同特点。肖芷萱就特别喜欢优秀传统文化领域的专题活动。她特别喜欢读书，且有自己独立的观点。九龙坡区委 2017 年在杨家坪中学体育馆，举办了郦波老师的传统文化讲座"诗词与人生三境"。在互动环节，全场举手提问的人并不多。肖芷萱因为坐在后面，一直举手也没有被发现，于是她就跑到最前面去争取机会，被允许后，她说道："尊敬的郦波老师，您好！我是来自谢家湾小学五年级的肖芷萱，今天因为要听您的讲座，昨晚我特意查询了有关您的资料，了解到您在'红学'方面研究很深透。我想提的问题是：请您以《红楼梦》中林黛玉的身世为例给我们讲讲人生的三重境界，也就是，人如何与自己和解？如何与社会、他人和解？如何与天地自然和解？"这个问题不仅震惊了现场的领导，也让郦波老师尤为称道。他后来接受媒体采访时，一直称赞肖芷萱现场的表现，尤其是对她善于学习和思考、敢于争取机会并提出自己的观点印象深刻。现在肖芷萱就读于重庆一所中学，她依然阳光自信、开朗大方，学习非常主动，特别是文化课成绩非常好。

和肖芷萱一样热爱文学的罗子涵，敦厚、淳朴、执着、善良，很有责任和担当精神，综合素质好，总有自己独立的见解。毕业时，他还用文言文给班主任老师写了一封信，让大家惊异不已。

致吾师

师启：

近来安好！

人上至知命、下至总角，可无惑乎？答曰：难矣。师者，乃解其疑而知其性者。庄公有管仲为师；太宗以魏征为师。师者，乃成败之要事也，汝若择师之善者，则德盛；择愚其者，则头悬梁，锥刺股，亦无用也。

吾师姓罗，有怡情雅趣之性，亦有授学之心，可称吾师。吾常忆初学之时，童稚之心亦存之，汝授吾习字之法，读文之技；一载后，又授太白、摩诘之诗，不求甚解，亦复讲来，修身养性；亦教为人处世之道，使人明智。亦让吾辈饱读诗书，浅尝文章，灵动跃于学堂间。又复一年，汝让尔等戏于草木间，观其意形，以此告吾自然之道"天行健，地势坤"。如今，读中庸，取中和之道，育诚明之性，孔孟之道，尽读之，四书五经，略有观之。

汝使吾学书，因观史书，史书皆通习之，略有文采，若无汝之授，吾亦无法以古义述以长文。因喜读书，政治亦略懂一二，常与至诚兄谈之，吾亦迁怒汝，汝"君子不记小人过"，谈哲学，使吾不再懵懂，亦铭其师恩。

六载来，吾与吾师之缘亦将尽也，忆六载流光，琴棋书画，好一逍遥乎。想之，若无汝之给予，怎有今日之自由，吾亦有恶习，以巴渝语杂厕，好棍棒相厮；放纵己之身，以求一时之快，字不甚工整……因汝之伴，吾之陋习有皆改之。

袁枚爱苔，因其落魄；陶潜爱菊，因其逸隐；周敦颐爱莲，因其出淤泥而不染。而王冕爱梅，因其高洁；吾爱桂矣，亦有"灯火阑珊处"之平凡无私奉献，亦有"为有暗香来"之可贵，其及乃师之精神。师者，殚尽力竭，一生疲累。嗟乎！有容乃大；嗟乎，无欲则刚。师者，三生有幸之良友也，无怨无悔。一日为师，终身为父；一日之师，永生难忘，吾之师者，平生俯首汝之师恩。

感表零涕，不知所言，谨再拜。

深感

诲人不倦之恩。

一介草生　罗子涵
丁酉年五月廿九

学生文化是主题型学校文化建设的出发点和落脚点。一所学校最显著的教学质量和文化特色，就是从这所学校里走出来的学生的状态。唯物辩证法揭示了事物之间总是存在差异的，且差异是不可能被彻底消除。孩子们由于体质、智力、家庭背景、文化基础不一样，主观上学习的动机、兴趣、意志力、情感不同，学习方法、学习效果和成长路径也就不一样。"六年影响一生"办学理念回应的正是作为个体的孩子的独特的、持续发展的人生道路。

"红梅花儿开，朵朵放光彩"主题文化建设，遵循和彰显的正是孩子们的差异。学校生活中所有环节的因材施教，就是最重要、最需要的教育思想和教育方

谢家湾小学的孩子们在操场上开心奔跑。

法。不同的学校、不同的班级给予孩子们的环境、目标和方法不同，就形成了不同学校学生的群体文化特质，这种群体文化特质是学生个体文化的集合，能对学生个体文化的发展走向起到强有力的感染作用。孩子们现在和将来的生活状态才是真正的教育教学质量，正如在耶鲁大学读书的周华昊同学应邀回到谢家湾小学做的演讲。

带着谢家湾小学的影响去影响世界

亲爱的希娅校长、老师们、同学们：

大家早上好！

非常感谢希娅校长和谢家湾小学的邀请，让我回到母校参加这场阔别七年的散学典礼，也非常感谢母校对我的培养。我叫周华昊，是谢小2010届的毕业生，暑假之后即将赴美国的耶鲁大学开启大学生活。今天早上在我重游校园的时候，那面充满新面孔的笑脸墙让我想起了七年前与我同届的同学们，因为我们也曾在那面墙上绽放灿烂的笑脸，但是我们谁也没有想到，七年后我们已在世界各地留下了谢小人的足迹：当我打开微信朋友圈时，我看到在全国各地、世界各地求学的同学们，他们在重庆，在北京，在上海，在日本，在中东的阿布扎比，在大洋彼岸的美国，在加拿大……看见大家在不同的时区追逐着各式各样的梦想，真的很为谢小的同学们感到骄傲！更为培育我们的母校——谢家湾小学感到无比自豪！"六年影响一生"让我一直在思考：在谢小的六年，是怎样的影响赋予了我们去探索这个广阔世界的能力？也许不同的校友有着不同的答案，但我今天想与大家分享谢小六年教育带给我的影响。

记得小学四年级课本有一篇课文叫《两个铁球同时着地》，讲的是伽利略挑战权威的故事，它的主旨是鼓励我们拥有独立思考和勇于挑战权威的精神。然而，真正赋予我独立思考、挑战权威的勇气的，不是课本，而是谢小的老师们，尤其是我读五、六年级时的语文老师兼班主任——谷老师。我清楚地记得她经常和我们提起的一句话："我欣赏有思想的孩子。"我曾经用了满满一页纸去论证为什么一次语文考试里的某个答案在我看来是错误的，也因为在做眼保健操时检查卫生的制度问题和谷老师争得面红耳赤。谷艳老师却用她的包容和鼓励圈点出我作文中精彩的思想，也平等、平和地在争论中表达她的想法。这些日常的互动看似微小，却鼓励身为小学生的我学会辩证地看待问题，并勇敢地表达自己的观点。同学们也可以在课堂内外多培养自己的批判性思维，在读课文时可以多问问自己：作者想表达怎样的观点呢？我同意作者表达的观点吗？在课堂之外，可以想想：学校有哪些我不喜欢的规定呢？这些规定合理吗？为什么呢？在这个信息爆炸、观点多元、选择多样的时代，我们的批判性精神和独立思考的能力显得越发重要，它们能帮助我们去更好地认识这个飞速变化的世界。

除了独立思考的能力之外，谢家湾小学也培养了我勇于尝试、不畏失败的性格。感谢学校为我们提供的各种机会，让曾经害羞的我走上了大队委竞选的舞台，让音乐感不强的我加入了学校合唱队。不可否认，我的演讲和演唱水平非常有限，但当初那个演讲时有些摇头晃脑、气场还有待加强，但却勇敢走上讲台的小男孩让我意识到丢脸也没什么大不了，失败也没什么大不了。这样勇于尝试的心态也使我放弃普通的高考道路，来到一个有来自 99 个国家学生的国际学校，并在那里与世界各国的青年一起学习，一起讨论世界话题，收获了一段不可复制的人生经历。同学们，请你们记住：让自己去做一些自己害怕、不擅长或者陌生的事情，比如，在课堂上举起手表达自己的观点，参加一项从未接触过的课外活动，或者去感受和反思一次失败。我们不一定成为第一，却要成为自己成长路上的唯一！

　　谢小六年对我的影响还远远不止这些，希望同学们能够珍惜在学校的时光，去一点一滴地内化这些影响，塑造健全的人格，通过自身的努力为我们身边的人、为我们的社会带来积极的影响。我有足够的理由相信，七年之后的你们，也会在世界的各个角落，带着谢家湾小学的影响去影响世界。

七、主题型学校文化走向全国

　　教育不仅仅是对文化的承续，还应该是对文化的推动和发展。学校文化是一所学校发展过程中凝结的重要的精神符号，既要传承历史又要推动历史。校长要有自己的办学思想，要有实践办学思想的智慧，更要有创新引领学校文化建设的使命感。

　　袁振国教授在《教育新理念》一书中写道：学校是文化场所，但文化场所不一定有文化。把学校办成有文化的学校是校长的重要使命。正确的办学思想、先进的办学理念是学校文化的灵魂，它包括对教育意义和功能的理解，对人才标准、质量标准师生关系、教学关系的看法。学校从事的是文化传承、积累、创新的工作，但学校自身不会自动生成文化，它需要校长带领大家有意识地去建设。

　　在谢家湾小学几十年的文化积淀的基础上，我带着伙伴们站在 21 世纪的新起点，从教育哲学层面提出"六年影响一生"办学理念；从教育管理学层面，在文化育人的求索道路上，为了让"六年影响一生"办学理念更加形象、具体，更加贴近小学实际，结合重庆的城市精神，组织实施"红梅花儿开，朵朵放光彩"主题型学校文化建设；从心理学层面，逐步实现"天天快乐，健康飞翔"的行为追求。我们通过价值文化、环境文化、管理文化、教师文化、学生文化的系统性建设，探索让师生全体获得全面、全过程的发展，努力接近党的教育方针倡导的素质教育的核心要义（全体性、全面性、基础性、发展性、差异性），促进了一线学校实践在教育哲学、教育管理学、心理学三个层面的深度融合。

　　在这个理念、文化、行为博弈和融合的实践过程中，我们努力创造了一个求真务实、宽厚仁爱、善于创新、纯真幸福、乐于分享的环境和一个善于分享的学校组织文化系统，淡化了利欲熏心、因循守旧、安于现状、封闭狭隘的氛围，减少了师生对学校、对教育的疏离感，建立了"对工作学习充满热情、对学校和教师高度信任、对同伴和弱者亲和友善、对人生有明确的认知并积极努力"的学校组织氛围。老师们在"讲台无边界、校园即课堂、一切皆课程"的学校教育文化中，历经了思想引领、氛围营造、专家建议、同伴合作、课例研究、实践分享、搭建平台、突破创新、享受生命增值的教育人生旅程。一系列有利于师生发展的氛围、机制、平台，犹如营养丰富的土壤，滋养着师生们健康、快速、个性化地发展。孩子们在"我的节日我做主、我的未来我创造、我的人生我负责"的主动思考和学习中，形成了乐观豁达、彼此信任、个性飞扬、阳光自信、真诚善良、积极进取、热爱学习、身心健康的特质。我们似乎能在这些实践和创新的日子里，聆听到老师们、孩子们生长拔节的声音……的确，"六年影响一生""红梅花儿开，朵朵放光彩""天天快乐，健康飞翔"的办学思想，促进师生更加主动、丰富、科学地发展，初步形成了浓郁的个性、开放、健康、积极的学校文化特色。

刘希娅应邀在国家教育行政学院60周年院庆暨秋季教育论坛上进行专题发言。

　　学校氛围是成员所体验到的、影响成员行为的、以成员的集体行为感知为基础的、相对持久的学校环境特征。当学校处于一种越开放的氛围时，学校组织的开放程度越高，师生所获得的发展和成就就越大，师生就会越相互尊重、支持、鼓励。而当学校处于封闭的氛围时，师生就容易简单地应付各种任务，缺乏责任感、同情心，缺乏宽容、友善之心以及奉献、创新精神。老师们、孩子们生活在谢家湾小学，时时刻刻受到学校理念和文化的熏陶与浸润。学校文化潜移默化地影响着老师们、孩子们的内心世界和行为方式。这种从学生立场出发，通过一个文化主题融合学校的办学理念的系统的学校文化建设，特别是通过价值文化、环境文化、管理文化、教师文化、学生文化的系统推进，使师生受到积极影响的实践探索，得到了重庆市教委的高度评价。在重庆市教委的领导下，在重庆市教科院的具体组织下，谢家湾小学先后承办了第二届中国教育科学论坛、全国校园文化建设现场会、重庆市校园文化建设现场会等。我也应邀在亚洲艺术教育论坛、全国教育管理理论与实践创新论坛、全国特色教育论坛、中国教育学会第十八次学术年会、京沪校长论坛等国际国内会议中做专题报告，介绍学校理念、学校文化的实践、特色和成效。经过几年努力，学校荣获全国教育系统先进集体、重庆市学校特色发展先进典型、重庆市学校文化建设示范基地、中央教科所课程实验园地等称号。我们以中国教育学会"十二五"规划重点课题"主题型学校建设的实践研究"和教育部"十二五"规划重点课题"主题型学校文化建设促进学生全面而有个性的发展"为载体，深入进行了9年持续研究，最终学校被重庆市政府授予教育教学成果一等奖。我和伙伴们的实践探索，赢得了领导、专家和同行们的广泛认可和赞誉，为后来的小梅花课程的整合改革奠定了理念、文化、机制等全方位的基础。

刘希娅应邀在北京参加亚洲艺术教育论坛并进行校园文化建设的专题发言。

刘希娅2008年应邀在北京市小学特色学校建设论坛上做专题报告。

十几年前，谢家湾小学学校文化建设的创新路径和效果，为全国基础教育同行们提供了一个样本，掀起了全国范围内主题型校园文化建设的高潮，也形成了如今各个学校围绕一个主题来让学校的环境文化落地的普遍路径。多年的实践证明，谢家湾小学的办学理念、主题文化及其实施路径，增强了老师们、孩子们良性的自我暗示，激发了师生们内在的主动性、积极性、创造性，很好地探寻出了素质教育的落地路径。我把那些年的实践体会和思考撰写成文章，其中《六年影响一生》《学校发展要走"文化育人"的大道》在《人民教育》上发表。

谢家湾小学的发展得到了各级部门的大力支持，也引起了各级领导、专家、同行的高度关注。上海教育专家商友敬到学校对老师们进行语文教学培训时，感叹道："童真、童趣、童言；真心、真爱、真情；以孩子的发展为中心的办学思想在这里得到了充分的体现，为谢家湾小学叫好！"时任中央教科所副所长田慧生到学校参加全国综合实践课题会，在讲话中说道："谢家湾小学给我留下了深刻印象，这是一所办得很有特色、很有品位的学校。"时任教育部基础教育司司长王岱，到学校视察城乡统筹实验进展情况，高度评价了谢家湾小学带领九龙坡区西彭三小实现跨越发展的成效，同时说道："谢家湾小学的办学思想和办学实践所取得的成果应该在全国推广，他们的办学追求正是我们基础教育追求的境界。"顾明远先生到学校和老师们、孩子们深入交流一整天后，说道："谢家湾小学将'红梅花儿开，朵朵放光彩'这句歌词作为学校文化建设的主题，很有新意。把老师和学生都激励起来主动发展，这种探索很有价值。这就是科学地践行'六年影响一生'的好办法。"

时任中央政治局常委李长春 2010 年到重庆视察文化建设时，来到老师们、孩子们中间，详细了解学校的办学理念和文化建设情况，高度评价谢家湾小学"六年影响一生"办学理念和"红梅花儿开，朵朵放光彩"主题文化，特别强调，谢家湾小学把重庆孕育发展的红岩精神结合教育和时代背景后作用于学校和学生发展，创新地开展了丰富多彩的社团活动，把学校办成了少年宫，取得了显著的教育成效，值得肯定和推广。学校的文化建设和社团活动实践情况也在中央电视台《新闻联播》中被专题报道。

这一段发展历程让我深刻认识到，从教育实践者的角度讲，一名小学校长，对上承接着千万根线，连着党中央、国务院各级各部门的教育部署，对下影响着老师、孩子、家长的生命生活质量，其岗位功能关乎国家的命运和世界的未来。我们最根本的责任，就是在学校中去落实党的教育方针和人类社会发展对孩子们的要求。这需要我们跳出办学中"等靠要"、照搬文件、僵化固化的思维模式，勇于担当、敢为人先，结合实际因地制宜，主动、创造性地思考和工作，这样才能解决不同学校个性化的发展问题，促使各学校沿着最适合自己学校的发展路径不断提升。我们需要博览群书，更需要有一种不负历史、不负孩子、不负韶华的人生观、价值观和使命感。对于一位校长而言，坚守了每一个孩子的发展的价值取向，既是办学思想，也是办学方法，更是办学评价标准。

教育不仅仅是对文化的承续，还应该是对文化的推动和发展。学校文化是一所学校发展过程中凝结的重要的精神符号，既要传承历史又要推动历史。发展不是历史的断裂，更不是对历史的背叛和遗弃，而是时代赋予我们的责任和使命。校长要有自己的办学思想，有实践办学思想的智慧，更要有创新引领学校文化建设的使命感。校长只有为了孩子们的发展，坚持正确的方向，具备开拓的精神，心无旁骛，抛开杂念，无私无畏，沉心静气做实事，才能在有限的校长履职生涯中有所作为，才能对老师们、孩子们的发展有所帮助，才能做好促进师生终身发展的摆渡人、素质教育落地实践的探路者。

小梅花课程

一、一切有积极影响的元素都是课程

教育过程是两个世界的相遇，强调师生之间相互吸引、平等对话和愉悦相处。在这个过程中，孩子们经历的那些对终身持续发展有积极促进作用的全部经验，就是课程。因此，课程既是学校里与学生发展所有相关要素的总和，也是影响师生校园生活方式及生命状态、教育教学质量的核心载体。对学校教育而言，校园即课堂，理念、文化、环境、氛围和生活方式都是课程，老师们、孩子们自身的思维、情感、经验、志趣等生命状态也是课程。这就是我的课程观："一切有积极影响的元素都是课程。"

2004年以来，我带着谢家湾小学的伙伴们，经历了"六年影响一生"办学理念、"红梅花儿开，朵朵放光彩"主题文化、"天天快乐，健康飞翔"行为追求的论证和实施过程。这是自1999年以来，在中共中央、国务院明确提出推进素质教育的背景下，学校伴随重庆市教育领域的校园文化建设、特色学校发展、卓越课堂建设的发展历程，也应和着我国基础教育第八次课程改革的探索历程，结合实际情况，推进了校本实践之路。在探索的过程中，我们遇上了我国基础教育发展转型的好时代。伴随着全国基础教育对应试教育和素质教育的观念、方法等层面的纷争，我和伙伴们实现了观念转变、思想碰撞、策略优化。在这个过程中，课程是影响孩子们在学校发展的核心载体，决定了老师们、孩子们在校的生活方式和生活内容，所以课程改革成为我们学习、讨论、研究、实践的核心内容。

中华人民共和国成立之初，根据当时的国情引进了苏联凯洛夫的《教育学》，这对我国教育的发展起到了一定的促进作用。改革开放以来，社会发展急需更多与时代相适应的创新人才，于是社会各界对苏联凯洛夫的《教育学》和德国教育家赫尔巴特的"学科中心主义"产生了普遍质疑。

大家开始关注与学科课程相对的活动中心课程（又称儿童中心课程），即以儿童从事某种活动的动机为出发点，以各种不同形式的一系列作业为核心的课程，其代表人物是美国教育家杜威。杜威主张教育即生活，学校、家庭、社会及其他任何场所的生活都是教育，要指导儿童能够解决生活中的问题；教育即生长，教育是儿童对经验意义的新理解和对经验的重新组合；教育即经验的改造，学习的范围和教材的选择，应围绕儿童动机来进行。他认为赫尔巴特的弱点在于忽视了最主要的东西，即儿童具有生动地表现自己的生命力。杜威认为教育不是从外部以力量去规范儿童，而是使人类与生俱来的能力得以生长。杜威并不反对分科教学，只是认为教材的选择应从学习者的经验开始，反对脱离儿童的"科学的逻辑"。

杜威的教育思想带给了基础教育工作者较大的触动，但是反对的声音也此起彼伏。孙喜亭教授的《教育原理》一书中就有这样的表述：当前（1998年左右）在课程改革中，"教育人本化""教育生活化"的趋势，颇有占主导之势。有人提出"课程改革应'以学生全面发展为本'为指导思想"，并提出了"以学生全面发展为本"的7项课程目标。这不得不使我们思考：在这种动人的词语中所设想的价值目标尽管有诱人之力，但什么样的人格才算健全呢？健全的人格又如何塑造呢？华丽的词语代替不了实施教育工程的蓝图。更有人提出，到21世纪，人们将形成辩证整合的课程价值观，并用"学生为本课程"加以实现。"我们要创造一种适合儿童的教育而不是挑选适合教育的儿童"，并把"适合儿童的教育"称为"素质教育"，而把"挑选适合教育的儿童"称为"应试教育"。孙喜亭认为基础教育的中心任务就是创造一种"以人为核心的教育"，并使得每一个儿童都接受"各得其所"的教育。这与杜威的观点十分相似。杜威提出的"课程是儿童在走向社会的过程中所经历的全部经验"，而以"全部经验"作为课程，必然带有多样性、随意性，因为学生的需求是多样的，兴趣爱好也是多样的。

我们又看到，华东师范大学张文军的《后现代课程观初探》，其意义则在于重视学生的主体性、能动性、内心的体验性。黄甫全在《新中国课程研究的回顾与展望》中提出大课程观，认为这是课改的主流趋势，提出核心问题是不能将"课程"看作一种"教育计划""预期教育结果"或"学生获得的教育经验的计划"，而应将课程理解为"整体的教育活动"或"实践形态的教育"。这种主张将"预期的结果"与"教育活动"统一起来考虑具有积极意义。但有人说，课程的内涵和外延都发生了变化，人们通常不这样理解，这样理解把明晰的课程含义变含糊了，不仅违背了逻辑，而且对课程设计和教学实践并非有益。

尽管纷争仍在继续，但我国基础教育的优化变革从未停止过。2001年6月，教育部颁布《基础教育课程改革纲要（试行）》（以下简称《纲要》），开启了我国第八次基础教育课程改革，其核心理念是"为了中华民族的伟大复兴，为了每一个孩子的发展"。相较前面七次课程改革，第八次课程改革最大的特点在于强调了实施素质教育的既定方针，从课程总体设计到课堂教学设计，始终把学生的发展置于中心地位，以培养学生健全的个性和完整的人格为任务，努力构建促进每一个学生发展的课程体系。这种先进理念下的教育是促进每一个学生都健全成长的活动，而不是"教化"和"训练"，它规定了课程观念与课程体制同步变革的一系列政策、原理、原则和策略。新课程以全新的观念和措施，为全国基础教育发展带来了全方位变革的理论和政策引领。

针对课程内容脱离生活实际的弊端和学科中心主义带来的割裂，《纲要》提出课程内容要尽量来源于学生生活经验，回归学生生活世界；倡导幼儿园、小学实行综合化课程，中学开始注重分科教学，倡导课程整合；针对课程管理过于集中、课程内容质量受制于课程编制队伍素质的局限性，《纲要》提出了实施国家课程、地方课程、校本课程管理模式。正如钟启泉教授所说，这是本次课改最大的亮点，既迎合了世界范围内课程权力再分配的潮流，也满足了课程改革的客观需要；既突破了以往课程权力过于集中，难以适应地方和学校具体情况的弊端，又推进了课程管理民主化的进程。校本课程让学校拥有课程自主权。在课程开发主体方面，教师是课程开发的主体；在课程开发场所方面，学校是课程开发的场所。因此，校本课程最能反映学校的具体情境和学生的学习需求，最能体现学校的特色和发展风貌。课程管理的民主化、均权化意味着课程变革的过程是一个全员参与的过程。三级课程管理的理念赋予教师参与课程开发和课程管理的权利。教师在参与课程开发时能够积极展开交流和对话，逐渐形成伙伴式的团队文化，实现教师专业成长。这种教师以其自身的实践知识为基础展开的实践拥有如下特征：教师不仅能够进行教学后的反思，而且能够灵活地展开教学过程中的即兴式思考，能够积极地、感性地、深入地介入教学情境，在发现教学现象的复杂关系的过程中不断建构、再建构教学所固有的问题框架。

针对精英主义教育、灌输式教学、甄别性评价所导致的教育教学价值单一、学生综合素质低下、学生学习被动消极等应试教育问题，《纲要》倡导大众教育、对话式教学、发展性评价、伙伴式对话关系，并通过从教学大纲到课程标准的转变，明确不同学段学生在品性修养、关键能力、基础学力、核心知识等方面需要达到的成就目标。针对新课程实施的焦点在于改造学生的学习方式，《纲要》指出研究性学习就是旨在变灌输式教学为对话式教学的基本策略；强调教师不能教教材，而要与学生一起探索"学生正在经历的一切经验"；提出研究性学习不仅是一种学习方式，也是一种崭新的课程领域，需要广大教师和专业理论工作者遵循《纲要》精神，基于"专业对话"进行自由创造。研究性学习是学生的一种探究性学习，而不是接受式学习，不是把"满堂灌"变成"满堂问"，而是课程范式的变革和课程环境的开放，保障学生认知发展的权利不仅仅停留在基础认知能力上，还要为学生提供足够的时间、机会、平台去发展高级认知能力。这次课程改革整体上要实现三大转型：课程政策向"集权"向"放权"的转型；教学模式从"传递中心"向"探究中心"的转型；课程模式从"学科主义中心"向"社会建构中心"的转型。

对于21世纪初的中国基础教育而言，《纲要》是一份很有历史价值的课程改革纲领，也是一份针对性很强的文件，更是一份立足中国国情、吸纳全球教育经验和智慧的文件。但是要在全国各地贯彻落实《纲要》，首先各级党委、政府、学校都要全面贯彻党中央的素质教育方针，在此基础上确立"促进每一位学生发展"的价值取向，改变教育局局长们、校长们的政绩观，优化校长们、教师们的课程观，提升课程领导力。这是一个漫长的考验过程。

事实上，多年以后的今天，基础教育有时仍旧处于应试教育和素质教育的争论中。但作为一线中小学的校长，我们不能在争论中等待，也不能在争论中摇摆，因为我们的孩子们在学校的学习生活是不可逆的，为此，我们在办学中，要广泛学习借鉴田慧生教授编著的《课程新论》与《综合实践活动课程的理论探索与实践反思》和钟启泉教授的《课程的逻辑》、袁振国教授的《教育原理》等著作中关于课程及新课程改革的论述。

《课程的逻辑》的观点，反映了我国基础教育课程改革进程的实践。该书中写道：我国教育发展缺乏资金、人员、技术，但更缺的是思维方式的变革。新课程的实施确实遭遇到旧观念与旧体制的严重阻抗，旧有的课程文化带来了形形色色的思想上、制度上的障碍，陈规陋习若隐若现、积重难返。新课程不同于中华人民共和国成立以来以往几次课程改革之处，是要造就一支课程理论研究队伍和课程教材编制队伍，形成全国性的课程实验网络，这是一种可持续的课程发展机制，而新型课程文化再造是课程改革的直接诉求和终极目标。由《纲要》驱动的这次基础教育课程改革，是贯彻党的教育方针的生动实践。然而时至今日，教育界某些人士仍然在冷眼旁观，他们对于新课程的实施进展视而不见，对于新课程的理论建树视而不见，对于一线教师的专业能量视而不见。从精英主义教育走向大众主义教育，从灌输式教学走向对话式教学，从甄别性评价走向发展性评价，这些原本是当今世界各国基础教育改革的共同追求，然而，一些人居然把旧课程的弊端归因到新课程上，质疑新课程。教育问题、课程问题是全局性问题，需要加以整体的、全局的思考。教师专业成长是解决课程问题的一种教育实践过程，是教师行动研究的过程。校本研修是新课程实施的一个亮点，但是关于新课程的教师培训除了国家级、省市级培训之外，县级以下的培训往往由低层次的教师进修学校或是一些公司把持，培训质量成问题。新课程的实施呼唤新的教师培训制度的确立。传递中心教学同探究中心教学的差异之一，就在于课堂控制的性质。传递中心教学尽量把课堂中的人际关系、时间和空间均质化，强调系统化的控制；而探究中心教学把课堂中的人际关系、时间和空间多元化、多层化，在课堂中实现多样的、个性的发展。在新课程背景下的课堂教学本身就是一种对话的过程，就是引导学生与客观世界对话、与他人对话、与自我对话，并且通过这种对话，形成一种活动性、合作性、反思性的学习，也就是形成认知性实践、社会性实践、伦理性实践"三位一体"的过程。新课程凸显探究学习并非全盘否定接受学习，而是旨在改造学生的学习方式，以探究文化取代应试文化。有人却强调一切学习都是接受学习，批评新课程强调教学与社会生活联系的问题解决型的探究学习就是在否定接受学习，主张落后地区的课堂教学只能是接受学习甚至灌输式教学，而发达地区才适用于探究教学，这种二元对立的思维方式导致了赤裸裸的教育歧视。

　　我自己办学的艰难历程，以及我在为全国各地的校长们、老师们进行的上百场课程主题培训时做的调研的情况，也的确印证了钟启泉教授的分析。新课程推行了多年后，校长们、老师们觉得这份《纲要》非常先进，却非常陌生；非常契合中国基础教育的实际，但具体落实到自己学校的实践中却会碰到许多的障碍。我个人认为，主要原因有三个方面。一是校长们认为教师队伍的素质能力不行，老教师没有课程意识和能力，大多数还只是停留在把教科书当成全部课程的观念层面。大学刚毕业的学生连基本的教学都觉得困难，更别说研发课程了。老师们参与的国家级、省级培训太少，校本培训又缺乏经费和机制保障，致使教师培训存在严重滞后的问题。二是老师们认为教育局局长们、校长们的观念和能力不行，他们的政绩观都是围绕分数转的。考试的内容还是很传统单一的记忆性知识，而且由于初高中还主要把升入名校的学生数量作为工作业绩，不太重视基础的学生发展数据，因此导致初高中教育很大程度上陷入功利主义，忽视大多数学生发展的立场和权利。三是高校和教研机构的专家掌握着学校、教师、学生发展评价的话语权，由于观念、方法、水平层面的局限，一些教研员更多站在维护自身话语权的立场，造成课改核心环节推动不力，使一些地方形成了以素质教育为表象的应试教育内核。但是全国范围内出现了一些在新课程探索实践中敢于先行先试的学校，贯彻落实了新课程理念，实现了学校、教师、学生的全面优质发展。

欣慰的是，顾明远先生在参与国家教育政策制定和变革的讨论中，总是旗帜鲜明地反对让孩子们被动学习的灌输式教育，反对把学生分成三六九等进行歧视性分层教育。他一直倡导"没有爱就没有教育，没有兴趣就没有学习，教书育人在细微处，学生成长在活动中"，备受基层学校校长、老师的敬仰和爱戴。党的十八大以来，习近平总书记多次强调立德树人是教育的根本任务，素质教育是教育的核心，要改革体制机制，让教育更加符合教育的规律，更加符合人才成长的规律。习近平总书记在 2018 年的全国教育大会上强调"教育是国之大计、党之大计"。2014 年，教育部出台了《关于全面深化课程改革 落实立德树人根本任务的意见》，明确提出："避免有的学科客观存在的一些内容脱节、交叉、错位的现象""加强学科间的相互配合，发挥综合育人功能"。"要在发挥各学科独特育人功能的基础上，充分发挥学科间综合育人功能，开展跨学科主题教育教学活动，将相关学科的教育内容有机整合，提高学生综合分析问题、解决问题能力；改进教学方式，适应学生个性化学习需求。"2019 年，国家出台了《关于新时代推进普通高中育人方式改革的指导意见》《关于深化教育教学改革全面提高义务教育质量的意见》等文件，教育部也印发了关于教研员队伍、学校实验教学、初中命题考试等相关文件，对当前教育改革中出现的过程性问题予以有力回应，精准施策。

其实，和全国各地的校长一样，我同样面临种种困惑和压力。但是我的原则是，如果上级文件精神不合时宜、不恰当，我就尽量通过各种正当渠道反映基层意见，为决策提供一线素材；如果上级文件精神是正确科学的，基层学校就要尽力结合实际情况创造条件创新落实。伴随新课程研究、实践的推进，我们全心全意贯彻落实素质教育方针和《纲要》精神。结合近 6 年的实践探索，在教育观念、教育技术、教育方法层面，我和伙伴们的反思、策略优化等起到了很强的指导作用，让我们形成了新的教育观、教学观、课程观、学生观。伙伴们越来越能够理解教育不应该是灌输和驯化，而应该是润物细无声、潜移默化的影响；不仅是帮助孩子考高分，更重要的是帮助每一个孩子找到发展路径并得到发展支撑。学生不是被动接受的容器，而是具有独特个性、拥有天然好奇心、能够身心主动参与学习过程并影响学习过程的活泼生动的个体。教师不是独自掌握教育教学目标、计划、内容的照本宣科的发布者、灌输者，而是有着自己对人生的独特见解和对教育教学内涵的深入理解的研究者、实施者。教师也是在和学生平等对话中，通过更加细致、人文、科学、多元的方法促进师生成长的启发者、陪伴者和协助者。所以，我说"教育过程是两个世界的相遇"，强调师生相互吸引、平等对话和愉悦相处。而课程既是学校里与学生发展所有相关要素的总和，也是影响师生校园生活方式及生命状态、教育教学质量的核心载体。校园即课堂，理念、文化、环境、氛围和生活方式都是课程，老师们、孩子们自身的思维、情感、经验、志趣等生命状态也是课程。这就是我提出的课程观：孩子生活经历中那些对终身持续发展有积极的促进作用的经验，就是课程。换言之，就是我 2006 年提出的课程观："一切有积极影响的元素都是课程。"

带着以上学习体会和理解，和着全国各地"将改革进行到底"的时代节奏，承载着九龙坡区作为重庆市城乡统筹综合改革试验区、中国教育科学研究院综合改革试验区的发展使命，我和伙伴们勇担重任，怀着对孩子们深沉的爱，始终贯彻落实素质教育方针，沿着《纲要》精神，结合重庆的地域特点和师生的具体情况，开拓创新，勇于实践。不管经受怎样的压力、质疑和干扰，我和谢家湾小学的伙伴们都坚守自己的教育信仰，笃定而默默地在课程改革的道路上深耕细作，形成了具有谢家湾小学理念根基和文化特质的小梅花课程，探索出了一条以谢家湾小学课改为案例的素质教育路径，在国内外产生了深远的影响。

二、小梅花课程的缘起及内涵

学校"六年影响一生"办学理念倡导独特的个体发展需求。在学校"红梅花儿开，朵朵放光彩"主题文化中，"红梅花"作为校园文化的代表符号，象征红岩精神。我们的育人目标就是培养合格的社会主义建设者和接班人，以德育为首，五育并举，让每个孩子都像富有顽强生命力的小梅花那样，在谢家湾小学学校课程形态中获得最充分的发展，将来能成为改良世界的中国人。我们将国家、地方、校本三级课程进行整合后构建的谢家湾小学课程，是促进孩子们健康成长的校园核心载体。期待它最能承载和彰显的不是冰冷的符号和数字，而是坚守孩子发展立场的以人为本的生命性，所以大家亲切地把谢家湾小学课程誉为"小梅花课程"。

我认为，我们让国家课程在学校落地的过程中，如果不结合区情、校情、学情的二次研发，只将平均水平的统一的课程内容应用于差异化的学生，是不符合教育伦理的，也是消极对待教育工作的表现。我们追求用差异化的课程目标、课程内容、课程实施，去回应差异化的孩子的需求。所以，围绕如何让素质教育、《纲要》精神在谢家湾小学课堂教学环节落地，如何让"六年影响一生"办学理念在课程里落地，围绕"红梅花儿开，朵朵放光彩"主题文化和"天天快乐，健康飞翔"行为追求，在长达 6 年多的时间里，我们从价值文化、环境文化、管理文化、教师文化、学生文化等维度出发持之以恒地进行着行动研究。尤其是在对课程的实践研究中，老师们从书本、教师立场转向学生立场，审视、研发课程资源，逐步改善沉闷枯燥的教书氛围，更加理性地去辨析日常教育教学实践中，哪些是教育性经验，哪些是非教育性经验，哪些是反教育性经验。西南大学的教授说，谢家湾小学十几年的课程改革探索，胜过让老师们进行一次教育学硕博连读。我们对过去司空见惯的教育教学内容和方法进行了前所未有的专业反思与重构，并在质疑、验证中，形成了新的专业理解和专业觉醒，形成了全新的课程理念、课程实践和课程效益。我们主要围绕三个方面的核心内容进行实践研究。

（一）国家课程标准、教学方法是否应该校本化

但凡有一定工作经验的老师都知道，遇上不同学校、不同班级一定需要因材施教。在具体的教育教学过程中，对于各门学科每节课的教学目标就该如何确定，有研究能力和研究氛围的学校的老师会基于平时的随堂课进行集体教研，而很多研究能力弱的学校的老师基本靠统一发放的与教材配套的教学参考书进行教学，更落后的一些学校的老师则依赖统一发放的与教材配套的教案进行教学。令我意外和不解的是，网络上有许多人公开呼吁别让老师们写教案了。我在全国各地给校长们、老师们做培训的时候，经常真诚地和大家一起分析道："写教案是我们教书育人中必不

刘希娅带领谢家湾小学课程中心的老师们研究小梅花课程体系。

可少的环节，是我们在将国家统一的课程标准和内容与不同的学生进行衔接时的必然思考，是我们的思想、能力发挥作用的关键环节。"在现实中，还有一部分中小学教师，或因为懒惰，或因为能力不足，或因为缺乏教研文化的熏陶和感染，总是严重依赖上级发放的统一版本的教案去上课。除非遇上公开课活动，相关老师才会争分夺秒地抱着教学参考书等资料反复研究、论证。有老师偶尔到校外参加教研活动，获取一些信息后，稍微有些触动。有些老教师对教材的分析研究多，对孩子们的学情分析不足、把握得不够精准。老师们长期按照统一的教参、教案进行教学，容易产生后进生，也容易使老师产成专业惰性，甚至职业倦怠。

　　素质教育和新课程实施以来，社会各界在观念上基本达成了面向全体学生、促进学生全面发展的社会共识。但只喊口号没有用，我们需要站在孩子们的立场来理性看待日常教育细节，更需要为差异化的孩子们提供差异化的课程资源和方法。这既是对新课程落地严峻的考验，也是素质教育发展的核心问题。十几年来，我们持续研究如何提供每一个孩子都需要的"六年影响一生"的学校支持，如何从目标到方法层面接近"红梅花儿开，朵朵放光彩"的主题文化追求，而且还要思考如何实现"天天快乐，健康飞翔"。立足课堂，当各学科统一、概述型的课程标准，与每一个不同状态的孩子相遇时，老师如何才能科学定标、精准施策？为此，我在多年的

芬中教育协会秘书长李栋（主席台居中）参加谢家湾小学小梅花课程研发。

时间里，执教多节课例，常常每节课例都会在不同班级上多次，每一次的具体上法都不一样，带领老师们体会同样的课程标准在不同班级孩子们身上的不同反映。我们在总体上要保证孩子们达到课标中的基础学力水平，但同时还需要满足孩子们差异化的发展需要。优秀、领先的孩子们的课堂表现，会成为同伴学习的宝贵的课程资源，事实上这种来自同伴的经验分享对孩子们的启示效果比老师说教更好。

例如，小学课程标准对"分数"的描述是："理解并掌握分数的意义、分数的基本性质，会比较分数的大小，明确分数与除法的关系，会计算简单的分数的加、减、乘、除法，会运用分数的知识解决简单的生活问题。"很多教参教案资料显示，"分数"具体到第一课时的目标为："能结合情境认识几分之一，经历几分之一的形成过程，体会分母小于10的几分之一的意义，会读写几分之一的分数。"传统教学中，老师带着孩子们把一个蛋糕平均分成两份，其中一份就是二分之一，再告知什么是分子、分母和分数线，再出示几个图形、分数，让孩子们判断一下什么情况是二分之一、三分之一等。但是我在多次开放性教学过程中，让孩子们去探究分数形成的过程，理解平均分一个物体的意义，并让孩子们根据自己的体验给分数各部分取名

刘希娅在谢家湾小学与数学老师们一起探究课堂教学。

字，最后才告诉孩子们通常情况下的各部分的称谓，让孩子们通过在正方形纸张上的折、画、涂表示自己喜欢的分数。在优秀的孩子天马行空地进行分数创作时，老师针对后进的孩子进行个别化辅导。分享时我听到了孩子们表述自己创作的5/30、3/100等分数，并且能讲出它们的意义。通过把一盒草莓进行分数划分的过渡，孩子们还说出了一辆汽车有四个轮胎，其中一个轮胎就是这辆车轮胎的四分之一；一栋楼房有20层，其中3层就是3/20等。我还带着孩子们利用手指互相出题玩分数游戏，结合生活实际创编分数故事（附本课教学实录）。老师们从教学中看到了不同水平孩子发展的巨大差异。有的孩子能初步体会把几个物体看成一个整体的分数意义并能基本表述出来，远远超越了原先统一的课时教学目标。在这样的课堂里，水平高的孩子经过自己的探究、发现和分享，获得了高级思维的发展，为全班孩子的学习起到了引领作用。这样的课堂改变了过去老师直接告知结果性知识，让孩子们被动记住结论的做法，让孩子们在自己认知水平的基础上，去尝试、发现、表达、比较，获得比对各种信息之后的经验和知识意义。这就是新课程改革应该体现的知识成就标准和容易被忽略的机会标准（保障每一个孩子建构学习意义的权利和机会）。此外，我们也应该建立基于"基础学力的成就标准和参与程度的机会标准"的教学规范、关系规范和课程资源分配规范。这样的观点曾经在我参加正高级职称评审时得到过体现。当时，数学教学经验丰富的教导主任劝我求稳，万一评审专家不接受这种观点，就会认为我的教学超纲了，影响正高级职称评审不值得。但我坚持这样的教学策略，并坚定地对他说："如果评不上但能带给大家一些触动和思考，也是一个未来的正高级教师应该有的价值取向，何况我们要相信专家们的水平。"结果，我执教的这节课在重庆市首届小学教师正高级职称课例评审中，被评为为数不多的优质课例。这样的研究给老师们带来了启示，也带来了信心。大家沉浸在各门学科的学科精神的论证中、国家课程标准的校本化中，形成了近30万字的研究成果。

刘希娅在谢家湾小学为来自全国各地的教育同行呈现以转变学习方式为主题的数学研究课。

老师们大量的课堂教学实践表明，对目标和方法的个性化关注，会很大程度影响孩子们的学习效果。我们要把用一个目标、一种方法教几十个孩子的观念，转变成用差异化目标、多种方法去教每个孩子的教学思维方式。在国家的课程标准、教学方法落地的学校课堂教学过程中，我们不应该让孩子齐步走，否则会造成成绩优秀的孩子吃不饱、成绩差的孩子跟不上。每位老师都应该在具体执教过程中重新考虑学情差异，并提供教学策略支持，保障孩子们的个性化发展，也就是说国家课程标准也应该校本化。

谢家湾小学的语文老师们在研究小梅花课程。

（二）国家课程内容是否应该校本化

2009 年春末，我去听一节六年级语文课"难忘的小学生活"。张老师个人素质非常好，依据教材内容循循善诱，带领孩子们回顾六年小学的美好生活，感受离别之际的难分难舍。在写作分享环节，大部分孩子都含泪分享着自己饱含深情的作文。为了观察同一班级的孩子在不同老师的教育方法下，会受到怎样的影响，我们接着听这个班的下一节课。下一节课是六年级的品德与社会课"再见，我的小学生活"。李老师很认真地遵循教材内容，从回顾六年小学生活开始展开教学，没想到孩子们频频举手说："我们上节课已经哭过了！""这节课的内容刚刚张老师已经讲过了！"尽管李老师多次解释，上节课是语文课，学习的重点不一样，但是孩子们依然很难进入状态，整节课的氛围和效果都不尽如人意。

我们带着两位授课老师在教研组进行的课后交流，引发了老师们对此类问题的激烈讨论。有老师反映学校某学科近十年使用的都是地方教材，四、五两个年级中有四课内容从图片、文字到标点符号竟然都完全相同。过去语文、数学老师兼任自己本班的其他学科教学时，都将重心放在语文、数学学科上，对于当时不进行统一考试的其他学科不够重视。（当时为了防止非语文、数学课被语文、数学老师长期占用，我提出实行老师们不兼任本年级的非语文、数学学科的机制，也就是说，一位六年级语文老师因课时要求必须要兼任其他科目时，为了避免占课，学校就安排他兼任三年级的非语文、数学学科。这种教学管理机制被重庆市教委下文向全市小学推广。）而且学校的校本课程虽说更符合学校实际，但增加了科目，导致老师们每天忙碌于课堂之中，加上改作业，根本没时间停下来深度思考和研究，教学效果也就受到了一定制约。大家都谈到一个核心的问题，即我们现在落实素质教育、倡导全面发展，首先要开足开齐课程，那么遇到两门学科的内容有交叉时，是否要原封不动照搬教材上的内容？如果照搬，岂不是浪费师生的时间和精力？针对重复的和脱离实际的内容，我们能否用更接近孩子们生活实际的内容进行替换和优化？如果我们融合处理了，但是区教研室组织的考试还是分科分年级进行怎么办？大家进而谈到虽然新课程赋予了老师们校本课程领域的教材研发权利，但是很多中小学老师依旧认为教材研究是国家、专家层面的权利和责任。一线老师在各级教研培训中，常被要求要忠于教材、紧扣教材教学，这导致老师们几乎不敢也不愿质疑教材。

刘希娅同谢家湾小学艺术组的老师们一起研究艺术课程。

伴随着这些问题，我带着老师们花了近两年的时间，把全国范围内几乎所有能找到的教材进行了详尽的对比分析，形成了20余万字的对比分析材料。果然发现正如华东师范大学钟启泉教授分析的那样，由于各种局限，各个版本的教材在科学性、教育性和可读性方面都存在较大的可完善空间。为此，我认为，我们一线老师长期耕作于学校课堂，最敬畏孩子们的发展，也应该最了解孩子们，所以不应该推卸新课程改革赋予我们的责任，更不应该以惰性为借口而妄自菲薄。我们应该站在为了中华民族的伟大复兴和为了每位孩子的发展的立场，利用地方课程和校本课程的空间，探索和研发更多接近孩子们生活世界和心理逻辑的课程内容，体现校本课程对国家课程的延展、补充和完善的功能，促使国家课程更有针对性、更有实效性地落地。基于人的整体性和生活的整体感，从培养整体的人的角度来看，我们还需要将分科设置的学科知识进行整合，加强综合性学习。正如夸美纽斯在《大教学论》里所言，教育就是把一切事物教给一切人类的全部艺术。

谢家湾小学课程中心召开小梅花课程研发推进会。

（三）应运而生的小梅花课程的内涵是什么

随着对谢家湾小学课程的深入探究，大家越来越明晰地意识到小梅花课程对我们回应"培养什么人、怎样培养人、为谁培养人"这些至关重要的问题所产生的深远影响。我和伙伴们带着切身经历和专业自觉，不仅在教育价值取向层面达成了很好的共识，而且视野更加广阔，思维更加理性。同时，我们从教育哲学、教育管理学、教育心理学的角度，客观审视学校教育中教师、环境、课程、机制对于素质教育实施效果和孩子们发展的影响。在全国响亮提出将改革进行到底的时代背景里，承载教育部课程研修基地、中国教育科学研究院实验区实验学校的使命，我们既不能按部就班地重复过去的思维方式，也不能放弃"六年影响一生""红梅花儿开，朵朵放光彩""天天快乐，健康飞翔"的教育理想，更不能失去一线教育工作者应有的担当和作为。

于是，在保障国家课程目标不降低、教学内容课时安排不减少的前提下，一场影响全国的国家课程校本化实施的课程改革拉开了序幕。这次课程改革的基本内涵是：为了中华民族的伟大复兴和每位孩子的发展，坚持科学性与人文性、社会化与人性化发展需求相融合的原则，从落实国家课程和遵循孩子们的心理逻辑出发，以将地方课程、校本课程融进国家课程为基础，对原有的国家、地方、校本三级课程进行整合后，形成谢家湾小学课程形态。具体讲，就是在课程目标上，基于国家课程目标与学校学生实际水平进行整合；在课程内容上，将学科之间重复交叉、相近关联的内容进行整合，将三级课程之间重复交叉的内容进行整合，将国家课程的文本内容与孩子们的现实生活世界进行整合；在课程实施上，通过学科课程、专题活动课程、社团课程的整合，教师、学生、家长、社区人员等与课程内容的整合，实行长短课相结合的半日制课程模式，即上午以学科课程为主，下午以专题活动课程、社团课程为主，并在制度管理、情怀感召与文化浸润层面进行整合。总体而言，在保障基础性教育教学的前提下，力求增强课程的多样性、选择性和发展性。这样的课程形态，其核心是改过去以书本知识为前提的课程体系建构为以孩子立场为核心的人本化课程体系建构。这既是国家教育方针在课程改革中的校本化创新，也是谢家湾小学办学理念、文化发展新的尝试，更是以人的生命性特征为核心理念的课程价值建构。至此，在课程目标、课程内容、课程实施上，谢家湾小学形成了独有的国家课程校本化实施的课程形态。

学校"六年影响一生"办学理念倡导独特的个体发展需求。在学校"红梅花儿开，朵朵放光彩"主题文化中，"红梅花"作为校园文化的代表符号，象征红岩精神。我们的育人目标就是培养合格的社会主义建设者和接班人，以德育为首，五育并举，让每个孩子都像富有顽强生命力的小梅花那样，在谢家湾小学学校课程形态中获得最充分的发展，将来能成为改良世界的中国人。我们将国家、地方、校本三级课程进行整合后构建的谢家湾小学课程，是促进孩子们健康成长的校园核心载体。

刘希娅组织谢家湾小学课程中心的老师们召开小
梅花课程研发推进会。

期待它最能承载和彰显的不是冰冷的符号和数字，而是坚守孩子发展立场的以人为
本的生命性，所以大家亲切地把谢家湾小学课程誉为"小梅花课程"。

附：刘希娅执教"分数的初步认识"实录解析

突破教材中心，回归孩子立场因材施教

　　"分数的初步认识"是小学三年级分数的第一课时。我听过很多老师执教不同版
本的教材，一般在"分数的初步认识"第一课时，告诉孩子们一个物体平均分成两
份后每一份就是1/2，再告诉孩子们分数各部分的名称以及读法写法，再通过分一
个图形来拓展认识1/3、1/5等分母是10以内、分子是1的分数，总之，整节课就
是让孩子们认识和记住几分之一范围内分数的样子和名称。第二节课再学习分子不
是1的分数。五年级的时候再学习分数的意义和通过把多个物体看成一个整体来表
示分数。我也常听老师感叹，把分数作为一个基本概念的学习，孩子们总觉得太抽
象。尤其是三年级初步认识分数之后，五年级再学分数的意义和解决问题时，孩子
们找单位"1"时普遍感觉困难。

　　在近两年的教学实践中，我带着谢家湾小学数学组的老师们尝试着改变过去将
抽象的概念直接告知孩子们、要求孩子们记住和模仿的传统教法，从整体感知分数
的形成和含义入手，大胆放手让孩子们尝试、探究、发现，将孩子们参与过程中的

个性化的体验、观点、经验整合为教学资源，根据每一个孩子的"最近发展区"调整教学进程，尽可能实现因材施教。老师们从最初怕违背教材框架，到逐步看到课堂中孩子们的学习效果，再到更为深刻地认识到课程标准的确定是基于孩子们的平均水平的。而一个班几十个孩子的生活经验和学习能力是有几十种程度的，所以我们不能一刀切将孩子限定在一个水平上。

为了落实教育部中小学名校长领航工程中名校长的辐射和带动作用，"刘希娅校长工作室"的校长们以身作则，引领学校课程建设，带领老师们深入常态课堂进行研究，做老师们课堂教学研究的伙伴。我在 2019 年 4 月 26 日教育部中小学名校长领航工程"刘希娅校长工作室"开放活动中，在来自全国各地近 800 人参加的观摩研讨会上进行了公开教学呈现。因为三年级的孩子已经学过了这一课时，我就在二年级的班级中进行教学。现将课堂实录的部分内容解析分享如下：

一、在探究中整体感知分数的形成和含义，在发现中初步渗透分数中部分与整体的关系

会场的课桌按三个大圆圈摆放，将平时有靠背的凳子换成了圆凳。在我向与会者简短介绍了这节课的设计背景和意图后，孩子们陆续进入会场。我先让孩子们试试在一张圆凳上前后左右转圈是否方便。孩子们在转圈的过程中既缓解了紧张，也为后来上课时活动埋下了伏笔。

1. 充分感知 1/2 的形成过程和记录方式，将直接告知分数的名称改为让学生尝试探究后初步理解、达成共识

上课开始，我说："孩子们，我们现在来讨论一个平均分的问题。有 8 个苹果要公平地分给两个小朋友，怎么分？"（孩子们都七嘴八舌地回答：每人 4 个。）"两个苹果要公平地分给两个小朋友，怎么分？"（孩子们回答：每人一个。）"那么，如果只有一个蛋糕，要公平地分给两个小朋友，怎么分呢？"（孩子们抢着回答：切开！一人一份！）

我将一个表示蛋糕的圆形贴在黑板上，问："谁愿意来试试？大家观察他分得是否平均。"在孩子们都努力想分得平均的基础上，我说："这样是否更平均？"并将圆形反转过来，让大家看到平均分的图形。

我用斜线涂其中的一份，问："这样其中的一份怎么表示呢？"（孩子们稍做思考后，先后回答：一半，0.5，1/2。）

我说："大多数孩子都知道用一半表示，还有知道用 0.5、1/2 来表示的。我们以

后会研究 0.5，今天我们一起通过记录刚才分蛋糕的过程，来研究一下 1/2。"我边演示边说："如果用一条短横线来表示平均分，那么我们刚才平均分了几份？"（孩子们答：2 份。）"这个 2 你建议写在哪里？我们一般写在这条短线的下面，那么其中的一份"1"又写在哪里？"（孩子答：写在短横线的上面。）"像这样记录下来，就形成了一种新的数，谁能给它取一个名字，叫什么数？一般我们把这样的数叫作分数（板书课题：分数）。这样的数和过去我们学的整数不同，它由三个部分组成。我们来给它的各部分取个名称好不好？"（这个过程中，有孩子把分数线叫作平均线、均线、平线，也有孩子把分母叫作总份数、份数，把分子叫作子数。我在孩子大胆表达后说我们一般把它们叫作分数线、分母、分子，并板书。）"怎么读呢？试试看。"我接着问。

然后，我用手势结合分蛋糕的步骤提示说："结合刚才分的过程，同桌的小伙伴说一说 1/2 表示什么意思。"孩子们在交流后，能在不同程度上分享 1/2 就是把一个蛋糕分成（这时孩子们的表述还不够流畅完整，这是很正常的，所以我相机补充：平均分）两份，一份（相机提醒：其中一份）就是 1/2（相机提醒：就是这个蛋糕的 1/2）。

2. 通过表示 1/3，强化整体感知，深化初步理解

"孩子们，如果要把一块长方形蛋糕公平地分给三个小朋友，怎么分呢？"（我和孩子们一起尝试平均分，再记录并读出 1/3，并结合分的过程说一说 1/3 的意思，再整体感知分数的形成及含义，引导孩子们初步结合数形和具体的分数表达自己对分数含义的理解）。

3. 独立思考，动手操作，表示出自己喜欢的分数，体验创作的成就感和乐趣

当孩子们对分数逐渐熟悉后，我说："大家想不想都来分一分，涂一涂，表示出自己喜欢的分数？"（当孩子们纷纷拿出正方形的纸片迫不及待地操作时，我相机提醒：看看怎样分更平均？想一想你准备表示出哪一个分数？有孩子通过折一折把纸片分得非常平均，这个办法不错哦！）

5 分钟过去了，孩子们不同的呈现方式逐渐展现了出来，分享的过程成为相互启发、相互学习的过程。有的表示出了 1/2、1/4、1/8，也有的表示出了 3/16、4/25，还有的甚至表示出了 8/8、12/36、9/100。当请孩子们来分享自己的分数的意思时，大部分孩子可以结合操作的过程，基本正确地表达这个分数的意思。

二、通过结合实物图形，初步渗透通过把多个物体看作一个整体来表示分数

"孩子们刚才可以在一张纸片上表示出自己喜欢的分数，并且还能解释这个分

的意思，很不简单！那么，现在有一盒草莓，你能通过分一分、涂一涂，表示出自己想要的分数吗？"

在静静的5分钟内，通过独立思考，80%的孩子能完成，20%的孩子需要老师不同程度的提醒。最后孩子们分别表示出了1/6、1/2、1/3、3/6、1/24等不同的分数。有的用涂黑一部分草莓表示，有的用斜线划出一部分表示，有的用格子分割的方式表示。大家看着自己尝试的成果，听着同伴的解释，然后自己向全班或同桌解释自己不同的草莓分数故事。成长、成功的体验令孩子们和我兴奋不已。

三、结合生活实际，演绎分数意义，进行个性化表达

1. 玩手指分数游戏，渗透通过将多个物体看成一个整体表示分数

当孩子们在草莓图中体验到了把多个物体看成整体成功表示出分数时，我问："孩子们，分数好玩吗？想继续玩手指分数游戏吗？"

我出示一只手，问："一只手有几根手指？看我手指的变化，说出你想到的分数。"（孩子们通过我手指的弯曲张开说出想到的分数：2/5、3/5……）大家想自己玩吗？你可以离开座位去找一个同伴玩一玩手指分数游戏。"

在孩子们寻找游戏伙伴的过程中，孩子们进行了二次分组，改变了同桌之间交流的水平、范围。不同水平的孩子之间进行着深度交互。

2. 分享生活中的分数故事，巩固对分数含义的理解，拓展创作的空间

当孩子们还沉浸在三三两两的手指分数游戏中时，我站在他们中间提醒大家暂时停下来，和大家商量："孩子们，分数游戏好玩吗？你现在想回到自己的座位上，还是想继续玩分数游戏？"（孩子们都说喜欢离开座位玩游戏，感觉很舒服。）

于是，我说出下一个游戏的要求："你们可以选择离开座位，站起来或者坐在地上，最多选择4位伙伴组成小组，相互说一说你想到的生活中的分数故事。"我同时提醒穿裙子的女生坐在地上的时候要注意蹲坐礼仪。

一瞬间，孩子们十分放松，再次自然分成了若干小组，分别选择心仪的位置，或站或坐，聊开了。有的抢先引领着，有的谦虚倾听着，都结合自己的实际情况开始了分数故事的创编与分享。

走进热闹非凡的他们，我听见他们说："放学回家路上，我妈妈打电话问我还有多远到家，我说走了1/2了。""我们家今天买回来一块肉，平均分成三份，今天吃一份，就是吃了1/3。"我们家的小汽车有四个轮胎，其中的1个轮胎就是这辆车轮

胎的 1/4。"我们的教室里有 20 根灯管，3 根就是 3/20。""一栋楼有 22 层，其中的 5 层就是 5/22。""我们的大礼堂有 7 盏灯，如果灭了 3 盏，就是这些灯的 3/7。""周末爸爸给我准备了 50 张口算题卡，让我两天做完，周六我做了 20 张，周日我做了 30 张，那周六就是做了 20/50。""妈妈买了 50 个玩具，我扔了 10 个，就是 10/50。""我们一天有 6 节课，上了 1 节课，就是 1/6。""一个蛋糕平均分成四份，一共就是 4/4，每个人吃一份就是吃了 1/4。"……

　　这节课在不断尝试、不断发现、不断生成、不断达成共识中，快乐地接近尾声了。结束时，我说："孩子们，如果你觉得这节课收获特别大，非常喜欢，还想继续研究分数，就伸出 5 根手指；如果感觉一般或没有意思，就伸出 1 个、2 个或 3 个不等的手指头表示你的感觉。"孩子们都乐呵呵地伸出 5 根手指高兴地在空中不停地挥动。

　　课后，很多一线小学数学老师纷纷讨论这节课。有的说这样上课很开放，很尊重学生个体差异；有的说这样上课就超纲教学了！也有的说"分数的初步认识"只是小学课堂中的一节课，但这节课里孩子们个性化的发展路径和程度太令人震惊了，让他们深切体会到每节课不同的上法对孩子们的影响差异太大了。国家义务教育数学课程标准研制组核心成员、数学特级教师、北京中关村第三小学的刘可钦校长说："希娅校长今天特意换上软底平跟鞋走到孩子们中间去上课，引领学习方式转变，整节课自然、深刻、活泼。"芬中教育协会副主席兼秘书长李栋博士说："这节课既注重了内容的转变，也注重了形式的转变，而且在教学目标设计上做到了六年整体纵向、横向的自然融合，在课堂上把小梅花课程理念进行了很好的诠释。"上海市教育考试院副院长常生龙谈道："我非常赞成希娅校长提出的'教育过程是两个世界的相遇'的观点。真正的名师能将理论和实践整合在一起，当他和孩子相遇时，他会立刻变成孩子的同伴。刘希娅校长是这样说的，也是这样践行的。"全国中小学教材审定委员会委员、国家义务教育数学课程标准研制组核心成员黄翔说："你作为校长带头上课，意义重大。在课堂上的你和孩子们融为一体，有的只是心与心的沟通，这不就是我们追寻的真实的教育吗？"教育部基础教育课程教材专家工作委员会副主任、原西南师范大学校长宋乃庆说："刘校长的课打破了教材的局限性，统筹了教材的学习线索，突破了教师狭隘的教学观念，将学生的生活经验与学习任务融为一体。刘校长通过平等的对话交流成为学生学习、思维、品质创新发展的引路人。"

三、小梅花课程实施的路径与策略

小梅花课程在国家课程校本化实施的过程中，在保障国家课程全面落地的基础上，以将地方课程、校本课程融进国家课程为核心，将师生与课程、校内外各界人士进行整合，旨在减少课程内容的交叉、重复、脱节的问题，增强课程与孩子们的生活世界、与区域课程资源的紧密联系，以培养完整的人为追求，体现师生在课程建设和开发中的主体性地位，激发师生在课程建设和实施中的主动性、创造性。

谢家湾小学自主研发的小梅花课程，认真贯彻党的教育方针，落实立德树人根本任务，认真执行《基础教育课程改革纲要（试行）》《国家中长期教育改革和发展规划纲要（2010—2020年）》和教育部《关于全面深化课程改革 落实立德树人根本任务的意见》等文件精神，坚持"一切有积极影响的元素都是课程"的课程观，通过国家课程的校本化实施来保障国家课程更扎实优质地落地。

小梅花课程在国家课程校本化实施的过程中，在保障国家课程全面落实的基础上，以将地方课程、校本课程融进国家课程为核心，将师生与课程、校内外各界人士进行整合，旨在减少课程内容的交叉、重复、脱节的问题，增强课程与孩子们的生活世界、与区域课程资源的紧密联系，以培养完整的人为追求，体现师生在课程建设和开发中的主体性地位，激发师生在课程建设和实施中的主动性、创造性。这其中，校本教研就是不可替代的路径。老师们过去都认为课程研究是国家、专家的事情，但为什么一旦遇上执教公开课，大家研究的劲头就特别足呢？我们要理解老师们进行校本研究的惰性，要创造中间载体，激发大家进行专业研究的积极性并提高课程效益。小梅花课程的研发正好发挥了这样的作用。十几年来，我们在课程目标、课程内容、课程实施等方面逐步深入推进。

（一）小梅花课程让国家课程标准校本化落地

可能有人会说，把统一的国家课程、教材、教学参考书给了老师们，如何结合地域以及班级孩子的具体情况设定教学目标，这应该是每一位老师自己发挥的空间。但是作为校长，从教育管理学的角度考虑我明白，谢家湾小学从几十名教

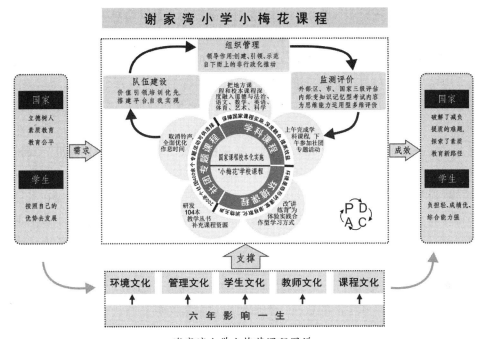

谢家湾小学小梅花课程图谱。

职工发展到400多名教职工，他们还是有差距的。我不是不信任老师们，而是认为集体研究国家课程标准如何校本化落地，可以帮助老师们熟悉、论证、掌握国家课程标准的内容，并根据心理学家维果茨基关于人的"最近发展区理论"，在全国统一的课程标准保底落地的基础上，分层建立适合本校的课程目标。老师们在这样进行研究的基础上，再回到自己具体的课堂教学中，从而整体提高课程标准落地的科学性。

为了保证平常的每一节随堂课，不因为课程目标设定不够精准而让部分或个别孩子在学科学习活动中处于"陪读"状态，我带着各学科组骨干老师将国家课程标准分学科进行落地。根据"培养改良世界的中国人"的培养目标，我们梳理出各门学科的学科精神。道德与法治：具有家国情怀，明德守法，热爱生活；语文：悦读，善思，乐表达；数学：能逻辑推理，能抽象概括，有数据意识；英语：交流，借鉴，融合；科学：好奇，探究，求真，创新；体育：运动，健康，快乐；艺术：了解，体验，创作。我们围绕学科精神确定本学科的核心素养和关键能力，在认真研读课程标准的基础上，把以年段为单位、以概述性语言为主的课程标准，分解细化为学年课程标准、学期课程标准、月或者单元课程标准，最后细化为课时标准。把总体的课标要求和每一节课的教学要求对接起来，确保各学科的教学紧密围绕课标的达成科学开展。学校将科学课程标准整体目标分解到每个学年、每个学期、每个单元、每个课时，同时将 2017 年版的《义务教育小学科学课程标准》也调整为了以年段呈现的方式。在细化国家课程标准的基础上，我们根据我校是直辖市主城区优质小学的实际情况适当增加了要求。比如，2011 年版的《义务教育语文课程标准》要求到六年级学生课外阅读总量不少于 100 万字，而学校的指标在 150 万至 300 万字（从后来的实际情况来看，孩子们的阅读量有 200 万～700 万字）。同时，学校在具体的每节课中，根据孩子们可能出现的各种水平差异，拟订了 2～4 个不同水平段的课程目标。然后老师们根据通过集体教研论证过的分级课标，预设不同的教学方法，并在具体教学中运用。通过三年的时间，学校论证并形成成的谢家湾小学小梅花课程目标体系的成果近 30 万字，供老师们在自己的学科教学中参考，并根据相应的目标收集来自书本、网络和生活的素材，然后运用到课堂教学中。

比如，小学阶段的数学在三年级、五年级、六年级都会讲授"分数"，国家课程标准对分数学习目标的规定是：理解分数的意义，掌握分数的基本性质，能比较分数的大小，掌握分数与除法的关系，能进行分数与小数、百分数的转化，会计算简单的分数加、减、乘、除法，能运用分数的知识解决简单的实际问题。老师们在具体教学中，很难把概述性的目标与每一节课的具体教学目标对接，所以我们首先把总目标分解到各个学段和各个学期。

总目标	理解分数的意义，掌握分数的基本性质，能比较分数的大小，掌握分数与除法的关系，能进行分数与小数、百分数的互化，会计算简单的分数加、减、乘、除法，能运用分数的知识解决简单的实际问题。	
学段目标	第一学段	1. 初步认识简单的分数（分母小于 10），会读、写分数并知道分数各部分的名称。2. 会比较简单分数的大小，会进行同分母分数（分母小于 10）的加、减运算。3. 能解决简单的分数问题。
	第二学段	1. 结合具体情境理解分数的意义，会进行小数、分数、百分数的转化。2. 能进行简单分数的加、减、乘、除运算及混合运算。3. 能解决分数的简单实际问题。

续表

学期目标	三年级上册	1. 能结合具体情境初步认识几分之一和几分之几，会读、写简单的分数。2. 能结合具体情境比较两个同分母分数的大小。3. 会进行同分母分数（分母小于10）的加、减运算。4. 能解决有关分数的简单实际问题。5. 渗透数形结合的数学思想，发展数感。
	五年级下册	1. 知道分数是怎么产生的，理解分数的意义，明确分数与除法的关系。2. 认识真分数和假分数，知道带分数是一部分假分数的另一种书写形式，能把假分数化成带分数或整数。3. 理解和掌握分数的基本性质，会比较分数的大小。4. 会进行分数与小数的互化。5. 理解分数加、减法的含义和算理，掌握分数加、减法的计算方法，并能正确地计算出结果。6. 理解整数加法运算定律对于分数仍然适用，并会运用这些运算定律进行一些分数加法的简便运算，进一步提高运算能力。7. 能用分数加、减法解决简单的实际问题，体会数学知识的应用价值。
	六年级上册	1. 在具体的情境中理解分数乘法的意义是整数乘法意义的扩展，理解并掌握分数的计算方法，会计算分数乘整数、分数和小数；能运用乘法的运算定律进行一些简便计算。2. 经历分数乘法计算方法的探究过程，经历应用分数乘法的知识解决简单实际问题的过程，进一步培养分析、比较、抽象、概括、归纳、类推的能力，发展初步的合情推理和演绎推理能力。3. 理解倒数的意义，掌握求一个数的倒数的方法。4. 体会分数除法的意义，理解并掌握分数除法的计算方法，会进行分数除法计算。5. 会解决一些和分数除法相关的实际问题。6. 体会数学与生活的紧密联系，体会并掌握模型、方程、数形结合等数学思想。

然后分解到各个单元。

单元目标	三年级上册第八单元		1. 能结合具体情境初步认识几分之一和几分之几，会读、写简单的分数。2. 能结合具体情境比较两个同分母分数的大小。3. 会进行同分母分数（分母小于10）的加、减运算。4. 能解决有关分数的简单实际问题。5. 渗透数形结合的数学思想，发展数感。
	五年级下册	第四单元	1. 知道分数是怎么产生的，理解分数乘法的意义，明确分数与除法的关系。2. 认识真分数和假分数，知道带分数是一部分假分数的另一种书写形式，能把假分数化成带分数或整数。3. 理解和掌握分数的基本性质，会比较分数的大小。4. 理解公因数与最大公因数、公倍数与最小公倍数，能找出两个数的最大公因数与最小公倍数，能比较熟练地进行约分和通分、并能应用所学知识解决简单的实际问题。5. 会进行分数与小数的互化。

续表

单元目标	五年级下册	第六单元	1. 理解分数加、减法的含义和算理，掌握分数加、减法的计算方法，并能正确地计算出结果。2. 理解整数加法运算定律对于分数加法仍然适用，并会运用这些定律进行一些分数加法的简便计算，进一步提高运算能力。3. 能用分数加、减法解决简单的实际问题，体会数学知识的应用价值。
	六年级上册	第一单元	1. 在具体情境中理解分数乘法的意义，理解并掌握分数乘法的计算方法，会计算分数乘整数、分数和小数；能运用乘法的运算定律进行一些简便计算。2. 经历分数乘法计算方法的探究过程，经历应用分数乘法的知识解决简单实际问题的过程，进一步培养分析、比较、抽象、概括、归纳、类推的能力，发展初步的合情推理和演绎推理能力。3. 感受知识之间的内在联系，提高自主探索与合作交流的学习能力，建立学好数学的信心。
		第三单元	1. 理解倒数的意义，掌握求一个数的倒数的方法。2. 体会分数除法的意义，理解并掌握分数除法的计算方法，会进行分数除法计算。3. 会解决一些和分数除法相关的实际问题。4. 体会数学与生活的紧密联系，体会并掌握模型、方程、数形结合等数学思想。

最后落实到每一个课时中。

课时目标	三年级上册	分数的初步认识（10课时）	第1课时 1. 通过折一折、涂一涂、画一画、写一写等活动初步认识几分之一，经历几分之一的形成过程，体会几分之一的意义。2. 认识分数各部分的名称，能正确读、写几分之一这样的分数。3. 通过数学活动，培养动手操作能力、观察能力及数学思考与语言表达能力。
			第2课时 1. 通过画一画、折一折、涂一涂、摆一摆等活动直观比较分母相同的分数的大小和分子是1的分数的大小。2. 在比较分数大小的过程中进一步理解几分之一，渗透几何直观的数学思想。
			第3课时 1. 通过折一折、涂一涂、摆一摆等活动认识几分之几，会读、写几分之几。2. 通过小组合作学习活动，培养合作意识、数学思考与语言表达能力。3. 在动手操作、观察比较中，培养勇于探索的精神，并获得运用知识解决问题的成功体验。

续表

课时目标	三年级上册	分数的初步认识（10课时）	第4课时 1. 会计算简单的同分母分数的加、减法。2. 在理解分数意义的基础上，学会解决简单的有关分数加、减法的实际问题。3. 培养自主学习的精神、动手操作能力和解决问题的能力。
			……
	五年级下册	分数的意义（16课时）	第1课时 1. 了解分数产生的背景和过程，理解分数的意义。2. 通过多种形式的分数的，理解单位"1"的含义，认识分数单位。3. 在理解分数意义的过程中，渗透数形结合的数学思想，培养抽象概括的能力。
			第2课时 1. 在具体的现实情境中，经历分一分的实际活动，知道两个整数相除的商可以用分数来表示，加深和扩展对分数意义的理解。2. 通过实例能概括分数与除法的关系，能用分数表示两个数相除的结果（商不是整数）。3. 培养动手操作能力与概括能力。
			……
		分数加减法（6课时）	第1课时 1. 通过实际操作，理解同分母分数相加、减的意义，掌握同分母分数加、减法的计算法则，并能正确计算同分母分数的加、减。2. 在探究同分母分数相加、减的过程中，渗透数形结合的数学思想，提高迁移类推的能力和计算能力。3. 进一步理解分数意义和分数单位。
			第2课时 1. 在具体的问题情境中，探索同分母分数连加、连减的计算方法，理解同分母分数连加、连减的意义。2. 理解和掌握同分母分数连加、连减的计算方法，能正确计算比较简单的同分母分数的连加、连减，能解决简单的实际问题。3. 培养规范书写和仔细计算的良好习惯。
			……
	六年级上册	分数乘法（10课时）	第1课时 1. 在具体情境中理解分数乘法与整数乘法的联系，理解分数乘整数和一个数乘分数的意义。2. 通过自主探究、合作交流，理解分数乘整数的计算法则，并能运用法则正确进行计算。

续表

课时目标	六年级上册	分数乘法（10课时）	第2课时 1. 经历动手操作、自主学习的过程，掌握分数乘分数的计算方法，并能正确进行计算。 2. 经历探索分数乘分数计算方法的过程，享受成功的喜悦，激发学习数学的兴趣。
			……
		分数除法（23课时）	第1课时 1. 通过计算、观察、讨论等活动，理解倒数的意义。 2. 通过找倒数的活动，理解并掌握求倒数的方法，并能正确熟练地求出一个数的倒数。 3. 提高观察、比较、抽象、归纳以及合作学习的能力。
			第2课时 1. 理解分数除法的意义和整数除法的意义相同。2. 通过动手操作，借助几何直观，理解分数除以整数的算理，归纳总结分数除以整数的计算法则，能运用法则正确地进行计算。3. 找到分数除法与分数乘法的联系。4. 培养观察、比较、分析和归纳能力，提高计算能力。
			第3课时 1. 通过动手操作，借助数形结合理解一个数除以分数的算理，归纳总结一个数除以分数的计算方法，能运用方法正确地进行计算。2. 经历探索一个数除以分数的计算方法的过程，提高推理能力，培养探究精神，形成解决问题的能力。
			……

（二）小梅花课程让国家课程内容校本化融合

在信息渠道日益多元的社会，孩子们的信息来源早已不再仅仅是老师，也不再仅仅是各学科教材，他们的生活经验有了非常大的改变。在国家课程标准校本化实施的基础上，我带着各学科老师总结学校近十年的教育教学实践，找到全国范围内我们能找到的各学科、各版本的教材进行深入学习、研究，深入剖析十几门学科的教学内容，整理各学科老师在实际教学中收集、储备的教学素材，结合重庆的地域文化，开始研发各学科教学丛书。在课余、周末甚至节假日里，往往有几百位老师、孩子、家长以及社会各界的热心人士一起来到校园，研发校本教材。芬中教育协会、中国教育科学研究院、重庆市教科院以及九龙坡区教师进修学院的部分领导和老师们，参与指导了丛书研发和学科课程建设。通过五年的努力，除了《道德与法治》外，学校形成了两套补充所有学科的小梅花课程丛书，共计 104 本 400 多万字，先后在教育科学出版社和重庆出版社出版。

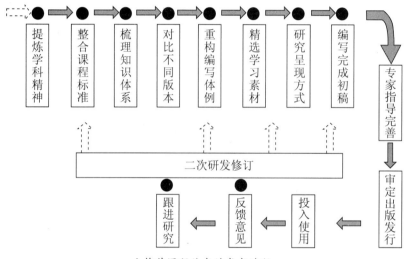

小梅花课程丛书的成书过程。

小梅花课程丛书重视与学生生活的衔接，书中大量的教学材料来自学生的学习、生活场景，让学生对学习活动产生亲近感；学习内容源自学生生活或学生喜闻乐见的内容，让学习与生活的联系更加紧密；丛书的编排方式适合学生的年龄特点，重视学生的主观感受和心理逻辑，更能激发起学生的学习愿望。

小梅花课程丛书体现了谢家湾小学很多的教学实践思路和成果。比如，语文学科在一年级教授拼音时，改变了学生一入学集中学拼音的方式，而是结合学生的入学生活，边识字边教拼音，将集中学习分散到一个学期中，很好地解决了集中学习拼音带来的挫伤孩子学习积极性的问题。该思路与后来 2016 年国家统编教材《语文》中学习拼音的思路是一致的。语文学科丛书丰富了社会主义核心价值观的相关内容，增加了优秀传统文化和阅读量。又如，艺术学科丛书首创了"五线谱简谱合一"的方式，既与国际乐理学习接轨，又能回应部分孩子的现实需求。科学学科丛书用孩子们熟悉的天气现象、动植物、地质特点等素材，来代替远离孩子们生活实际的内容，培养孩子们的科学思维、科学态度、科学精神。数学学科丛书通过"情境＋问题"的探究性学习方式让孩子们自主学习、深度学习、高阶学习。英语学科丛书旨在提供真实的交流话题和交流情境，提升学生交流表达的愿望和能力。

小梅花课程丛书建构出更加稳定的符合孩子们身心发展规律的课程内容体系。比如对于体育学科而言，国家只有统一的课程标准，没有统一出版供学生使用的体育教材，只有关于田径、体操、篮球等分项目、分板块的体育技能的教学参考。课程内容也是根据技能难度分课时部署安排的，没有系统的教学安排。体育老师在具体的课堂教学中，容易根据自己的理解，主观地从各个项目、各个板块中选取内容组合教学。这是典型的以教学材料为本的课程内容观，这也是体育课随意性较大、教学质量差异大的原因。我们看到这样一些个别情况：由于缺乏系统的体育教学计划和教学素材，擅长篮球的体育老师可能会在一学期中用一半的教学时间带孩子学习篮球技能、开展篮球比赛，喜欢啦啦操的体育老师可能会经常性开展韵律教学。因此，我们在研发体育课程丛书时，重点做的一件事情就是反复规划：哪些内容结合我们本地本校的哪些项目？组合搭配在哪一个年段？辅助项目怎么搭配？先学什么后学什么？每项内容上多少课时？每课时达成什么目标？在多次讨论、争辩、论证的过程中，我们根据体育课程标准和6～12岁孩子运动能力的现实水平，结合孩子们的校园生活时序，以"学月"为单位，把统一的技能板块内容和区域资源内容进行有机整合，科学制订了小学6年12个学期48个学月共计1200课时的教学计划，并将1200课时的具体内容和学习方法一一落实到每一节课中。这样一来，体育课不再是体育老师自己的主观组合，而是更加稳定的符合孩子们身心发展规律的课程内容体系。

小梅花课程丛书还针对各学科特点，研发了517个学科专题活动，可以供学科六年内使用。这些具有互动性、实践性、操作性、趣味性、整合性、跨学科性的专题活动，以孩子们为主体，为孩子们各学科的知识、能力、思维、情感等方面的拓展、迁移提供相对稳定的参考内容。这套丛书基于学科知识、学科关键能力、学科核心素养，既对国家教材予以了补充和丰富，又回应了小学阶段的孩子更适合综合性学习、实践性学习的特点。各学科专题活动每周一次，每次两小时或一小时。根据小学生学习的特点和身心的发展规律，专题活动一般安排在下午。这些专题活动的教学时间更自主、教学人员更多元、教学场所更丰富，充分整合了各学科素材，让学生在活动中探究、在实践中学习，极大地增强了学习兴趣，提升了综合能力。比如，语文学科研发了 6 个类别 140 多个专题活动，分配到每一学期，有 10～14 个。其中，语言表达类有讲故事、演讲、课本剧表演、辩论、写新闻评论、写颁奖辞等；历史文化类有走进红岩报告会、探寻姓氏起源、演绎历史故事、读书分享会、猜灯谜等；成长体验类有交友沙龙、体验教师角色、制订假期生活计划、制作未来三年人生规划等；艺术生活类有制作电子小报、插花、元宵节包元宵、端午节包粽子、制作旅游路线图等；动手实践类有养蚕、观察植物、考察垃圾处理站等。这些专题活动，旨在将文本与世界、学习与生活、个人与社会紧密联系在一起，让学生在活动中学语文、用语文，为语文学习与生活搭建了桥梁，让学生在实践中认识和了解客观世界。又如，数学学科共开发了 4 个类别 120 个专题活动，每学期 10 个专题活动。其中，游戏活动类有跳蚤市场、多米诺骨牌、魔方、七巧板、莫比乌斯环、超级大洞、华容道、汉诺塔等；操作探究类有我会测量、叶子有多大、饮料 DIY、小石头有多大、包装的学问、剪出超级大洞、制作小杆秤、大树有多高等；调查研究类有我们的校园、重庆人的方位感、重庆轻轨知多少、节约用水、调查达人等；思维训练类有警察破案、24 点、数罗汉、理财小能手、货比三家、神奇的黄金比、一笔画、跑道的奥秘、植树的秘密、魔法小棒等。这些专题活动在形式上注重趣味性，吸引学生主动参与；在内容上注重整合性，引导学生在多学科中建立联系；在实施上增强情境性，促进学生在参与体验中内化、迁移知识与能力；在目标指向上突出高阶思维，既对数学学科知识进行拓展和运用，也对数学思维能力进行培养和提升。再如，英语学科研发了 3 个类别 192 个专题活动，每学期有 16 个专题活动。其中，主题活动类围绕学生感兴趣的话题将相关学科的知识进行融合，如班级时装秀就融合了英语中关于服装色彩的单词、美术中关于搭配的美学知识、科学中关于材质的知识、道德与法治中关于着装礼仪的知识等；对话教学类则以生活中的真实场景为依托，如在餐厅点餐、在商场购物、在国外问路、出国旅行等；实践体验类让孩子们在专注做、认真玩中使用英语，如通过玩数字抱团游戏巩固关于数字的英语单词，通过手工制作家庭成员玩偶进行表演，唱英文儿歌等。在每一次的专题活动中，孩子们会自由组建活动小组，科学分工合作。擅长组织、统筹的孩子就总体策划，擅长表达的孩子就进行展示，擅长搜集信息的孩子就查资料、做调查等。孩子们在活动中既练习了生活中常用的英语，又培养了合作学习的能力。

谢家湾小学的孩子们正在参加辩论赛。

　　辩论是孩子们非常喜欢的语文专题活动，也成为学校很有特色的课程。从课程目标看，我们结合语文课程标准梳理了一年级到六年级循序渐进、螺旋上升的辩论课程目标。从课程内容看，一是整理出统编教材1～12册所有课文中适合孩子们展开微辩论的话题。比如针对二年级下册《小马过河》，让学生选择以下话题中的一个说说自己是否同意并说明理由："河水既不像老牛说的那样浅，也不像松鼠说的那样深，所以老牛和松鼠对小马撒谎了。""别人的经验不一定可靠，得靠自己去尝试。"二是从课文中延伸出辩论话题。比如，学生学习了《唯一的听众》后拓展出"生活中该不该有善意的谎言"这一辩题。三是结合生活实际和社会热点话题开发辩题。比如，孩子们在"二孩政策"出台后辩"生二孩利大还是弊大"，在《中华人民共和国未成年人保护法》修订后和电影《少年的你》热播期间辩"预防校园欺凌主要靠立法规制还是靠教育引导"。他们还辩"事业型家长和居家型家长哪个更有利于孩子的成长""人工智能的发展对人类利大还是弊大""网络使人更亲近还是更疏远""中小学生成长的路上，扬长重要还是补短重要"等。从课程实施看，一年级到六年级的孩子人人都会结合实际参与辩论。这里既有低学段孩子的辩一辩、中学段孩子的微辩论，也有高学段孩子的辩论赛；既有班级内小组之间的辩论，也有同一年级班级之间的辩论，还有校区之间的辩论。老师既在语文课堂教学中结合话题进行辩论基本技巧的指导，也在语文专题活动中完整正式地指导，还为对辩论有特别需要的孩子开展社团活动。在每一场辩论活动中，孩子们在老师的指导下，首先围绕辩题广泛大量地查阅资料，这是孩子们记忆、理解、判断的过程；其次整理资料，论证自己的观点并应对对方质疑，这是孩子们提炼、分析、运用的过程；最后在辩论场上对所有资料进行创造性地运用和表达，这是孩子们迁移、转化、创造的过程。在每一次辩论活动中，孩子们正式的发言可能只有 3000 字左右，但是在准备辩论的过程中，他们收集、整理、处理的信息可能接近 10 万字。在这个完整的过程中，孩子们的理解力、辩证思维能力、语言表达能力、应对力得到发展，同时他们学会客观、全面、深入地思考问题，面对未知能迅速做出判断和反应，形成正确的世界观、人生观、价值观，形成良好的个性和健全的人格。

（三）小梅花课程让国家课程实施实现校本化创新

在探索国家课程标准校本化和国家课程内容校本化的同时，我们也探索着课程实施方式的校本化。课程整合以后，小梅花课程减少了科目繁多、内容交叉的问题。地方课程和校本课程的价值不是体现在科目的数量上，而是体现为在国家课程的基础上对每一节课目标和内容的丰富及延伸。此外，原有的课时分布需要根据校本化之后的课程目标和课程内容进行重构。

从学科课时调整来看，小梅花课程首先保障所有国家课程的课时量都不低于国家要求，在确保国家课程课时不减少的前提下，对课时的分布进行优化。根据孩子们的活动特点和课程内容的需要，学校实现了从曾经的每天按部就班上 6 节左右的学科课程，到每天下午开展一节社团活动，到每周空出一个下午全部进行社团活动，再到每天下午全部开展社团活动的动态调整。到如今，小梅花课程上午以班级课程形式实施学科课程，下午主要实施跨班级、跨年级的社团活动和专题活动课程。改变所有学科、所有课型都是整齐划一的 40 分钟一节课的时间设置，采取 30～120 分钟的长短课方式。课与课之间不设置统一固定的课间休息，但是 50 分钟以上的课程必须安排 10 分钟以上的休息时间，具体由老师和孩子们根据学习内容和学习状态自主安排。比如一年级孩子年龄小，有意注意时间较短，就可以上课 15～20 分钟后到户外休息 10 分钟，再回到教室学习。学校全天没有上下课铃声，而且上课时间孩子们可以根据自身需要去上洗手间或者喝水。班主任和体育老师安排每天的锻炼时间和方

杜渝红老师在陶艺社团指导孩子们制作陶器。

式。为了保障户外活动时间充足，每天一节的体育课延长为 1 小时。全校也没有统一的课间操时间。全国统一的课间操各个班级都会做，但我们不要求一至六年级每天都一起做统一的课间操，而是每个班每年由老师们、孩子们、家长们一起创编一套更符合孩子们身体发育和实际运动水平的、更契合本班级文化的自编操。每年各个班级创编课间操的过程，就是一个很好的运动项目课程化的过程。在自编操主题选择、动作编排、音乐剪辑、舞美服装设计、训练展示、班级文化融合等环节，孩子们不仅可以锻炼身体，还有利于实现全面发展。分年级集中展示或者通过随机抽签和不同年级、不同校区的班级一起展示自编操，成为孩子们盼望的活动。为了给大家带来惊喜，孩子们每年都会有很多动作、编排、服装、队列组合等方面的创新。同时，学校调配师资、场地、时间，挖掘老师的特长、爱好、潜能，整合艺术、体育、信息技术、语言方面的课程资源，研发了 200 多个学生社团活动。学生用"走班选课"的方式自主选择自己感兴趣和适合自己的学习内容，与相同兴趣的同学一起深度学习，促进优势发展。学校建立了跨年级社区式学习空间，让学生在混龄交往中学习真实的人际交往，发挥学生群体的教育功能，使学生互相帮助和互相学习，使学生之间的差异性成为学习资源。

　　从任课结构来看，一位老师过去需要承担多个班的同一个学科的教学任务才能完成课时工作量。这种几十年来大家习以为常的任课方式，导致除了班主任之外，教多个班级的老师辗转于各个班级之间，很难深入了解一个班的情况，与孩子们相处沟通的机会也非常有限。但人员配置标准决定了老师不跨班级教学，就得跨学科教学。而小学主要以基础性、综合化的教育教学内容为主，所以，从国际上大多数国家小学教育的实践经验来看，跨学科教一个班级更有利于老师们深入地与同一个班的孩子们交流沟通，更有利于孩子们的成长。因此，我们根据老师们的意愿和特长，逐步尝试推行跨学科教学，由过去一位老师教多个班级的一门学科，调整为一位老师教一个班级的多门学科。

　　例如，郭旗老师是一位体育老师，过去要上 4 个班的体育课，要和近 160 名孩

谢家湾小学课程中心的老师们正在论证小梅花课程丛书。

子交往，往往很难一口叫出孩子的名字，深入了解孩子就更困难。因为她一直非常喜欢和擅长数学，她就特别想跨学科教数学。她自己去向家长们做自我推荐工作，终于有班级的家长愿意接纳她教数学，最终她同时教一个班级的数学、体育和数学专题活动、体育专题活动等课程。六年的教学实践中，从学校参与的各级质量监测的数据看，她所教班级的数学和体育都名列全年级 20 个班的前几名。家长们、孩子们都非常喜欢她。又如，数学老师张艳过去十几年都是教两个班的数学课，每天忙于在两个班级间上课，为近 90 名孩子批改作业、评讲作业，一整天都没有空闲时间。她跨学科教学后，除了教一个班的数学、数学专题活动外，还根据自己的爱好开发了纸藤课程，从课程内容研发到组织学生选课，再到上课都由她自己负责，还为全校老师做课程研发的专题报告。她非常喜欢自己研发的纸藤课程，也很享受自己的爱好能与工作融合。这样的跨学科教学史能发挥和调动老师们学科教学的专业作用和激情。

　　从孩子们的学习方式来看，课程内容体系重构后，学科课程、社团活动课程、专题活动课程、校内外社会实践课程等丰富的课程类型，为老师们突破教室中心、教师中心、教材中心提供了课程环境方面的专业导向和心理支持。结合过去几年学校组织老师们进行的小组合作学习、对话课堂的实践研究，以及我对老师们进行的"教师的生命状态就是最好的课程""教学不是一个人的独角戏，而是成年的老师和

谢家湾小学数学教师刘娟正在和孩子们讨论数学问题。

孩子两个丰富世界的相遇"等观念的渗透，老师们逐步摒弃高高在上的权威感，蹲下来和孩子们平等对话，减少课程实施过程中的控制欲望，尝试和孩子们一起进行探究性学习。改变过去独占讲台让孩子们被动学习的习惯，没有把"满堂灌"变成"满堂问"，而是通过课程范式的变革和课程环境的开放，给予孩子们更多机会。设计更多活动载体，保障孩子们认知的发展不仅仅停留在记忆、理解这类基础认知能力上，而是为孩子们提供足够的时间、机会、平台去发展高级认知能力。孩子们由此获得了更多的选择课程、独立思考、参与实践、展示交流的发展机会。

对于学校的老师们而言，课堂教学几乎就像吃饭穿衣一样平常。怎样保证上好每一节随堂课？带着这份对教育、对课堂教学、对孩子们终身发展的敬畏之心，在学习方式转变的实践研究中，我带着老师们编写了除了道德与法治外，涉及小学全学科的小梅花课程丛书——"小学学科教学建议"，共25本，约200万字，并于2019年9月出版使用。以一线课堂实践者的理解和呈现方式，诠释教育领域最重要的环节——课堂教学，旨在从教学逻辑的视角，回答在平常的每一个学科的每一节课堂里，国家教育方针、课程标准、教材、学生、教师、空间资源等核心要素，如何在教学中融会贯通、有效呈现。2019年的暑假里，不是学校强制要求，而是源于自我专业提升和自我价值实现的动力，几十甚至几百名谢家湾小学老师在学校课程中心的感召下，自愿来到学校研发小梅花课程丛书。穿过校园走廊、书吧、各种工作室，老师们或凝眸深思，或开怀畅言，或观点交锋，全然一幅生动活泼、专注投入、火花碰撞、豁然开朗的感人画卷……从小梅花课程丛书编撰思想的确定到每一节课细节的拿捏，老师们毫不保留地奉献出自己多年积累的课堂教学经验，结合脑科学、心理学、教育学、元学习等研究成果进行研究，在一次次集体备课后将个体经验凝结成集体智慧并形成文本，再一次次历经学科组、区域内专家同行、市内外专家同行的反思论证，将原生态的来自一线的教学实践经验学理化，详尽地呈现了依据什么理念、基于什么标准、采用什么策略和途径实施学科教学，也包括学情准备和学习空间准备以及教学评价等，使教学实践更加符合孩子的身心发展规律以及未来社会发展对教育的需求。

小梅花课程丛书——"小学学科教学建议"。

　　比如《小学语文教学建议》，以统编教材为主干，遵循"双线组元"的编写理念，着力回答"国家课程如何全面落地""教学方式如何优化创新"这两个问题。对于"国家课程如何全面落地"，一方面就目标而言，我们针对客观存在的地区差异、校际差异，以及不同水平学生之间的差异，在准确把握教材体系后，结合校情、班情、学情，开发可操作、可检测的二次目标，让学习目标更精准、更具有操作性；另一方面就内容而言，我们以统编教材为基础，融合小梅花阅读丛书的部分内容，以及其他因为教学需要补充的内容，用更多样的内容来支撑课程落地。比如，学习统编教材里的儿童诗《植物妈妈有办法》，对一些三年级的孩子来说有困难，所以我们在教学建议里补充了一篇简短的《种子旅行记》，这样既可以帮助孩子阅读理解，也能为课后的拓展小练笔提供可参考的素材。对于"教学方式如何优化创新",我们以因材施教和分层教学为突破手段,在整个备课过程中,根据教学目标,从不同方面进行学情分析,并根据分析的结果设置相应的学习空间,最后在教学活动环节落实,从而形成一个完整的、系统的、有关联性的教学活动建议,初步达成了我在2006年提出谢家湾小学课堂追求的生态、生长、生活、主动、互动、生动的"三生三动"课堂样态。比如,学习三年级的《司马光》,首先根据课标确立"识记理解""运用比较""分析综合"三个层级的教学目标;然后根据目标从知识逻辑、认知方式、个人特长三个方面分析学生的朗读水平差异、讲述故事的能力差异、借助资料理解文本的能力差异;在学情分析的基础上,在学习空间中进行同质或者异质分组,提供多样的学习材料和学习方式,允许学生差异化达成目标,从而确保每一个孩子都能够在课堂上找到属于自己的空间,朝着不一样的"最近发展区"努力。

总之,谢家湾小学推行课程改革十几年来,其课程研发与实施过程是一个不断优化、成熟的过程,也是一个教育观念、教育技术、教育方法不断更新、优化的过程。我和伙伴们都深刻地认识到,小梅花课程研发与发展成熟的过程,是谢家湾小学从对话课堂走向对话校园的过程,是在课程领域践行"六年影响一生"办学理念、"红梅花儿开,朵朵放光彩"主题文化、"天天快乐,健康飞翔"行为追求的探索过程。在这个过程里,从孩子们、老师们、课程资源、管理方式、文化建设等要素出发,老师们放弃个人能力展示和教授技巧的表演,追求一种老师们的教学世界与孩子们的生活、学习世界相遇的感觉和境界,构建一种真实、放松、积极主动的学习场域。通过变革学校的教研方式、老师们的教学方式、我们孩子们的学习方式,我们创设出一种行动研究、对话教学、合作商量、乐于研究、课程整合的学校生活新样态。这样的路径与策略,既有效地实现了国家课程校本化的落地,又探索出了小学教育中校本化实施素质教育的发展路径与策略。

四、小梅花课程在风雨历程中坚守

只有改变我们自己,才能改变我们所从事的教育。但改变总会冲击陈规旧习,总会在波及相关利益群体的过程中,受到相关群体的强力抵制。每当处于风口浪尖,我总想起重庆南开中学原校长宋璞校长对我的勉励："希娅校长,坚持下去。是非审之于己,毁誉听之于人,得失安之于数。"

随着谢家湾小学课程改革的推进,我们逐步改变教室里的桌椅、窗户、讲台等物理环境,改变办学理念、主题文化、作为追求等组织氛围,改变教师独占讲台一讲到底的教学风格,改变运动会、校庆典礼、六一儿童节只是少数孩子参与的平台的状况,只为了让孩子们的主体性地位得以充分彰显;只为了让老师们通过改良后的校园活动,体会到即使不是小班化,也可以有办法个性化地关注到每位孩子的立场,并且在这个过程中去体会孩子们因绽放光彩而呈现的活力、智慧与魅力;只为了从几十年来习以为常的灌输式教学,走向民主、平等的对话式教学;只为了坚守"六年影响一生""红梅花儿开,朵朵放光彩""天天快乐,健康飞翔"的信念与承诺。

50周年校庆的时候,大家担心面积仅有11000平方米的老校区同时容纳几千人会影响来宾们的感受,都认为只允许比较懂事又有激情的中学段孩子参与校庆更有利于庆典效果的呈现。但是我们把毕业几十年的老校友都要请回来,却不让正在学校读书的孩子参加,岂不是如同母亲过生日让不乖的孩子出去躲几天?我们不忍心丢下任何一个孩子。于是,我们就将校庆作为课程,让全体孩子分工参与。从布置校园到演出,从接待嘉宾到维护秩序都交给孩子们去完成。有趣的是,前半段典礼结束后,到了请领导到台下就座环节,孩子们担心主持人说成"请领导下台",便主动当上了礼仪,彬彬有礼地说一声"叔叔,请跟我来",带领嘉宾们到台下就座。此时台上的演出已经拉开序幕,孩子们活跃在全场活动的各个环节、各个角落。后来大家反馈很多嘉宾都是孩子们在主动照顾、接待的。孩子们虽然不知道嘉宾们的身份,但是整体表现得落落大方和周到得体,赢得了大家的高度评价。时任重庆市教委副主任钟燕当即决定,接下来在谢家湾小学召开一场全市基础教育现场会,分享学习我们的经验。

在大量的校园活动发生改变之后,老师们在各种形式的小组合作和对话教学中,看到了学校教育中课程内容与孩子的个性化关联程度越高,教学效果越好;感受到了教学方式和学习方式的转变带来了前所未有的效能。老师们越来越积极地投入到这样的新课程理念的实践探索中,并积极主动分享自己的教育教学策略和心得,享受一种专业成长带来的求索激情。曾经有一个阶段,为了更好地带动家长们理解和支持学校的理念与实践，我将全校家长会，分成六个年级分别召开。每个年级的家长会上，我都针对本年级孩子发展的特点，单独做一场专题报告。学校班级比较多，正好可以让我们跟进研究不同教学风格与孩子们在各种教学质量监测中的结果的相关性。大量数据表明，班级教育教学活动越丰富优质，教师观念和方法的开放度越高，孩子们的学习成绩和个性发展越好。

　　只有改变自己，才能改良教育，才有可能培养改良世界的中国人。然而，改变自己是不容易的，也不是一蹴而就的，这个过程必须经历博弈与阵痛。树立和践行孩子的发展为学校第一价值取向的过程，对不同群体的立场产生了冲击和挑战，考验着我们的信念与智慧，也考验着已经改变或正在改变的老师们、家长们的抉择。我预想到这个过程会有阻力、障碍，但没想到会是那么大的压力。这些压力集中体现在 2013 年，对我而言，那是谢家湾小学课程改革进程中最为艰难的一年。

　　2013 年 8 月，在重庆市教委的组织安排下，我和全市 25 名中小学校长，在新加坡南洋理工大学国立教育学院学习。学习即将结束，就在我准备回国的前一天，国内的朋友传来一个消息，说有一篇以老师的口吻对我的控诉信正在网上"疯"传。刚回国那几天里，竟然还有人向谢家湾小学的干部、老师发送短信，言辞激昂地煽动大家联手"讨伐"我。我没有想到其内容可以臆造杜撰到十分恶毒的程度。我第一时间把这件事向相关部门做了汇报，请求彻查。同年 10 月，就在我一如既往地带领着老师们继续深入推进课程改革时，相关部门告诉我："你不要有思想负担，保持你做人做事的风格。正因为有人以这样的方式攻击你，才有了我们进行全面调查之后对你工作的深入了解，才知道你的不容易和担当。你放心继续做好工作，我们心里是有数的。"这件事虽然带给我终生难忘的警醒和深思，但并没有改变我的教育价值取向、办学追求和办学风格。

　　那段时间，正值谢家湾小学课程改革进入跨学科教学阶段。过去很多教语文、数学的老师一直跨学科教着道德与法治、综合实践活动等学科，家长们是没有意见的，因为那时候大多数家长的注意力不在语文、数学、英语之外的学科上。但是，随着课程改革的推进，很多中低学段教两个班以上的数学老师，想教一个班的数学，再跨学科教一些自己喜欢和擅长的学科如书法、艺术等。从教学效果上讲，我支持这种从跨班级转向跨学科的教学改革。例如，擅长音乐、数学的杨必亮老师，愿意教一个班的数学加上音乐，不愿意教多个班的数学或音乐。李妍妍老师大专学的音乐专业，音乐基本功、普通话、表达能力都非常好，曾在全国音乐教师基本功大赛和教学大赛中获一等奖，但是她本科学习的是汉语言文学，一心想教语文，为此她不仅自己主动申请学习语文教学，还总是激情满满地参加语文教研活动。和她情况相似的还有藤强强老师，也在全市音乐、主持、演讲等各项教师基本功大赛中获过一等奖，但第一志愿是教语文。还有一些本科是英语专业而研究生是中文专业的老师，就想教一个班的语文、英语加上活动课。这样虽然要备不同科目的课，麻烦一些，但是大家喜欢和孩子们充分交流沟通带来的教学愉悦感和效能感。有更多时间和机会与一个班的孩子们相处，可以尽量避免任课老师教多个班级的课程时遇到的某些孩子不好管理而总需要班主任出面才能平息师生矛盾的尴尬情况。

这样的教育教学改革得到了九龙坡区教委的大力支持。课改萌动之初，我就自己带着少数各学科骨干老师开始研究，没有通过行政命令的方式全面铺开。课改十几年间，苏公菜、何军、杨永财、杨静四位同志先后担任学校党委书记。我们之间优势互补，合作非常默契和愉快。学校的行政工作由学校党委书记和我商量着全面正常安排。我则专心带领课程中心的各学科有专业发展激情的骨干老师们，从学科课程整合的角度一起做研究。研究团队的老师们来去自由，随时可以加入进来，也随时可以退出。从最初的几个人到十几个人，再到几百人，我们始终坚持从学科课程研究的路径出发，这样更加尊重老师们的专业发展自主权。前锋型骨干老师的认知水平和研究能力越来越强，中间型老师从观望到尝试、体验、认可并积极投入。对于保守固执型老师，学校不强求、不催促，只要他们能完成自己的本职工作就行。大家都能各得其所，互不勉强，和谐共存。虽然随着学校课程改革的深入推进，课程改革得到了越来越多老师们的认可和响应，但也有少数老师自己不想改变。我们不会勉强大家必须同步改变，只要大家能保持教育教学实效就好。

本来调整老师任教学科，最稳妥的做法是六年级毕业班的老师在新学年开始时更换教学科目，但是很多中低年级的数学老师很想尽快调整为更有利于自己和孩子们发展的教一个班数学的任课方式。我们经过再三考虑，认为如果让老师们教完这一轮以后再调整，的确时间有些长，更何况我们知道这样改变对师生发展的确都有好处。于是，我们选择在寒假到来前新课上完进入复习阶段这个过渡时期，进行部分班级科任老师的调整。这样做的原因是孩子们的新课学习已经结束，调整老师对教学效果影响不大，而且可以在复习阶段对新接任的老师进行教学观察，如果新接任的老师不适合、不能胜任或者家长们不接受，就马上恢复原来的安排。也就是说我们坚持"三不"原则：老师不愿意、不能胜任的不变，学生不愿意、不喜欢的不变，家长们不愿意、不接受的不变（家委会组织调研）。就在我们小心推进的过程中，有部分家长不通过家委会反映问题，而是每天通过打电话向市教委投诉。还有家长在网上发帖起哄，到区教委甚至到街道办上访。不是因为孩子们、家长们不能接受新来的老师，而是因为数学老师原来教两个班级，现在他们申请只教一个班级，需要选出一个班级更换老师，被换老师的班级的家长们普遍不愿意。也有部分家长完全不能接受跨学科教学的理念，认为术业有专攻。其实这些家长对三级课程的实施情况不了解。过去语文老师、数学老师也一直教其他学科，例如综合实践活动、书法等，只不过因为那时候家长们对很多科目不重视。

一时间，我们的课改给区教委、市教委带来了很多麻烦。我在心里多次问自己："如果领导们不支持，让我们立马停下来，我们该怎么办？"当看到有人在 QQ 群里、微信群里攻击我们的信息时，我们心里真是有些委屈。还记得在放假前两天，我和 100 多位数学老师在华润校区四楼会议室研究课程，直到夜幕降临时，我走到校门口准备回家，没想到走在旁边的分管课程中心的罗凤副校长递给我一张传单，上面的内容是对我们课改的猛烈抨击。

重庆的冬天有些冷，也总是雾蒙蒙的，那天还下着小雨。我看完传单内容，把它折叠起来装进羽绒服的口袋里，返回四楼会议室。当时还有很多数学老师没有离开，大家很不安地看着我。我安慰大家不要紧张，没想到老师们竟然红着眼圈对我说："希娅校长，我们不是害怕有压力，而是担心您不再继续坚持课改。"我鼻子发酸，但没有让眼泪流下来，微笑着对大家说："不会的！还是那句话，凡是符合党的教育方针、对孩子们发展有利的事情，我们就必须坚守立场，坚持下去！即便我不当校长了，只是做老师，我也要和你们一起继续研究下去。"

让我感动不已的是，市、区各级领导都没有叫停我们，而是对上访者、投诉者说："如果你们觉得谢家湾小学的课程改革不好，建议你们转学，但是你们不能干扰学校正常的教学管理。"自始至终领导们都没有因为这件事批评压制我们。区教委陈瑜主任诚恳地对我说："希娅校长，我知道，其实你不推进课改，依然可以平平稳稳地当一名好校长，学校和你也都安然无事，但是你和老师们一腔热血，却换来这么多误解！但是稳定也不能不考虑。我们能否先开家长会，向家长讲明白道理，先从一个年级开始，或者暑假后再进行？"我说："选择寒假是因为寒假时间短，很快下学期开学后，家长们通过跟进孩子们的学习情况，就可以看到教学效果，那时就可以理解我们的苦心了。请您一定相信我们，我和老师们没有别的目的，就是发自内心地认为，并通过前期部分老师的实践证明，这样做对孩子们的成长更好。"最后陈瑜主任还是对我说："那我们一起做好稳定工作！"我至今还记得儒雅的陈瑜主任坚毅的表情，也记得自己在等待上级决策时心里的不安。

后来，全国实行统编教材，尽管接到文件后我们立即全面落实统编教材，但是仍然有人在一夜之间编辑近1000字的消息迅速在家长中间传播，宣扬"谢家湾小学课改违背教育部精神，让学生学习轻松，但知识学得不扎实"等言论。还有人直接投诉到教育部当时刚刚成立一周的教材局。经过彻查发现，这些言论出自一些利益相关群体。我们为此反复写了好多说明材料，也接受了好多批次来校深入调研的领导和专家。越来越多的老师也在与来自各界的专家、同行、领导的互动中，更加理性地认识了自己从事这样一项改革的意义，越发激发了自己的使命感，坚定了自己的课改信念。

幸好，重庆市教委、九龙坡区委等上级部门的领导有远见、能担当，总是在我们最艰难的时候明确表态："只要符合党的教育方针，只要对学生发展有利，我们就坚定不移地支持谢家湾小学课改！也希望学校坚定不移地坚持下去！"不知是因为舆情助推，还是因为家长们反映、领导们关心，接下来一段时间里，学校的确来了很多媒体做深度采访。我们也平和、坦荡，让媒体朋友们深入老师们、孩子们、课堂中去深度了解。大家在国家课程改革相关政策和谢家湾小学课改探索之间比较，普遍认为我们这样改革对于孩子们的发展是有利的。《重庆日报》、《重庆晚报》、《重庆晨报》、重庆华龙网、《中国教育报》等媒体，都纷纷对我们的课程改革进行了正面报道。学校依然处于风口浪尖，被关注、被议论，同时各种不着边际的谣言也漫天飞。但不管外面如何风起云涌，我和老师们都始终知道自己在做什么，也一直坚持做自己认为正确的事情。

还记得2014年春天，全国教育领域开展了"首届基础教育国家级教学成果奖"评选，于是我们申报了谢家湾小学小梅花课程整合项目。在评审过程中，有专家认为我们的探索难能可贵；有专家则认为我们探索的时间还不够长，况且还有争议。最终，我们获得了二等奖。重庆市几乎所有的中小学名校都申报了那次奖项，但独立申报且获得二等奖及以上奖项的，仅有谢家湾小学、人和街小学和珊瑚小学。

后来，我越来越理解为什么很多人不愿意去冒险改革，因为不是每所学校在改革进程中都能遇到九龙坡区这样的发展环境。一旦有任何闪失，相关利益群体就会跳出来予以全盘否定，甚至落井下石。当时即将进入不惑之年的我，已经明白了自己如果要做一些事情，坚持一些做人做事的原则，得罪一些人是不可避免的，何况曾经的我确实因为年轻，为人处事不够成熟稳重。每当处于风口浪尖，我总想起重庆南开中学原校长宋璞校长对我的勉励："希娅校长，坚持下去。是非审之于己，毁誉听之于人，得失安之于数。"

不过，曾经有人在校门口散发的那张传单，我却一直保存着，为了随时提醒自己想起那些支持我们的人们和力量，随时准备接受可能面临的后果，随时提醒自己冷静思考："我到底要做一个怎样的人？办一所怎样的学校？带一支什么样的队伍？培养什么样的孩子们？"

五、小梅花课程促进师生优势发展，登上央视《新闻联播》

实践证明，小梅花课程的研发与实施，更好地促进了国家课程的落地，促进了教师教与学方式的变革，改变了一个个课堂具体的教学生态。教师要用课程的视角重新检视自己的教学，需要不断解释：自己最终的课程目标是什么？课程的核心知识是什么？关键概念和其他系列知识之间的关系是什么？本学科与其他学科之间的联系、本学科与真实世界的联系是什么？并将所有的设计要素都在一个个课程组合中呈现，促进师生主动积极地发展。

谢家湾小学小梅花课程对国家课程校本化的研发和实施，从本质上说是一个课程整合、行动研究的过程。我们通过十几年的行动研究，落实立德树人根本任务，遵循"为了中华民族的伟大复兴"和"为了每位孩子的发展"的新课程理念，坚持五育并举，把"六年影响一生""红梅花儿开，朵朵放光彩""天天快乐，健康飞翔"的理念和追求，转化为师生共同研发的课程，从而彰显课程内在的文化意义。这个研究过程，实现了教师专业成长和学生学习方式变革，包含着教育行政人员、教师、教研员、学科专家、家长的角色转型和共同努力，在一所小学有限的时间和空间里促进每位师生按照自己的优势去发展。

（一）在改良教师专业生活样态中实现教师专业化发展

教师的专业成长是国家课程校本化实施的核心课题。我总对老师们说："你的生命状态就是最好的课程。"没有老师们教育观念、教育方法、教育技术的改变和提升，就没有教育质量的提升和孩子们学习生活质量的提升。这其中，老师们自身的世界观、人生观、价值观对教育教学工作产生着深刻影响。没有老师们主观强烈意愿的驱动，任何外部要求都不会收到良好而长久的效果。所以，在带着老师们进行小梅花课程改革的过程中，我做的最重要的事情，就是真诚、坦诚地让老师们明白，课程改革的过程并不仅仅基于孩子们的立场和学校发展的立场，还基于老师们自己的立场。例如，我们了解到老师们并不喜欢每天带着孩子们定时到操场上做全校统一的大课间操，孩子们更是觉得在六年的小学时光里日复

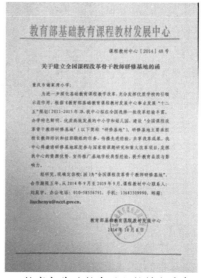

教育部基础教育课程教材发展中心《关于建立全国课程改革骨干教师研修基地的函》。

一日地做同一套操非常枯燥，于是就有了我们校园自编操的创新；老师们不喜欢教着重复交叉的、与现实和自身的专业水准脱节的课程内容，那我们就一起研究国家课程校本化，发挥自己的价值，这既是很多老师教育人生的普遍追求，也是老师们发挥专业个性、发展能力的重要平台。同时我始终坚持"人各有志"的人本规律，对于"无动于衷"保持理解与包容。但是，我们会跟进不同老师的不同教学风格对孩子们的学业成绩、综合素质方面产生的影响。只要在正常范畴内，我们就不过多干预老师们的教学风格；如果阻碍了孩子们的成长就是不可接受的底线。这样的不强求，减少了课程改革中老师们内部的矛盾。工作十年左右的年轻教师，如张文洁、赵娜、苏菡、张元兰、亓婷、杨帆（女）、唐荷花、邓发远、曾子芸、邓希路、赵翡翡、易正星、冯雯、罗艺、朱龙龙、李雨思、代昊、徐在爽、犹俊峰、邹安然、杨全苓、秦莉莉、王娅、张媛、彭诗婷、罗丁铭等，也慢慢从学习者、观望者成为课程研发的核心力量。

刘希娅应邀参加全国小学骨干校长高级研修班
百期论坛并发言。

　　教师没有对学习与研究的真正热爱，就不会有真正意义上的专业化发展。当年，我们为了自下而上推进课程改革，成立了课程中心。课程中心的主任罗凤和几位副主任全部都是来自各学科的一线满工作量的骨干老师，我们因为对专业的热爱和追求走到了一起。课程中心作为一个学术研究团队没有被纳入行政化管理，所以学校的党委书记、副校长、教导主任等行政干部不主要参与课程中心的管理。我作为一名特级教师，带着最开始仅有十几名有强烈专业发展愿望的骨干老师，组建了课程中心，从最基础的研究开始做起，一点一点地让其他老师观察、比较、思考。老师们都是乐意看到教学的变化、孩子的变化的，所以慢慢地有更多的老师加入了我们，研究团队从十几个人发展到几十个人。随着一部分老师慢慢退休，学校从一个校区发展成多个校区集团化办学，我们从北京师范大学、华东师范大学、东北师范大学、西南大学等高校招聘了新教师（其中三分之一为研究生，来自全国十几个省份、7个不同的民族）。课程中心的研究团队愈发壮大，发展到几百名伙伴。学校的课改进程，是整个教师队伍专业蜕变、优化发展的进程。暑假里，大家天天到学校研发课程，放弃和家人一起旅行的计划，甚至好多老师将无人照顾的孩子一起带到学校，而我们能做的就是安排专门的人员照护孩子们，解决老师们的后顾之忧。陈荣娇老师和伙伴们一起专心研发课程，中途去医院做了一个小手术，第三天就回到了学校。

我并不赞成带病工作，多次催促她回家休养，但她总说要和大家在一起。我又心疼，又感动，又想着怎么照顾好她。这些年来，杨静从一名普通的语文教师、中层干部，成长为校长助理、副校长、党委书记，除了抓党建，在课改进程中也成长为我的好搭档，协助我统筹学校的事务性工作；罗凤从十年前的语文教师、课程中心主任，成长为副校长，还经常应邀到全国各地为校长们做课程培训；还有赵晓岚、严昌兵、施立、陈瑜、阎冰、段蔚梅、丁伟建、陈晓君、黄晓霞、张丽、赵春花、余登玲、冉自翔、胡文彬、牟丹、罗金玉等老师们，他们作为学科主任、特级教师，带着各学科老师持续深入地开展研究，为来自全国各地的教育团队介绍课程整合实践经验。重庆市教科院初等教育所副所长、重庆市教育学会小学语文专业委员会理事长张咏梅老师，对学科主任施立的成长感叹道："我这次带队出行还见到了施立，听说她已经是谢小的语文学科主任了。这个很瘦小、很不起眼的老师，给我的印象却很深。记得 2015 年上半年我带着"国培计划"的学员们到谢家湾小学，请学校安排老师给我们讲讲语文学科改革，而施立就是那个被临时安排的老师。我记得很清楚，她是带着移动硬盘来的，讲的全是她的亲身经历。学员们问到哪个问题，她就找出相应的文件真诚回应，让我真切感受到谢小课改的价值：老师们完成了从被动教书者到课程的规划者、研发者与执行者的转变，这是多么深刻的变化！当时我问她在学校什么岗位工作，她说就是她普通老师……"还有陈勇、赵晓敏、张益建、李小玲、陈莹、王歆、吴华、周咏、罗诗会、罗雪莲、李征、雷娟、赖翔宇、叶波、张翔、杨媛、苏敏、郭华、黄艳、袁杨、李春梅、陈正兰、周于琳、莫春莉、李伟、陈丽、杜渝红、谭新莲、周春茂、宫丽娜、严莲等老师，在艰苦付出中渐渐成为学校课改骨干，逐步建立了专业自信，带着自己的课例、报告、班级管理和教学教研经验、课改体会，与全国各地的教育同行交流分享。本书前面部分也特意列举了部分老师的名字及其故事，就是想记录那些我们风雨兼程、砥砺坚守的岁月，也表达一份对大家一路陪伴、支持的感恩。我幸福地看到，老师们从过去"膜拜"一本教材，成长为如今可以随口说出某一个知识点在全国不同版本的教材里是如何呈现的、为什么这样呈现、我们是怎样进行校本化改进的以及为什么这样改进。强烈的"我的专业我做主""我的人生我追求"的职业重生感，成为老师们教育人生的动力。

　　只有在游泳中才能学会游泳。很多同行问我："课程改革让人望而生畏，是不是必须具备一个绝对一流的专业教师团队才可以启动?"我们的发展历程诠释了一个真理:只有在课改中才会实现教师课程意识、课程能力、课程文化的全面革新与优化,就像只有在游泳中才能真正学会游泳一样。现在的老师们几乎都是高学历,谁离功利思想越远,谁就离孩子越近,谁就越专业。小梅花课程改革通过突破教师中心、教室中心、学科中心、教材中心、灌输中心,促进老师们在教师文化、课堂教学文化、班级建设文化、教研文化、师生对话文化等方面,进行着优化与再造。在年年月月、方方面面的博弈、坚守与碰撞中,老师们逐步实现了不依赖权威控制、外部管束孩子们,探寻、研究、遵循、顺应孩子们的身心立场和心理逻辑,去设计班级生活与课堂教学流程,从对话课堂走向对话校园的学校生活、教育人生演变。

重庆市教育评估院一直专注于教育评估与监测的专业化与标准化,开发了一系列评估监测标准,制定了一系列规范的评估监测组织实施流程,是国家标准化管理委员会标准化试点单位。2010 年、2013 年、2016 年、2017 年,它共对全市 40 个区县实施质量监测四次,在监测中采用了 PPS 抽样方式,并使用国际上通用的工具拟订流程、研发工具,推行标准化的实施流程,使结果能够准确地代表重庆市的基础教育质量。我们十分主动地持续参与重庆市教育评估院的监测。在最近一次重庆市教育评估院以网上无记名问卷方式展开的教师专业发展检测中,谢家湾小学 90% 的教师认为自己课堂教学中的精神状态为"精力充沛、富有热情",没有教师认为自己"缺乏激情、热情";85% 以上的教师认为自己的工作"很有成就感和价值感";82.1% 的教师选择将学生的主体性感受作为自己把握讲课节奏的最主要依据;71.4% 的教师摒弃满堂灌的教学风格,经常采用对话式、合作式、探究式教学,并且表示教学效果很好,感受到了学校课改对于提高教学质量和教师培训实效性的作用;教师们的师德师风、敬业精神、专业能力、家长满意度等都处于全市领先的位置;100% 的教师认为学校的管理体制充分发挥了教师的工作积极性。在教育部的监测中,谢家湾小学表现突出,代表重庆参加全国质量监测时,各项指标突出,为此,教育部基础教育质量监测中心专门到谢家湾小学进行调研,并给予了高度评价。

实践证明,小梅花课程的研发与实施,更好地促进了国家课程的落地,促进了教师教与学方式的变革,改变了一个个课堂具体的教学生态。教师要用课程的视角重新检视自己的教学,需要不断解释:自己最终的课程目标是什么?课程的核心知

北京史家小学王欢校长（右一）、北京中关村第一小学刘畅校长
（左一）在谢家湾小学与刘希娅留影。

识是什么？关键概念和其他系列知识之间的关系是什么？本学科与其他学科之间的联系、本学科与真实世界的联系是什么？并将所有的设计要素都在一个个课程组合中呈现，促进师生主动积极地发展。在小梅花课程改革的行动研究中，老师们理解并践行"课程整合""合作探究""对话教学""行动研究"等新观念，破除积习已久的教学规范，冲破自己的课程惰性，自主研发多样化的教学范式，不再追求华丽的课堂自我表演活动，而是专注于追求自我世界、生活世界、孩子们的世界的深度对话与融合。这样的行动研究激发了师生活力与生命智慧，促使老师们用行动去诠释"我们的一切正在影响孩子们的一生"的敬畏感和使命感。

　　2019年11月，教育部基础教育司吕司长第三次来到谢家湾小学深度调研。在听完一节没有参加过赛课的数学随堂课后，他现场进行了即兴讲话。

　　　　我是第三这次到谢家湾小学了，很荣幸，感受也很深刻，感受了我们谢家湾小学校长、教师及学生的风采。我一直有一个愿望，想亲自到谢家湾小学听一次课，今天这个愿望终于实现了，我非常高兴。

　　　　我是学数学的，刚才听了这堂数学课，感受很深，很受启发，也很欣慰。

这堂课应该说讲得很好。胡老师特别注重启发学生，让我们直接感受到了什么叫深度学习、合作学习、探究学习。学生学得很开心，收获也很大，启发也很多，特别是学生之间的相互启发，我觉得是非常重要的。要均衡编班，要把不同的学生编到一个班里去实施教学。大家可以看到有的学生理解得快一点，有的学生操作得到位一点，有的学生主动一点，这本身就是一种展示、一种锻炼；老师还让一些学生去完善补充甚至纠正其他学生，这本身就是一种学生之间的相互学习和启发。我觉得这种教学是非常值得肯定的。我知道我们谢家湾小学每堂课都讲得很好，这得益于我们谢家湾小学长期以来坚持在教育过程当中努力探索、深度教研。我知道你们牺牲了暑假的时间，大家在一起做教研，编了一套书，就是"小学学科教学建议"。我觉得非常好，只有在这种深度教研过程当中，才能进一步提高我们老师的教育教学水平。我们的课程是国家的，教材也是统一编写的，但是为什么有的课上得好，学生收获多、学得好，最核心、最关键的就是我们的教育教学方法，所以在这个方面我们鼓励每位老师都要勇于探索、积极创新。中央出台的《关于深化教育教学改革，全面提高义务教育质量的意见》，就是既要抓质量，又要抓内涵。实现人民群众从"有学上"到"上好学"的变革，我觉得我们谢家湾小学在这方面做得很好。我特别希望我们每一所学校在教育教学工作过程当中，始终坚持把立德树人根本任务摆在首位，把它落实好，把国家的课程落实好。因为国家课程、地方课程、校本课程，这三者是统一的，不是割裂的。结合本地实际，适当融合是应该的，要让学生最终学得更好。我们可喜地看到我们谢家湾小学在这些方面创造了很好的经验，取得了宝贵的经验，应该值得我们很多学校去学习、去探索。我们谢家湾小学也推广一些典型的教育教学经验，使我们全面提高基础教育质量和水平。所以在这个方面，还希望我们谢家湾小学继续探索、继续创新，特别是拜托各位老师，激发我们内在的这种勇于推进教育改革创新的动力，全面提高我们的教育教学水平，让我们的课堂更加精彩，让我们的学生发展得更好，让人民群众更加满意。

听完吕司长的讲话，我和伙伴们都感慨万千。十年课改风雨历程，得到了教育部基础教育司的充分肯定。我和几位校级干部、老师送领导们离开校园后，激动不已地在校门口合影留念，那张合影里每一个人的脸上、眼里都充满了幸福感和坚定感。

谢家湾小学课程改革探索得到了教育部基础教育司的高度肯定，这让谢家湾小学的老师们激动不已。

（二）在自在自主中培养学生自律自强的能力和精神

孩子们本来是爱学习的，但是他们不喜欢总被训练和教化。我们成年人常常以爱的名义，去阻碍孩子们的学习动力、兴趣和方法的发展。很多人往往只看重孩子们的学习成绩，忽略了成绩只是孩子们生活的一部分。小梅花课程在国家课程校本化实施的过程中，努力让孩子们的学习内容、学习方式回归生活世界，尽可能提供整体的内容和时空。因为脱离生活实际的符号和文字，只会让孩子们产生隔离感和厌倦感。我们期待孩子们能够尽可能内心强大、阳光自信、自律自强；期待孩子们能够具有同理心、善心和责任感，能够视野开阔、格局宽广、情感丰富；也期待孩子们保持好奇心、求知欲，拥有开创性素养等。这些都需要我们在课程设置中做周密设计和部署，将书本知识和生活实际紧密联系起来，让孩子们在学校生活中产生丰富积极的生活体验，进行个性化的自我展示，以自己的方式与自然、社会和自我进行对话，从而不断发现自己、改变自己、完善自己。

　　小梅花课程成为学校组织变革的一个切入点，成为一种新的组织形态，给学校的组织架构、校园环境、教师角色、管理者角色、师生权利都带来了挑战，也促进了学校育人体系的综合变革。不管是全校实行自助餐，自主选择社团，六一儿童节自主申报节目，取消统一的上下课铃声，自主管理和安排时间，上课可以自由去喝水、上洗手间，上课侧重思维碰撞、主动探究、合作分享，还是几乎全天候面向来自全国各地的同行、专家开放学校，都是为了在校园里给孩子们足够的尊重与空间，让孩子们处于相对自在自由的环境中，在与老师、同学对话的过程中，促进孩子们独立思考，尽可能搭建平台让孩子们在靠自己参与争取的平台上自我发现、自我激励、自我评估，实现主动的自我接纳和自我发展。教师在教学方式变革中，不再独霸讲台，而是放弃一定的控制权，变成教学的设计者、支持者、补充者、合作者，信任学生，吸引学生主动投入，创造更有新奇感、更有趣、更有张力、更有吸引力的课堂。师生经验的激活、丰富和提升，认识策略和学习策略的完善，形成了多元化的师生学习共同体。

　　这些年来，我们跟进大部分班级学生的发展。各种数据的对比研究表明，孩子们越放松，思维越活跃，情绪也越愉悦，学习的效率越高，个性越开朗；户外活动多的孩子，身体、视力更好，成绩、综合能力都发展得更好。科学世界与生活世界在课程整合中的协同，让孩子们更加喜欢学校、喜欢学习，总体上体现出喜欢阅读、逻辑思维强、表达沟通能力强、善于抓住重点等群体特质。

　　2010 年以来，谢家湾小学多次参加重庆市教育评估院的质量监测，监测内容包含：语文、数学、英语、科学等学科的学业成就指标 15 个，学习兴趣、学习态度、学习习惯、学习负担、主观学习态度、压力等学习状态指标 15 个，体育锻炼、身体健康感受、意志力水平、自我效能感、心理健康等身心发展指标 15 个，品德修养、行为习惯、法制意识、实践创新力、认知能力、社会适应能力以及自尊、自信等发展状况指标 15 个。谢家湾小学学生各项指标的综合排名全市第一，表明学校属于重庆市质量好、负担轻的优质学校。尤其是学生的质疑批判能力，连续多年在全市位列第一。而厌学情绪、学习低效能感、手机成瘾情况等基本处于全市 500 名以后。除此之外，谢家湾小学每年都和九龙坡区所有学校一样，接受九龙坡区教师进修学院质量监测中心的教育教学质量监测，连续多年稳定地名列前茅。从谢家湾小学毕业的学生升入中学后，被中学普遍反馈适应能力强，能以积极心态进入新阶段学习，组织能力强，担任班干部的特别多，学习自主性强，学习方法灵活，学习后劲足，善于自我管理，品行端正，个性阳光开朗，心理和谐健康。孩子们的高质量可持续发展是谢家湾小学小梅花课程改革的出发点和落脚点，也很好地回应了社会各界的关注、关心、支持和质疑。

2019 年 12 月，国家教育督导检查组一行走进谢家湾小学。通过听课、看孩子们自编操、听教师报告等形式调研后，北京开放大学校长褚宏启老师说："我是第一次来谢家湾小学，今天亲身感受了一下学生的校园生活，感受很深。我觉得学校最大的特点是自由。宽松的氛围才能让人的潜能发挥到最大值。我觉得谢家湾小学重视高阶认知能力的发展，重视学生自主能力的发展。从孩子的长远利益、根本利益思考，从国家的长远利益、根本利益思考，我觉得谢家湾小学这一点做得特别好。"六年影响一生"，你们更加关注学生长远的发展。人的素养包括三个方面，知识、能力和态度，更重要的能力和态度。我觉得这两点，谢家湾小学做得特别好，能为人一生的发展奠定一个坚实的基础。"

国家教育督导检查组组长陈桦说道："你们这十几年的探索，实际上是在践行'办公平而有质量的教育'。在这个方面，你们进行了非常有效、很深刻、很有前瞻性的探索，已经形成了比较成熟的经验，这对中国基础教育的发展可能是很大的影响。你们的实践是教育的回归，这一点非常不容易。所有的学生都有学习的热情，这是很难得的状态。这个很了不起。什么叫有教无类、因材施教？在这里我们看到了。我特别赞赏你们自然班的所有孩子都必须登台展示。所有的孩子都洋溢着笑容，都非常开朗，非常愿意跟人交往，非常愿意展示自己。真正地为每一个孩子提供适合的教育，在这里我感受到了。谢家湾小学学生的全面发展是根据孩子特性的一种全面培养，这很难得。你们对素质教育的理解和实践都非常好。素质教育质量是什么？我觉得你们做了很好的回答。我们不要把素质教育理解偏了，素质教育不是吹拉弹唱这一个方面的素质，思维能力、探索精神、创新意识，以及对基本知识的掌握，都应该是素质教育的一个重要内容，而且是核心内容。谢家湾小学全面落实了国家的课程标准，同时有创新，通过跨学科整合来注重培养孩子的学习能力。要深挖你们这方面的经验，有推广价值。这关键在我们的刘校长，还有一批真正献身教育的老师。了不起的校长真正立足于孩子，带领了不起的一批老师，干了一件了不起的事。"

重庆谢家湾小学教育改革坚持立德树人
让"红梅"在孩子心中绽放

《人民日报》2019 年 9 月 23 日

最近，重庆谢家湾小学六年级学生白子恒很高兴，他被评上了班级的"护眼榜样"。白子恒成为榜样，并不是因为视力特别好，反倒是源于上次检查视力下降。

视力下降还可以当榜样？原来，学校组织"榜样自评"，由学生挖掘自身闪光点，自主申报评价项目，比如整理抽屉榜样、小组合作榜样等。学校定期检验，对表现好的同学给予鼓励。白子恒成功稳定视力，保持在 4.8 不下降，由此成为"护眼榜样"。

"榜样自评"只是重庆市九龙坡区谢家湾小学教育改革的一个小举措。中南海连着小学校。2017 年 5 月 23 日，习近平总书记主持召开中央全面深化改革领导小组第三十五次会议，审议通过了《关于深化教育体制机制改革的意见》。这次会议指出，要全面贯彻党的教育方针，全面落实立德树人根本任务，着力培养德智体美全面发展的社会主义事业建设者和接班人。

坚持立德树人，谢家湾小学近年来进行了一系列改革，涵盖教育理念、授课内容和育人方式等方面。2018 年，谢家湾小学素质教育质量管理模式荣获第三届中国质量奖。

走进谢家湾小学，很多地方都能看到一个符号——"红梅"，这是学校教育理念的象征。"红梅花儿开，朵朵放光彩。孩子们就像红梅，每朵'红梅'都有出彩的机会。即使他在某方面做得不够好，也可以有自己的精彩。"校长刘希娅说，红梅还象征红岩精神，学生既要有"红"的底色，成为社会主义接班人，又要有"梅"的坚韧，实现全面发展。

谢家湾小学的课表比较特别，课程少，学生负担轻。改革授课内容，谢家湾小学整合课程体系，将国家、地方、校本三级共十几门课程整合为道德与法治、语文、数学、英语、体育、科学、艺术等 7 门课程。

语文和信息技术课程整合在一起，比如办小报，老师先讲授关于办小报的基本知识，再讲解如何用电脑制作电子小报。现在，学校用原来的六成时间即可完成国家课程标准要求。

不过，有项课程比以前增加了，那就是体育课。学生每天都有一节体育课，每节 60 分钟。学校的"小眼镜"和"小胖墩"越来越少。

除了课堂教学，学校还丰富教学内容，引导学生关心国内外大事。最近，四年级（6）班组织新闻评论会，主题是"如何看待所罗门群岛和台湾断交"，由一位学生介绍新闻并作评论，其他同学纷纷参加讨论。

授课内容在改革，育人方式也在不断革新。谢家湾小学深信"一个榜样，胜过一打说教"，每年带领孩子到红岩村、白公馆、渣滓洞等地参观，了解江姐和小萝卜头的故事，让学生受到红色文化熏陶。

除了英雄人物，学校还注重挖掘身边的榜样。在楼道间、食堂里，随处可见学生的照片，或阳光微笑，或专注学习，或帮助他人。一幅照片里，3 个学生开心地微笑，敬着队礼，旁边配了一句话："友善：把微笑带给身边的人，主动帮助他人。"刘希娅说："什么是友善？我们要通过身边的榜样引导学生，社会主义核心价值观要用孩子们听得懂的话语来表述。"

有了榜样，更要有行动。学校注重实践，引导学生在体验中形成正确价值观。每学期，每个学生都要参与义务劳动。比如，午餐需要有人服务，张珂尔主动报名，为大家摆放餐具，清洗托盘。她妈妈高兴地说，第一次看到张珂尔回家主动洗碗，大感欣慰。

改革，在谢家湾小学已是常态。开展辩论赛、故事会等活动，鼓励学生参与各类社团，对不同层次学生分类施教，"启发式"授课引导学生思考探索……

"教育不只是一个职业，更是一项事业。"教师陈瑜说，老师工作强度增加了，但虽苦犹乐。今年暑假，她和同事们也没闲着，一起编了一套特色教材。

孩子的学习情况，学校和家长都关心。家长可以申请"住校观察"，到学校任何角落观察。"把孩子交给学校老师，放心！"白子恒的妈妈体验之后很是感慨。

（三）小梅花课程改革被央视《新闻联播》专题报道

小梅花课程孕育、诞生、成长在谢家湾小学"六年影响一生"办学理念、"红梅花儿开，朵朵放光彩"主题文化、"天天快乐，健康飞翔"行为追求中。我们秉持全国第八次课程改革的精神，通过课程整合促使国家课程更有针对性、更有实效性地校本化，让党中央关于素质教育的方针创新落地。回顾谢家湾小学小梅花课程改革的十余年历程，它促进了谢家湾小学教师的深层次蜕变，减轻了孩子们的学习负担，提高了孩子们的生活质量和学习质量，促进了学校内涵式跨越发展。多年来，在各级有关部门的支持下，谢家湾小学被评为全国专业技术人才先进集体，成为教育部课程中心实践研修基地、中国教育科学研究院教育改革实验学校……

重庆市教委于 2014 年在谢家湾小学组织了一次关于谢家湾小学课程整合探索的专家论证会。时任教育部基础教育课程教材发展中心主任田慧生说："课程整合是未来学校发展的一个趋势，你们已经走在前沿了。"在此基础上，2017 年 7 月 10 日，重庆市教委再次针对谢家湾小学的课程改革组织了一次专家论证会。在专家们发表意见之后，重庆市教委邓沁泉副主任、原西南师范大学校长宋乃庆等专家，对谢家湾小学课程改革的探索给予了充分肯定，对老师们的敬业精神和专业能力给予了高度评价。2017 年 11 月，田慧生第三次来到谢家湾小学调研课程建设。详细了解了学校的课改进程后，他说："2014 年之后再过来看，没想到你们把课程整合已经很好落地，构建成了具有鲜明特色的完整的课程和校本化教材体系。这项改革是艰巨的，也是成功的、可行的，很了不起。你们体现了很强的担当精神和改革的勇气，这也是谢家湾小学一贯的作风。结合党的十九大精神来看谢家湾小学的课程改革，是具有前瞻性和引领性的。满足人民对美好教育的需求，就要着力于育人质量的提升，就要创新人才培养模式。你们的课改已经做了未来 30 年我们重点要做的事情。"

2018 年 1 月 3 日，现任中国教育学会会长、时任教育部副部长朱之文先生来到重庆调研，主动提出要到谢家湾小学看看，到学校与老师们、孩子们深入交流互动后，现场即兴讲话：

很高兴来到谢家湾小学，指引我来的是我们部里的一位老部长张天保同志。他给我写了一封信，说在重庆的谢家湾有这么一所学校很值得一看。到学校以后，我深深地感受到这所学校确实很不一样，有几点感受。

第一，一所学校的学生都认识校长，尤其是在小学真的没有见过，所以一个校长能够被所有学生认识，说明这个学校的学生和校长之间一定是有情感交流的。

第二，我们的同学给我留下了很深的印象，因为我见到我们的同学很阳光、很开朗、精气神很足，而且我感受到你们身心健康。刚才校长介绍我们这里的同学相对近视眼少、身体好，我想这已经达到了学校培养的基本目标。

第三，我觉得我们的老师很自信、很有奉献精神，而且多才多艺。我们的很多课程都是老师自己开发的，我们很多的才艺都是老师自己主动学习的。特别是我们的老师的教研活动、教研精神给我留下很深刻的印象。

第四，我们这里的课程整合给我的印象很深刻。因为这不单是不同学科之间重复部分的整合，而且是国家课程和校本课程的整合，这种整合让课程知识更加聚焦，更加有利于培养学生的素养，所以这种整合，实际上是一种重大的改革。

第五，我们的学校给我留下了深刻的印象。进了校园以后，我觉得这是我看过的小学中最好的校园。因为我看的小学比较少，所以我不敢说是第一，但是我认为这是我看到的最好的校园。

第六，我很赞同学校的培养理念、培养策略和培养目标。

我们从 20 世纪末开始讲素质教育，讲了这么多年，那究竟什么是素质教育？如何实施素质教育？怎样让素质教育落地？现在还没有一个完整的答案，或者说没有一个明确的答案。但是我今天看了这样一所学校，看了我们谢家湾小学，我觉得谢家湾小学就很好地回答了什么是素质教育，至少它提供了一种模式、一种方法，也代表素质教育的一种方向。我相信我们的谢家湾小学一定会越办越好！

谢家湾小学小梅花课程的整合探索带来的孩子们学习负担轻、学习质量高的实践效果，引起了各界媒体的高度关注。《人民日报》、新华社、《光明日报》、《中国教育报》等媒体的记者先后走进学校，进行一天、一周、半个月不等的深度体验调研。他们随机进入班级、进入课堂、进入餐厅、进入社团，随机与学生、老师、家长、干部交流，纷纷从不同的角度进行了报道。2014 年 4 月，当时是社会各界纷纷质疑谢家湾小学课改最激烈的时期，央视《新闻联播》节目组说要到学校采访报道，我说："你们过几年再来吧，等我们的课程整合再成熟一点。"没想到对方说："我们半小时后到机场。"第二天他们就进驻谢家湾小学开始了为期一周的深度采访，几乎把学校所有的角落和环节都拍摄了。几天以后的一个傍晚，我接到一个电话："刘校长，今天央视《新闻联播》会报道你们学校的课改事迹，请注意收看!"当天晚上,我惶恐不安地坐在电视机前,看完央视《新闻联播》对我们学校课改进行的报道《谢家湾小学课改:一次艰难的探索》,确认了所有内容都是被正面报道的,但我还没有意识到这意味着什么。接下来好多领导、专家、同行、亲友纷纷打电话、发短信表示祝贺。市、区相关部门开始走进谢家湾小学,展开了热烈的研究论证,我才确信这条新闻对我们而言是安全的,也才明白了央视《新闻联播》的影响力有多大。同月,央视《新闻直播间》连续两天专题报道谢家湾小学课程改革。

小梅花课程改革的推进,尽管我们一直很坚持,但也很谨慎。我们一直很清楚,谢家湾小学提出的"六年影响一生""红梅花儿开,朵朵放光彩",让大部分孩子走进了心仪的中学、大学,并保持优秀。对每一位孩子的纵向发展而言,我们努力顺应每一个孩子的优势,并尽最大可能提供最好的学校教育,但这并不意味着从横向比较,每个孩子将来都能上名校,也并不意味着每个孩子都可以超越所有的同伴。当今很多家长感到焦虑的最主要原因,就是他们无法接受自己的孩子是一个平常的孩子并拥有平凡的未来。当家长们把家庭里所有的资源都倾注以后,还看不到孩子出类拔萃或孩子仍旧处于竞争劣势,他们就会焦躁不安、失去理性。哪所学校冲破了传统的循规蹈矩,就会引发社会各界多元的声音交响。新旧观念的碰撞,还有相关利益群体的博弈,是我们必须承受的巨大压力,正是这样的博弈,为中国基础教育同人探索素质教育的发展路径与策略带来了活力和希望。

六、素质教育探索获中国质量奖,面向全市推广

新时代素质教育发展最大的挑战,在于面对每个孩子差异化的个性特征和发展需求,我们如何在教育教学中精准有效地回应。针对这个基础教育领域普遍存在的问题,我和伙伴们始终坚守素质教育发展方向,在博弈中达成共识。十年如一日,我们在具体的学校教育教学实践中,寻求解决问题的办法,形成了具有谢家湾小学实践特色的路径,取得了良好的效果,得到了社会各界的高度认可,获得了中国质量奖,为全国基础教育提供了一个典型的小学教育实践案例。

2018 年，谢家湾小学荣获第三届中国质量奖。

（一）获得教育领域第一个中国质量奖

2019 年 11 月 9 日，《光明日报》头版头条以《一所小学靠什么获得"中国质量奖"》为题，报道了谢家湾小学于 2018 年获我国教育领域第一个、重庆市第一个中国质量奖的情况。

一所小学靠什么获得"中国质量奖"

《光明日报》2019 年 10 月 9 日

在同一堂课上，教科学的老师带领学生做实验，了解声音的产生原理和音量大小；教道德与法治的老师引导学生讨论噪声对人体的危害，培养安静用餐的习惯；教体育的老师创编以自助午餐为主题的艺术操，示范端盘、取菜和放筷子等动作。这是怎样的一堂课？重庆市九龙坡区谢家湾小学三年级的多名教师，针对自助午餐时学生高声喧哗的问题，共同开设了一堂以"让声音小一点"为主题的道德与法治课。

这种合作教学只是谢家湾小学教学改革中的一个小环节。近年来，谢家湾小学创新课程体系、教学模式和育人方式，融合实施国家、地方和校本三级课程，构建起有共同价值取向的教育教学体系。2018 年，学校"红梅花儿开，朵朵放光彩"素质教育育人模式荣获第三届中国质量奖，这也是全国教育领域的第一个中国质量奖。

课堂教学有了多种模式

传统课堂上，每节课通常由一个老师单独完成。谢家湾小学把课堂教学作为改革重点，鼓励学科关联性强的教师合作教学，由两名或多名教师协作打造"合作式""差异化""应用式"等各具特色的教学模式，一堂课传授多学科知识，收到"一举多得"的效果。

在一年级语文课《影子》的课堂上，老师让接受新知识相对较慢的学生朗读纠错，确保"读准字音"；让学生观察练习，确保"会写 4 个生字"；组织同桌玩识字游戏，确保"会认 11 个生字"，从而让读写认都达到课标要求。对语言表达能力强、接受新知识相对快的学生，老师则编儿歌描述与影子相关的生活情景，增强学生的理解和记忆能力，让同学们一起讨论"影子是怎样形成的"，引导他们拓展知识面。

讲授四年级的《认识平行四边形》时，老师展示平行四边形实物、图片，引导学生讨论；探究环节让同学们通过测量归纳出平行四边形边和角的性质，通过用压舌板、积木和工字钉等材料制作平行四边形，体会其易变形的特性。学生做完这些后，推荐一人介绍探究结果，其他人补充修正，老师则负责点评和归纳总结。"我们没有填鸭式地灌输知识，而是通过教学活动引导学生自己建构知识，从而培养他们的学习能力。"四年级三班的数学老师伍丽霞说。

六年级学生学习"比例"的概念后，老师鼓励每位学生按照比例制作蜂蜜柚子茶等饮料、根据黄金分割比例帮助妈妈选择合适的高跟鞋。这种贴近生活的教学方法，改变了过去老师一味强调的"讲、练、背"的枯燥做法，激发出学生的学习兴趣。

"我们有的结论是对的，有的不对，自己总结后再经过老师点评，理解起来就容易，记得也更牢。"四年级三班的学生蓝天说。

过去，一名老师往往教多个班的同一门课程，老师与每个班的学生交流时间都比较少。谢家湾小学探索一名老师教一个班的多门课程，教师与学生接触时间更多，既促进师生交流，又促进不同学科间的教学方法和知识互补。

教体育的郭老师以前教 6 个班的体育课，课改后他教一个班的数学和体育，将跑步、跳远等体育运动元素融入加减乘除教学中，同学们学习兴趣大增。这个班的数学成绩在全年级 20 个班中一直名列前三，获得学生和家长一致认可。

融合拓展课程体系

大多数小学现在都开设了三级学科课程，科目偏多、内容交叉重复。谢家湾小学校长刘希娅介绍，谢家湾小学在确保国家课程标准、内容不减不降的前提下，把地方、校本课程融进国家课程，构建以学科课程为核心、社团课程为补充、环境课程为基础的新型课程，形成了特色鲜明的"小梅花"一体化课程体系。"这样做既避免了交叉、重复和脱节，又有利于学生进行综合性和跨学科学习。"刘希娅说。

语文课和信息技术课程整合后，老师会先讲授语文课关于办小报的基本知识，等学生收集整理创作小报的素材后，再讲解信息技术课关于用电脑制作电子小报的知识。同学们通过办报既训练了语言文字组织能力，又学习了基本的电脑操作。学校将六年级下册语文课中《难忘小学生活》同品德与社会课中《再见，我的小学生活》整合成为一堂课进行教学，生动地表达孩子们对小学生活的难忘记忆。

通过改革，谢家湾小学将三级课程体系的十几门课程整合为道德与法治、语文、数学、英语、体育、科学、艺术等七门课程，只用原来 60% 的时间即可完成国家课程标准要求，节约出来的时间用来引导同学们开展学科专题活动和社团活动。

画沙画、做航模、跳拉丁舞、拼七巧板、学电脑编程……每天下午两点，学校各功能室里热闹非凡，不同年龄、不同班级的孩子们因为同样的兴趣，在同一个教室里一起参加社团活动。现在的谢家湾小学共有生活实践类、艺术创作类、思维拓展类、体育锻炼类等 200 多个社团，几乎每个同学都能找到自己的兴趣社团。

辩论赛、演讲赛、新闻评论、超市购物等 500 多个学科的专题活动，同学们不仅乐于参加，还潜移默化提升了他们的生活能力、认知能力和团队合作能力。一至六年级的语文专题活动都有辩论活动，每个年级根据同学们的接受能力设置辩论教学目标，结合课程内容和生活热点设置主题，以辩论的方式帮助学生加深对知识点的理解，培养学生语言交流、逻辑思维和运用知识等能力。六年级设置的"生二孩利大还是弊大""事业型家长和居家型家长哪个更有利于孩子的成长"等话题，还引起了很多学生家长的兴趣，他们特别想通过辩论了解自己孩子的态度。

"很多情况下，人们把德智体美劳划分为不同学科不同课程，实际上人的德智体美劳，人的精神、素质和能力是不可分的。怎样把思想性、道德性、知识学习、身体锻炼、情绪爱好、兴趣养成融为一体？这非常值得我们探索。"中国教育学会副会长、华东师范大学教育学部主任袁振国说，"谢家湾小学探索的课程整合改革取得了意想不到的成功，这是学校的创新和创造。"

让孩子们真正实现"快乐学习"

如何让孩子们充满兴趣地学到知识？谢家湾小学用许多细小的事情来影响和引导学生，让他们在学习的环境和过程中找到乐趣。

学校取消了统一的上下课铃声，让每个班级自主安排时间；取消了全校一个步调的大课间操，改由各班级自己创编课间操；每节课也不再统一为40分钟，而是按不同的课程划分为30分钟，60分钟和120分钟。刚进校的一年级学生注意力集中时间往往较短，老师在上课20分钟后就组织课间休息，让他们更容易适应小学生活。

长短课的灵活调节，保持了学生探索学习的兴趣，也有利于学生的身心健康。针对以往学生户外运动量不够，"小眼镜""小胖墩"多的问题，学校将体育课由原来每周3节、每节40分钟改为每天一节、每节60分钟，几年坚持下来，学生近视率明显降低、超重学生明显减少。

谢家湾小学的校园里，处处都着意营造"乐学"氛围。在学生照片墙上，定期更换同学们在学校的生活照，每个人都有展示的机会；楼道、会议室、校长办公室，展示着各种学习作品，同学们可以互相观摩学习。学校老师也及时挖掘发现好人好事，并在集体朝会、学校公众号、校长公众号、教师群、家长群等多种平台分享。

在全天开放的大礼堂、博物馆和聊天室，在操场、过道和绿化带都安放了桌椅，鼓励学生走出教室读写讲练。学生的长方形课桌改为了圆弧课桌，便于学习讨论；老师上课从讲台"站桩"变成了走进学生中间交流、参与学生学习讨论，课堂洋溢着师生积极互动、相互启发的氛围。

"我们要让每一个孩子都对自己有信心、对未来有希望。"刘希娅说。谢家湾小学实行小干部人人轮流当、合唱节人人上舞台、体育课人人进赛场、领奖台人人受表彰。通过"人人参与"，让每一位同学都有机会绽放光彩。抽样调查显示，谢家湾小学95%的学生感到在校学习"很快乐"。

在代表重庆市政府参与评审之前，我和伙伴们并不了解中国质量奖。2016年，市教委基础教育处和重庆市质监局通知我们，谢家湾小学被重庆市政府选送，推荐参评第三届中国质量奖。之后在持续一年半的参评过程中，我们才知道这是一项艰巨的任务。第一届、第二届中国质量奖评审时，重庆市推出了全市最强的企业前往参评，结果没有评上。参评第三届中国质量奖时，市里想选送一个教育领域的单位去试试。我们报送参评材料后，评审专家组调取了学校办学质量信息、教职工发展信息、在校和毕业学生学业信息及家长信息等。经过对 5 万多份数据的分析和评估后，谢家湾小学在全国 768 家参评单位中胜出，成为 37 家候选答辩单位之一。但谢家湾小学前期的评审成绩并不是太好，仅有获得提名奖的可能。

在北京现场答辩环节，我们碰到了各界优秀代表。大家觉得我们即便不能获奖，也是一次难得的学习经历。三天的答辩时间里，我们按照抽签顺序接受来自各界专家的问询。没想到，谢家湾小学通过课程整合探索素质教育的创新实践成为专家关注的焦点，答辩成绩居然遥遥领先。答辩结束后第二天，评审组就迅速来到重庆，再次进行为期三天的进学校蹲点的现场体验评审。相对过去主要靠审阅报送资料的评审方式，对于这种看重现场实际行为效果的评审方式，我是非常佩服和认可的，觉得这是值得各行业学习借鉴的。那几天时间里，市、区领导高度重视，相关领导纷纷出面接受访谈，相关部门的专家们也纷纷相助。评审组还通过抽样的方式，深入教师群体、学生群体、在读和毕业后的学生家长群体细致调研。老师们的敬业精神和专业水平、孩子们生动活泼的学习与生活样态、家长们的真诚赞誉都深深地打动了评审组专家们，使学校获得了非常高的现场评审得分。最后一个评审环节，是教育部、财政部、人社部等相关部委的部级领导投票。当得知在这一环节中，谢家湾小学"'红梅花儿开，朵朵放光彩'素质教育质量管理模式"居然得分最高时，我和伙伴们激动不已。又经过近一年的层层把关，我们终于获得了中国教育领域第一个、重庆市第一个中国质量奖。

2018 年 11 月，第三届中国质量奖颁奖典礼在北京举行。为了领奖，我果断放弃了随团去莫斯科考察的机会，因为这个凝聚了重庆市各级领导心血汗水的奖项不仅代表学校，不仅代表九龙坡区，更重要的是代表重庆，所以我不应该让此项工作有任何失误。在带着伙伴们去领奖的路途中，我却十分忐忑：获得中国教育领域第一个中国质量奖，会不会给我们带来更大的舆论压力？我们学校的课改在全国已经备受关注，获奖会不会增添一些麻烦？带着这些顾虑，我和伙伴们去登门拜访了顾明远老先生，近十几年来他一直关注、指导着我们学校的发展。顾老很兴奋地说：

2018年，第三届中国质量奖在北京颁奖，图为谢家湾小学领奖。

"你们这么多年的努力也是有成效了。你们能获得中国质量奖很了不起，真的很为你们高兴！"带着顾老的鼓励，我踏实地带着伙伴们领回了中国质量奖。参评中国质量奖的过程，的确是一个难得的学习、反思、进步的过程。其中，有三点评审理念特别值得我们敬重和钦佩：一是该奖项首先看重参评单位在价值取向、目标愿景方面，与国际国内行业发展趋势、人们对该行业未来发展方向的期待是否一致；二是在多次没有事先通知的情况下，评审组深入参评单位，深入观察实践中的管理模式、行为方式、工作成效是否与价值取向、目标愿景协同一致，是否为全国甚至世界范围内同行业存在的瓶颈性问题探索出了一条创新的、可行的、可推广的解决路径和模式；三是获奖后世界质量组织也会认可这一奖项，但任何时候出现任何质量问题，获奖单位就会被取消中国质量奖殊荣。

谢家湾小学"'红梅花儿开，朵朵放光彩'素质教育质量管理模式"获得教育领域第一个中国质量奖，在全国范围产生了非常大的影响。我们也不断被同行们追问：中国质量奖是什么？重庆市推荐谢家湾小学参评的理由是什么？一所小学靠什么获得中国质量奖？

（二）全市推广谢家湾小学教育改革经验

2019年5月30日，重庆市委书记一行来到谢家湾小学（华润校区）看望孩子们，在教学楼、餐厅、小广场等地方，祝福孩子们六一儿童节快乐，并问候老师们。

第三届中国质量奖获奖单位代表在颁奖现场合影，右二为刘希娅。

孩子们在课堂上、社团中、专题活动中呈现的阳光自信、沉着机智、开朗活泼让领导们感叹不已。在活动结束时，市委强调谢家湾小学的教育改革效果非常好，市委市政府要深入解剖、提炼谢家湾小学的改革经验，还要通过召开谢家湾小学教育改革经验推广会、办谢家湾小学教育集团等方式，多种方式、多渠道宣传和推广谢家湾小学的改革经验。

　　市委改革办多次深入谢家湾小学，了解、观察学校的教育教学工作，深入课堂、餐厅以及各种活动中，广泛地与老师们、孩子们、家长们沟通交流，经过分析总结，形成了一份谢家湾小学教改材料《深化教育改革，促进全面发展，培养合格的社会主义建设者和接班人——以重庆九龙坡区谢家湾小学教育改革为例》，呈交给了中央全面深化改革委员会。中央政策研究室主办的《学习与研究》刊载了《重庆谢家湾小学教育改革实践》。

　　在重庆市政府的组织安排下，2019年7月13日，谢家湾小学组织召开了重庆市关于谢家湾小学教育改革经验的推广会，全市各区县教委、教研室、进修学校、中小学校领导干部代表参加会议。推广会上，华东师范大学袁振国教授，代表专家做评议报告，对谢家湾小学课程改革之路取得的成效给予了高度评价。节选如下：

非常高兴，也非常荣幸来参加谢家湾小学教育改革经验推广会，我非常珍惜这次难得的学习机会。再次来到谢家湾小学，感触很深。谢家湾小学取得今天这样的成就是不容易的，我想他们这种成就的取得有以下三个主要的原因。

第一个原因是各级党组织和各级政府对教育的高度重视，对谢家湾小学的支持、指导。重庆市市委市政府、九龙坡区区委区政府、重庆市教委、九龙坡区教委，始终关注着、关怀着、指导着谢家湾小学的发展。这样强大的教育气场、这样良好的氛围，为谢家湾小学创造了得天独厚的条件。

第二个原因是谢家湾小学形成了良好的立德树人的氛围。培养什么人？怎样培养人？为谁培养人？谢家湾小学在落实立德树人根本任务的过程中，首先是坚持党的教育方针，发展素质教育，就是面向全体学生，促进学生的全面发展。不能留死角，不能遗忘一个孩子，这是最大的教育公平。在谢家湾小学，我们看到这样一种精神——"红梅花儿开，朵朵放光彩"，人人成才，人人开心，人人出彩。把每个孩子都放在学校的目光里，这要倾注学校各种各样的精力，管理要体现在各个方面。首先是德育为先。在谢家湾小学，我们看到他们把培养社会责任感作为首要目标，把推动世界文明进步作为他们的崇高使命。把宏大的责任目标和具体的行为细节非常紧密地联系在一起，让这个责任能够落到实处。其次是能力为重。怎么理解"发展素质教育"？怎么在今天的基础上，让德智体美劳五个方面融为一体？这就是五育并举。在这个方面，谢家湾小学做出了成功的探索，那探索的经验和成功的要素是什么呢？就是课程整合，就是各方面要素的融会贯通。

怎样把思想道德修养、知识学习、身体锻炼、兴趣养成融为一体？这是非常值得我们探索的。我们在谢家湾小学看到了一种非常了不起的尝试，他们进行了大胆的课程改革，取得了意想不到的成功。国家的课程标准和国家的教材规定，都是国家的基本要求，怎样把国家课程校本化，这就是我们学校的创新和创造。谢家湾小学通过这样一种整合，只用了60％的时间，就完成了教学任务，还有另外40％的时间用来组织学校的社团活动和专题活动。人是社会人，人在活动当中学会了合作，学会了帮助，学会了承担责任。在200多个社团中，每个学生都有选择的机会，都有展示才华的可能性，更重要的是在这个过程中，学生懂得了什么叫集体、什么叫社会、谢家湾小学真正把德智体美劳融汇成一种综合体，所以这一点是需要有勇气的，是需要有智慧的，也是需要有经验的。

在立德树人这种文化氛围中，谢家湾小学坚持党的教育方针，遵循儿童身心发展的规律。儿童时期的孩子活泼好动，可塑性强，充满差异和多样性。我们要把孩子作为一个孩子，作为我们教育的出发点。孩子在这个阶段听什么、看什么、学什么对他现在的成长尤其是对他后来的成长有着极大的影响。他的知识背景、家庭环境、成长过程、生理特点、认知结构、情感表达都是不一样的。《国家中长期教育改革和发展规划纲要（2010—2020 年）》提出为每一个学生提供适合的教育，这是一种非常高的要求。但是我们非常高兴地看到，谢家湾小学告诉我们这是可能的。几千个孩子，让他们找到自己所喜欢的活动方式、活动内容、活动伙伴。这是符合儿童生命发展规律的。在运动中、在活动中让他们学到做到、手脑并用，这是非常令人高兴的一件事情。家湾小学的探索反映了未来社会发展的要求。反映未来社会发展的要求，这是谢家湾小学的前瞻性。现代社会发展非常快，充满了不可知性，怎么培养能够应对未来未知世界的接班人？谢家湾小学做了非常好的探索。

注重培养综合能力。素质教育的着力点就是培养学生的社会责任感，培养学生的社会实践能力和培养学生的创新精神。谢家湾小学把这些知识、能力、行为有机地整合起来，进行了大量的教学探索，让每一个学生都参与到改革当中，让每个学生都变成教学变革的主体。在这样的过程当中，学生才能健康活泼发展。

注重培养合作共赢的能力。如果说综合能力是面对未来未知世界的一种认知能力，那么合作共赢就是一种非认知能力。高科技越是发展，人的个体性、多样性越是发展，人就越需要合作。学会沟通，学会合作，这对于未来的人来说是不可缺少的。

引导学生学会创造。这个世界越来越需要有创造性和想象力，所以从小培养学生的创造性、想象力。在谢家湾小学，我们看到了这些雏形，看到了这些努力，看到了他们都在为培养未来能够应对未知世界的、能够适应未来世界的人做准备。

这就是我所说的谢家湾小学的第二个成功要诀，就是营造了良好的立德树人的环境和氛围。

第三个原因就是谢家湾小学在追求教育家办学。

中共中央、国务院反复强调倡导教育家办学。什么叫教育家？教育家就是要有自己的教育理想，有自己的教育情怀，有改革创新的精神，在长期的实践过程中形成了自己的教育风格，形成了独特的育人文化。刘希娅校长就是一位这样的教育家，她有理念，有情怀，有改革创新的精神，还带领了一支教师队伍。什么是言传身教？什么是行为示范？这样一支队伍，这样一支高风亮节的教师队伍，怎么会不成为一所让人向往的学校呢？这是我们为之感到骄傲的。虽然说每所学校有每所学校的特点，谢家湾小学的很多做法在其他学校、其他地方不一定能够被照搬照抄，但是我认为这种精神、这种主要的做法不仅属于谢家湾小学，不仅属于九龙坡区，不仅属于重庆市，也是属于全中国的，属于全世界的。祝愿谢家湾小学越办越好！

新时代素质教育发展最大的挑战，在于面对每个孩子差异化的个性特征和发展需求，我们如何在教育教学中精准有效地回应。针对这个基础教育领域普遍存在的问题，我和伙伴们始终坚守素质教育发展方向，在博弈中达成共识。十年如一日，我们在具体的学校教育教学实践中，寻求解决问题的办法，形成了具有谢家湾小学实践特色的路径，取得了良好的效果，得到了社会各界的高度认可，获得了中国质量奖，为全国基础教育提供了一个典型的小学教育实践案例。

回望带领谢家湾小学走过的16年，我们始终纯粹而执着地坚守党的教育方针，发展素质教育。我们全身心地探索实践，围绕素质教育"关注全体学生、实现全面发展"的核心要义，努力让校园里的每个环节都能综合作用于孩子未来的可持续发展。正是基于这样的共识与追求，十余年来，我们全身心投入一切能促进孩子发展的教育实践研究中，站在孩子发展的立场，提出"六年影响一生"办学理念，开创"红梅花儿开，朵朵放光彩"主题文化，探索国家课程校本化实施，通过建构和整合小梅花课程，全面系统地优化师生的课程理念、课程实践与课程开发能力；营造民主、自由、灵动的校园生活氛围，改良了师生的在校生活方式，形成了正式学习空间与非正式学习空间深度交融的开放的学习环境；通过师生、生生的交往互动，通过学校与社会的联结交互，让孩子们在更真实的情境中，发展时代需要的合作能力、互助能力、创新能力……在这个过程中，我们始终坚持使一切教育要素更加个性化、人性化，以回应孩子们差异化的个性特征和发展需求。这样的探索实践获得了一些经验，获得了中国质量奖，获得了各个领域、各个方面的肯定，这让我们备受鼓舞，更加坚定了我们沿着这条道路继续前行的信心，也让我们更加明确了学校下一步发展的方向。我们将进一步努力，继续在实践中不断探索如何更好地落实立德树人根本任务，去回应素质教育发展新阶段的要求与期待。回望过去，所有付出都是值得的，所有承受的压力都是有价值的；展望未来，党中央、教育部、重庆市为实施素质教育创造了如此好的大环境，小梅花课程将在十余年不断论证与实践中到达新的发展阶段。我们将更加义无反顾、满怀信心地走下去，使"红梅花儿开，朵朵放光彩"素质教育育人路径与时代前进的方向更加契合、彼此印刻。作为中国基础教育一线小学的校长，不管是过去、现

刘希娅在谢家湾小学参加少先队员代表大会并为孩子们颁发证书。

在还是将来，我曾经坚守的、正在坚守的以及未来继续坚守的，始终是促进孩子们的发展。我将不断重新出发，始终坚定前行。

谱写教育人生

一、结缘芬兰教育，扎根课堂，共享成长

　　谢家湾小学和芬中教育协会的国际交流与合作，突破了大家习以为常的学校之间互相参观、互派教师、学生驻校住家体验、互相赠送礼物等方式。我们的合作最大的特点是围绕课堂教学这一最核心的教育教学改革环节，直指教师的观念、策略、方法、技术的优化，用最朴素、最直接的现场课堂教学剖析方式，面向全校甚至更宽大范围的干部、教师，让大家在亲身观察、聆听、参与、体验中实现教育教学思想与方法的优化。

　　我关注芬兰教育，是从 PISA（Program for International Student Assessment）开始的。PISA 是经济合作与发展组织（OECD）研发实施的一个大型、跨国、多元的教育测评项目，该项目由两部分组成：测试（阅读、数学、科学等领域）＋问卷调查（对象为所有参与学生及所在学校校长）。从 2000 年起，每三年一轮，每次以一个学科为主测学科，以其他两个学科为辅测学科。每个参与国家或地区按国际标准抽 5000～7000 名 15 岁的学生参加，到 2018 年已经有 79 个国家或地区的 60 多万学生参与。测试可比较学生的学科素养水平，问卷调查可发现其背后缘由，推测未来公民素质，供国际参照。因此，PISA 广受关注。芬兰在每一轮 PISA 测试中所呈现出来的学生学习时间少、学习负担轻、测试成绩稳居世界前列的现象，引发了全世界基础教育领域对芬兰教育的关注和思考，也让我对芬兰教育产生了浓厚兴趣。近五年与芬中教育协会深度合作，对谢家湾小学扎根课堂教学、探索素质教育，起到了很好的促进作用。

（一）邂逅芬中教育协会，结缘芬兰教育

　　2015 年春天我收到了一封组织国内校长到芬兰参加世界校长大会的邀请函，于是我立即报名并得到了区教委的许可。

　　2015 年 7 月 30 日，我随团来到芬兰赫尔辛基。在芬兰国家会议中心，来自全球 50 多个国家的 1500 余名校长汇聚一起。其中，来自中国的中小学校长有 100 多名，来自美国的校长有 50 余名，还有来自英国、俄罗斯、日本、新加坡以及非洲地

区国家的校长们。三天的会议时间里，来自世界各国的专家、校长纷纷从不同国家的国情出发谈教育现状、理念、策略和效果。世界校长大会结束之后，我们来自中国的校长们来到芬兰第二大城市坦佩雷，在参加完校长领导力培训研修班开幕式和坦佩雷市政府的欢迎晚宴之后，在坦佩雷和地处北极地区的罗瓦涅米两个地区，进行了一周的课程培训。

刘希娅在芬兰考察并与芬兰的中学校长萨杜合影。

这次培训对我触动很大。一方面，1500多人的会议组织方式体现出先进的国际化理念。没有专车接送，与会人员都是自己步行或者乘坐芬兰公共交通工具去会场。会场总是座无虚席，参会人员积极投入。仅有的一小时午餐时间也成为另一种互动交流的学习平台。除了专家、一线校长和老师的报告之外，来自芬兰学校的孩子们演绎了创意非凡的文艺节目。孩子们没有浓妆，但孩子们那种由内而外散发出来的恬静、热烈、投入和自信的感觉深深地吸引着我，促使我急迫地想要走进芬兰的学校，去深入了解是怎样的学校教育散发出了这样的学生气质。另一方面，本次大会的承办方芬中教育协会，其组成人员有芬兰议会副议长，有来自社会各界的专家，也有来自各地区的市长、教育局局长、校长、老师。培训活动中，参会校长们被分成若干个小组，每一个小组的带队老师所体现出来的敬业精神、人文关怀、专业能力、综合素质都让大家啧啧称赞。让我感慨的是，芬中教育协会的副主席兼秘书长李栋先生，作为一名在芬兰旅居工作的中国人，在整个过程中统筹兼顾、有条不紊、运筹帷幄。他与来自不同国家、不同地区的校长们交流；带领校长们深入学校，给大家讲解教育教学环节蕴含的教育原理；在报告厅结合中芬教育差异为校长做作专题报告。不管在哪里，总有一堆中外校长围着他聊天；不管到哪里，芬兰的议长、市长、局长、校长、老师都对他特别敬重。培训活动快结束的那天晚上，我和李栋老师进行了三小时的交流。在交流中，我了解到李栋老师对国内基础教育非常熟悉。

2015 年 10 月，芬中教育协会秘书长李栋在谢家湾小学与刘希娅交流课堂教学。

回国后的一段时间里，通过联系，我了解到李栋老师近期有回北京的行程安排，就建议他先到重庆看看。2015 年 10 月 8 日，李栋老师来到谢家湾小学。在一整天参观、听课、访谈师生的过程中，令我们特别意外和钦佩的是李栋老师对于小学各门学科课堂教学的指导力和引领力。他不仅能给大家讲课堂教学操作层面的教育教学理论依据，也可以深入课堂教学具体环节提出很好的策略。老师们都说，他们听理论报告太多了，特别需要李栋老师能在课堂教学策略的设计与实施层面给予更多的建议。我当时强烈地意识到，这种以课堂教学实践研究为内核的国际合作，正是我们基础教育国际化发展最需要的。李栋老师也不断感叹，谢家湾小学能在学生人数多达几千的情况下，创新出这么多办法来满足孩子们的个性化需要实属不易！他还说老师们体现出来的专业精神和专业激情，孩子们体现出来的自信、活泼、灵气，以及整个校园里洋溢的放松、信任的文化，和芬兰学校追求的风格十分相似。我们也进一步讨论了如何进行深入合作的有关事项。当得知中国教育学会举办的首届中国未来教育家成长论坛将于当年10月20日在谢家湾小学进行时，他很高兴地答应了届时再次回国参会，并就双方合作事宜进行完善。

就这样，2015年10月21日，谢家湾小学在原来与英国、美国、新加坡等国家学校进行国际合作的基础上，在原西南师范大学副校长宋乃庆老师的主持下，在重庆市人大、九龙坡区人大和重庆市教委的相关领导，以及芬兰议会副议长萨托南先生、芬中教育协会李栋秘书长等专家的共同见证下，重庆市教育评估院、九龙坡区教委、谢家湾小学先后与芬中教育协会签订了合作协议，并在谢家湾小学合作成立了"中芬基础教育课程研发实践基地"。

2015年10月，谢家湾小学与芬中教育协会签订课程研发战略合作协议。

（二）立足孩子发展，扎根课堂教学，提升教育质量

在谢家湾小学和芬中教育协会的合作中，基于谢家湾小学小梅花课程的实践研究进程，以李栋老师为核心的芬兰教学顾问团队为依托，围绕"立足孩子发展，扎根课堂教学实践，聚焦学习方式转变"，双方共同创新合作模式和内容。

刘希娅应邀参加第二届中芬基础教育高峰论坛并做课程改革专题报告。

2016 年暑假，我们组织了 30 名老师到芬兰学习，我也应邀在第二届中芬基础教育高峰论坛中发言。在为期两周的时间里，我们争分夺秒地学习。白天，大家忙着看，忙着听，忙着记，忙着体会、感悟，忙着见缝插针与芬兰的校长、老师、孩子交流。老师们有困惑得到解答时的豁然开朗，有无意中推开教育另一扇窗时的欢欣雀跃，更有看到孩子们自然舒展的学习状态时的心驰神往。晚上，在餐厅用完餐后，我们常常把几张餐桌围在一起，就开始学习讨论了。从当天所听的课说起，就"中国课堂能不能分层教学？""芬兰课堂上孩子的自由自主和他们良好的规则意识是怎样协调发展的？""五年级孩子的开学第一课是自我介绍，这项内容是否太简单？"等困惑，大家畅所欲言。李栋老师鼓励大家学习芬兰教育时要透过表面看本质，多研究教育现象背后的"理"，往"深"里想。我结合国内实际随时点拨，认为只要站在孩子的立场，在教

刘希娅带领谢家湾小学的老师们在芬兰考察。

育教学中少一些杂念，真正研究孩子，研究孩子的生活，分层教学、个性化教学是可以实现的。经常窗外的晚霞已淡去，星星已在空中闪烁，大家还意犹未尽，不肯散去。记得有一天，我们的行程被安排在游轮上。找不到会议室召开研讨会，我和同行的老师们就挤在顶层狭小的房间里讨论。不知不觉之间，大家站着进行了3小时的专题研讨，直至晚上接近12点时才结束。近五年来，谢家湾小学组织了近70余名教师分批次到芬兰学校考察，进行"课程与教学的设计及实施能力专题研修"学习，共走进十几所学校，听了近100节课，实地了解芬兰最新的课程改革动态，观察芬兰老师们在课堂教学中的理念和方法，对比中芬基础教育的问题和对策，研究部署我们回国后如何有针对性地吸收。一批批老师从芬兰学习回来后，结合谢家湾小学实际情况，有针对性地借鉴吸收，将内心的想法慢慢沉淀为一份理性的思考，沉淀为一份改变的责任与勇气，沉淀为每一天教育教学生活中的点点滴滴。

在芬兰考察期间，老师们都被芬兰学校里孩子们就餐的情景打动了：那些孩子们自己排队取餐、自主就座，自己归还餐具、清理垃圾，低声交流。整个过程安静有序、惬意舒服。2016年8月中旬回到重庆，我对学校班子成员说："我们能否也让孩子们在学校吃午餐时采用自助餐的方式？而且我们要求不能用带格子的不锈钢餐盘作为餐具，而是让孩子们通过使用托盘和陶瓷的盘子、饭碗、碟子以及汤勺等一整套餐

刘希娅在芬兰考察的过程中，每天晚上都带着谢家湾小学的老师们一起讨论、总结当天的收获。

具，培养他们按规则排队取餐具、取餐、就近入座聊天、清理垃圾、归还餐具的良

好习惯，引导孩子们把在就餐中日积月累培养起来的自主能力、交往能力、观察能力、自律能力，迁移到学习中、生活中。"当时，大家都觉得这不太可能，说："校长，我们学校不是几百人的小学校，而是几千人的学校。我们的餐厅只能同时容纳 400 人用餐，并且在有限的午餐时间里实行自助餐，孩子们的规则意识、自主能力等恐怕不

谢家湾小学的孩子们正在自助餐厅就餐。

行。""相应物品的采购程序复杂，像洗碗机这种大型物品的采购需要一个月才能到位，而且陶瓷餐具被摔坏的概率太大了。况且还有不到两周就开学了，明年再实施如何？"我还是尝试说服大家："我们过去不是把一个个不可能都变为可能了吗？孩子们的规则意识、自主能力不够好，不是孩子们的错，而是我们没有提供足够的机会和平台。如果明年再开始，六年级的孩子就错过这一段时间的学习机会了。如果洗碗机不能及时到位，我们有空的干部们、老师们、工人们都加入进来洗碗不行吗？"大家终于同意了。于是冒着 40 ℃左右的高温，干部们、老师们纷纷奔走于各大市场，为一开学就要实施的自助餐做环境和物资准备。开学后，谢家湾小学终于结束了几十年来孩子们自带餐具在教室里分餐的模式。尽管筹备非常周密，但是刚开始的一周时间里，餐厅还是一片混乱。刚入学的一年级孩子不会排队，不会用勺子，而且取餐队伍还堵着不动。取餐点到底需要设几个？放在哪些位置更便于人群分流？大家喜欢吃的菜瞬间被一扫而光，不喜欢吃的菜始终无人问津；孩子们聊起天来人声鼎沸；洗碗的师傅累得进了医院；家长们因为自己的孩子排到快下午两点才吃上饭称孩子饿出了胃病，纷纷质问学校还要乱多久……我和杨静书记每天中午都高度紧张，带着教职员工们不断调试优化，最让我们揪心的就是此起彼伏的盘子、饭碗被摔碎的声音。杨静书记好几次都说："校长，换不锈钢餐盘吧。"我每次都坚定地对大家说："国外的孩子做得到，我们的孩子也做得到！摔碎盘子、饭碗的声音，就是孩子们成长的声音。"就这样，我们让不会用勺子的低学段孩子先在教室里练习，让规则意识不强、用餐礼仪不好的班级先回教室学习。我们慢慢引导孩子们

刘希娅与孩子们一起自助就餐。

知道餐具的单价，告诉他们摔碎第一个餐具不用赔，从第二个开始就要赔偿了。孩子们说赔偿不是最重要的，最难堪的是让同伴看到自己连这点小事都做不好。我们在餐厅墙上安上了分贝仪，并通过研发声音传播原理的实践类课程，让孩子们理解公共区域噪声的形成及其对健康的危害。孩子们自己讨论并制定了《会吃饭的约定》，分用餐前、用餐时、用餐后三个环节对均衡膳食、用餐礼仪、餐间交往、环保卫生等提出易于操作的详细要求并约定共同遵守。孩子们不仅学会了按规则就餐，还参与自助餐劳动课程等。一个月以后，我和伙伴们又一次认识到办法总比问题多，在非正式学习区培养孩子们的综合能力对学习能力是有很大影响的。几年来，谢家湾小学几千名孩子的自助餐成了全国各地来访者都想参观的校园风景之一。

近五年来，在与芬兰合作的过程中，我们把重点放在课堂教学层面，主要以每年两次的中芬课堂教学芬兰周研讨活动为载体进行。芬兰方每年会派出15人次左右的各学科课堂教学专家来到谢家湾小学，每次在学校里工作、生活一周，进入老师们日常的课堂，和学科教研组互动交流。同时，学校选出典型研究课例，由芬兰的老师和谢家湾小学的老师分别执教。李栋老师和我全程都会带着双方老师进行坦诚、开放的交流，特别是李栋老师每次对每一门学科教学提供从观念到策略层面的指导，让双方老师都非常受益。这样的交流每年接近200学时。芬兰的老师们刚开始不太适应我们一个班有40～45人的课堂教学，提出只能给20人左右的班级教学。经过沟通、磨合、实践，很快他们适应了我们的班额教学。刚开始看到芬兰老师们截然不同的上课思路和方法时，部分老师会质疑，但也有部分老师开始了借鉴行动。老师们从最开始害羞迟疑地开

谢家湾小学的老师们在和芬兰老师一起教研。

放自己的课堂，担心被否定，到主动在交流互动中跃跃欲试、主动争取上课让大家研究剖析。五年来，共有近80人次芬兰专家来到谢家湾小学，带来各学科现场教学近60节课，同时谢家湾小学共执教150余节典型课例供现场研究。每次芬兰周研讨活动，除了当堂有课的老师们外，所有学科的老师几乎都全程参加研讨。除了这样面对面的交流，各学科老师还通过微信、邮件等和芬兰的老师们保持常态的互动交流。五年间，我们一共进行了8届芬兰周研讨活动。我们欣喜地看到老师们立足我国国情，从教学理念的改变、教学内容的丰富、教学方法的革新，再到整体课堂教学流程的设计、教学环境的创设、教学内容的优化、教学方法的多元化、学习方式的改变等，始终努力探索如何更好地接近每一个孩子的立场，在借鉴中改变，在改变中成长。

芬兰老师在谢家湾小学上家政课。

芬兰老师在谢家湾小学上英语课。

（三）互动碰撞受益，思维策略优化，全国范围共享

谢家湾小学与芬兰的合作，已经远远超越了合同范围内的内容，形成了关系非常紧密的教育教学研究共同体。在编撰和修订全套全科教学内容补充丛书和全套全科教学建议的艰辛岁月里，由于这样的研究在全国还是唯一，除了国内的专家尽可能参与进来以外，李栋老师带领着芬兰的专家也陪着谢家湾小学的老师们熬夜加班、冥思苦想。就连参评中国质量奖进入公示阶段的最后一天晚上，李栋老师也陪着

芬中教育协会秘书长李栋在谢家湾小学点评课堂教学。

我们，与区教委领导一起熬到晚上12点，迎接这个历史性时刻的到来。

赫尔辛基大学教授海勒薇在谢家湾小学执教数学课并做报告。

刘希娅在谢家湾小学每年两次的芬兰周研讨活动中主持教学研讨会。

　　同时，我将我和伙伴们在课堂教学互动切磋中的感触与收获，毫不保留地通过微信公众号分享给大家。全市范围内的同行们也从各级赛课活动和教研活动中，看到了谢家湾小学老师的变化，以及整体上课堂教学水平的提高。大家对学校与芬兰的合作项目的关注度越来越高。于是，每次芬兰周研讨活动，我们都主动邀请大家免费参与观摩。渐渐地，不仅有来自九龙坡区教师进修学院的教研员们，各中小学的校长们、学科老师们也纷纷前来观摩、讨论，还有来自陕西、广东、内蒙古、贵州、福建、北京、江苏、辽宁、云南、河南、山东等地的同行们一起参与研究，也有来自凉山、黔江、彭水、城口等偏远地区的校长和老师们前来学习。参与方式从开始只是观摩学习，发展到与会者都逐渐自在自发地发表见解，参与某个研讨环节。

芬兰老师在谢家湾小学上英语课。

芬兰周研讨的风格延续了我们一贯倡导的实事求是、多说问题少谈优点的教研风格。因此，来自全国各地的参与者在每次课堂剖析时都坚持直击问题、犀利评议，当然也会提方法建议，这样的研讨才是真正落地的。各地区的学校纷纷主动申请，带自己学校的老师们研究好的课例，供大家现场研究、讨论、指导。

　　谢家湾小学和芬中教育协会的国际交

芬兰专家与谢家湾小学的老师们一起讨论课程研发。

流与合作，突破了大家习以为常的学校之间互相参观、互派教师、学生驻校住家体验、互相赠送礼物等方式。我们的合作最大的特点是围绕课堂教学这一最核心的教育教学改革环节，直指教师的观念、策略、方法、技术的优化，用最朴素、最直接的现场课堂教学剖析方式，面向全校甚至更大范围的干部、教师，让大家在亲身观察、聆听、参与、体验中实现教育教学思想与方法的优化。这样一种常态的、深入的、持续跟进式的、个性定制的国际交流路径为全国教育领域的国际交流提供了启发。近两三年中，重庆市的南岸区、渝中区、沙坪坝区，成都、西安、北京、深圳等地区的学校也纷纷采用了这种扎根课堂教学、着力教师专业培训的合作模式。2017 年 4 月 20 日，中国教育科学研究院和芬中教育协会联合举办的"中芬教育创新研究中心成立会议暨核心素养导向下的中芬基础教育课程改革研讨会"在中国教育科学研究院顺利举行，中国基础教育与芬兰教育的合作更加深入。

课堂教学研究中有争议、有分歧不可怕，有差距、有困顿也不可怕，可怕的是我们教学方式的优化总是跟不上孩子发展的需求，可怕的是我们停留在舒适区里不愿意尝试、不愿意改变。我们的课堂教学扎根我国土壤，但不能局限于我国土壤。我们的教育教学要保持对中华优秀传统文化的坚守，但不能有教育思维、教育内容

芬兰老师在谢家湾小学上科学研究课。

和教育方法层面的固执。对孩子们的可持续发展负责，就是对党和国家的未来负责；让孩子们喜欢学习、学会学习、学会生活、学会创造、学会解决问题，才是对中国教育最好的坚守和担当。

芬中教育协会主席亚里·安德森（右二）一行在谢家湾小学考察。

希娅分享：

2019年10月28日至11月1日，谢家湾小学开展了第八届芬兰周课堂教学研讨活动。本次研讨的主题为"落实立德树人，发展素质教育""围绕学习方式变革，聚焦常态课堂教学""汇聚中国、芬兰、新加坡教育智慧，构建学习研究共同体"。

基于研究共同体建设和平台搭建，参与这次活动的群体多元，既有来自芬兰、新加坡的专家和老师，也有来自重庆、青岛、沈阳、郑州、邯郸、凉山彝族自治州等地的"刘希娅校长工作室"成员学校和谢家湾小学教育集团成员学校的老师们，还有来自北京、陕西、云南等地的友好学校的老师们，以及九龙坡区各小学的老师们。一周时间里，共计 4000 余人次参与研讨活动。

在为期一周的研讨活动中，来自中国、芬兰、新加坡 3 个国家的 12 所学校，提供了语文、数学、英语、科学、体育、艺术、编程、综合实践、心理健康 9 门学科的 19 节现场课例，以及 3 场学术报告和 3 场分学科组深度交流。李栋老师和我带着大家对 19 节课进行了点评，从观念到策略带给大家启发。

日期	上课老师	上课内容
10.28	河南省郑州市高新区外国语小学：程莹莹	四年级数学课"数学广角——优化烙饼"
	芬中教育协会：Marko Mikael	三年级数学课"条形统计图"
	辽宁省沈阳市启工二校建北教育集团：秦凤梅	五年级益智课"独立钻石棋"
	山东省青岛市枣山小学：王序天馨	五年级心理健康课"解忧杂货铺"
10.29	重庆市巴南区鱼洞第二小学：王龙香	四年级英语课"I'm rocking in my shoes"
	新加坡启化小学：陈宝云	五年级英语阅读课"The king's cake"
	重庆市沙坪坝区红槽房小学：谢英	三年级科学课"压缩空气"
	芬中教育协会：Matti Rossi	五年级科学课"食物链和食物网"
10.30	重庆市北碚区朝阳小学：江珍	二年级语文课《狐假虎威》
	山东省济南市胜利大街小学：李振娇	二年级语文课《坐井观天》《寒号鸟》
	重庆市九龙坡区谢家湾金茂小学：刘倩	三年级语文课"绘本阅读"
	重庆谢家湾小学：谢国锐	五年级体育课"跑与游戏"
	芬中教育协会：Marko Mikael	二年级体育课"投掷与测量"
10.31	新加坡启化小学：郑淑霞	五年级英语词汇课"The king's cake"
	河北省邯郸市肥乡区实验小学：王琳琳	六年级英语课"Temperature"
	芬中教育协会：Joona Mikael	四年级综合实践课"网络安全"
	重庆市九龙坡区谢家湾小学：易正星	四年级综合实践课"网络安全"
11.01	芬中教育协会：Ritva Sinikka	三年级初级编程与艺术融合课"基础编程艺术"
	重庆市外国语学校森林小学：李鑫汝	三年级音乐课《小巴郎，童年的太阳》

　　用教材教而不是教教材已经是大家的共识。如何创造性使用教材,从教材外显的知识点走向内在的知识体系?从抽离的书本知识走向真实的生活?从单一的学科知识走向多学科的融合?

　　芬兰的 Matti 老师执教科学课"食物链和食物网",没有局限于对教材上"食物链"这一知识点的学习,而是通过模拟情境、实践操作、角色扮演等方式,渗透了"能量流动、物质循环"这一平衡理念,使孩子们从单一知识点学习走向对知识体系的初步了解。Marko 老师执教的体育课"投掷与测量",突破了学科与教材,将科学、体育、数学等学科元素自然融合,极大地丰富了体育课的内涵。重庆谢家湾小学谢国锐老师执教的体育课"跑与游戏",充分整合排列组合等数学知识,与孩子们一起玩找朋友、接力拿牌、追逐跑等游戏,既发展了奔跑能力,又加深了对排列组合的理解与判断。山东省济南市胜利大街小学李振娇老师整合教材,尝试单元式教学,在一节课里让孩子们学习了《寒号鸟》《坐井观天》两篇文章,在读、说、想、做中实现了语文能力的提升。

　　学习是学生在与环境交互的过程中基于原有经验的主动建构过程。课堂中的师生互动方式、学习空间、材料与小组合作方式等该如何设计与建构?

　　重庆市北碚区朝阳小学江珍老师执教《狐假虎威》,有感染力地开课,将孩子的情绪带到高点,将课堂变成了舞台。当孩子们尽情展示自己的理解时,教师回到欣赏者的角色。师生的热情此消彼长、交相辉映。李栋老师在课后点评中,用一张现场绘制的曲线图诠释课堂上时间、效率、教师活跃度、学生活跃度等课堂核心要素的关联以及教学生态的建设。谢家湾金茂小学刘倩老师执教绘本《母鸡萝丝去散步》,充分唤醒孩子们已有的语文策略,运用已有的大胆构思、猜测等经验完成绘本学习。结合新加坡启化小学陈宝云老师和郑淑霞老师执教的英语阅读课和词汇课,大家重点讨论了"如何利用母语学习外语""如何将孩子已有的个性化、差异化的经验作为课程资源"等问题。来自重庆市外国语学校森林小学的李鑫汝老师呈现了一堂轻松活泼的音乐课《小巴郎,童年的太阳》。课堂被设计为一个体验空间和一个查阅空间,并为孩子们提供了核桃、手鼓、自制摇铃、电脑等学具,充分展现了开放性、互动性的学习空间,多样化、生活化的学习材料,以及民主融洽的学习氛围对提高学习效率的积极作用。

　　课堂教学既是"教书"更是"育人",教学目标体现的是教育价值取向的选择。每一个课堂的目标既要基于学科需求，更要基于学生个体成长需求和社会发展需求。

Ritva 老师带来一节"基础编程艺术"融合课。孩子们在互相给指令和执行指令的游戏中亲近编程，感受编程乐趣，理解编程思想，更在亲身参与中去感受"虽然指令一样，但每个人绘制出的图画作品却是不一样的"，从而建立起对"机器"与"人类"的辩证认识，明白即使在人工智能日益发展的今天和未来，人类的情感、体验和创造性依然是机器无法取代的。Joona 老师和易正星老师同课异构综合实践课"网络安全"，引导孩子分析生活里的"互联网现象"，通过大数据展示"互联网足迹"，通过设置陪审团及制定网络安全公约让孩子们学会理性上网，引导孩子们走出"非黑即白"的思维误区，客观全面地认识网络的利与弊，树立安全意识。新加坡启化小学副校长 Amran Tasrif 分享了新加坡学校倡导终身学习思想，旨在培养具有批判性思维、合作意识、跨界交际能力的学生。Joona 老师为大家分享了未来教育现象，通过翻转课堂、在线数字化平台实现自主学习，通过 ICT 跨学科学习提升学生的 7 种核心素养。Matti 老师以学习变革及教师教学能力变化为切入点，分享了从以技术为中心转向以教师、学生为中心，实现个性化、游戏化、探究式、体验式学习和差异化教学。每一次研讨活动，我们都会邀请专家带来学术报告。每一个具体课堂的呈现，体现的是这个国家、这个区域、这所学校、这位老师对世界的认识，对时代的理解，对教育的把握，折射的是教育观、教师观、学生观、知识观、学习观。

一周的研讨活动在意犹未尽中结束了。我在活动总结环节说："不知不觉，我们一起在课堂研究中沉溺了一周。这一次呈现的来自中国、芬兰、新加坡 3 个国家的 12 所学校的 19 节观摩课例，凝聚着不同国家、不同学校、不同老师对教育的理解以及对教育实践的最新探索，是非常有意义的一种呈现。大家平和共享，没有输赢，只有收获。这 19 节课，每一节课都有很多启发我们的闪光点和创新点，同样每节课依然也有盲点和局限。

正因为国家之间、区域之间、学校之间、老师之间有那么多的不同和差异，才有了我们相约研讨的价值；正因为这么多年来大家扎根课堂教学、求真务实，才有了我们一直携手研究的坚定；正因为每一节课依然有我们发现的和没有发现的盲点与局限，才有了我们对下一次相约的期待。

我们始终相信，虽然不同国家、不同区域、不同学校有不同的教学理念和策略方法，但有一点是相同的，那就是努力让孩子们在学习过程中学得更好、更积极，学得更投入、更舒服，学得更能体现他们自己的人生价值，并与国家、民族、世界的意义相融。为着这样一份期许与责任，让我们带着这一周研讨活动的启发，走向更美好的教育未来。"

（引用时有修改）

二、连任全国人大代表

在教育部中小学名校长领航工程中，我的理论导师是北京师范大学朱旭东教授。他曾经在指导我课题选题时，对我说："你要从办好一所学校出发，思考全国基础教育的发展问题。"我当时很不理解，但后来慢慢细想，觉得朱老师说得很有道理，我应该有这样的责任和担当。特别是自己作为全国人大代表的履职体验让我深刻地认识到一所学校的发展与全国基础教育的发展，总是息息相关、相辅相成的。

刘希娅在北京参加全国人民代表大会时留影。

2020年2月16日，我接到教育部教材局课程教材规划处李处长的消息："刘校长，您好！近两年，您在议案中一直关心义务教育课程方案修订工作。向您报告，去年我们已经启动课程方案修订工作，近期，可以形成修订初稿。估计要反复多次请您拨冗提意见的，关于课程修订的意见您也可以随时发给我，我们一定认真研究。谢谢您！"我马上回复："李处长好！谢谢您！我感到非常荣幸，也非常乐意。作为全国人大代表，我一直十分关注这个问题，连续7年在全国人民代表大会召开期间提出修改义务教育阶段课程方案的议案，这的确是一个关乎全国义务教育质量的核心载体。我一定尽力而为！"

（一）初任全国人大代表，成为大会主席团成员

2013年3月2日，我作为61名重庆市十二届全国人大代表中的一员，也是当届重庆市基础教育领域唯一的全国人大代表，随团前往北京。

刘希娅随重庆赴京参加全国两会的代表团抵达北京。

这是我第一次走进人民大会堂，从小时候在课本里看到有关人民大会堂的描述，到自己亲自走进来，我和所有第一次进来的代表一样，都激动不已。

正因为在新闻里经常看到我，学校里的老师们、孩子们也非常关注全国两会，学校同步开展了"跟着希娅校长看两会"主题活动，增强了老师们、孩子们对我国政治制度进行研究的热情。

这种处处被信任、被尊重、被期待

刘希娅的全国人民代表大会出席证（部分）。

的感觉，很快就紧紧地抓住了我，让我在几年的履职工作中多了一份厚重的责任感和崇高感。我深刻感受到，自己能够有机会在更广阔的领域，为自己钟爱的祖国和教育事业发展履职献策，这是多么幸运而有意义！也正因为自己一路从偏远地区走

过来，在多年的履职中，我总会对不同地区、不同层级的一线教育状况更为关注。2018年，我有幸连任全国人大代表。在履职经历中，自己越认真、越投入，对于整个教育领域的问题认识得越透彻。我也总是在不断被感动、被信任、被震撼的细节里，越来越清晰地意识到，全局与一域是很难分开的。

（二）从对一所小学到对全国教育的关注、思考与建议

我虽然来自一所小学，但我不应该仅仅着眼于小学教育，而应该放眼整个国家的教育，于是我的责任感越来越清晰和坚定。我的履职体会如下：

首先，做好自己，充分发挥全国人大代表的引领作用。

全国人大代表先种好自己的一亩三分地，建言献策才有实践依据和说服力。因为我是全国人大代表，我所在的谢家湾小学的发展方向和路径自然就备受关注。在办学实践中，我带领谢家湾小学的伙伴们坚持全心全意落实党中央提出的关于发展素质教育的教育方针，结合高考改革的评价导向展开实践研究。在依法治校的前提下，谢家湾小学通过多年的关于理念转变、文化优化、课程改革的实践探索，在课程改革方面积累了一些经验，成为全国瞩目的课程改革成效显著的小学之一。我校每年接待来自全国各地的参访团200多个，同时我也应邀到全国各地为校长们、老师们进行专题培训300多场，培训全国各地的校长、老师近10万人次。在全国两会召开期间，我也尽可能介绍我们的探索路径、效果和体会。我这样做不是为了给学校的宣传，而是开放学校，接受来自社会各界的监督、指导和评估。我希望通过我们的实践，让更多同行树立发展素质教育的信心，带给更多同行实施素质教育的启示，倡议更多同行一起探究，推进我国新高考背景下的素质教育发展进程。

其次，广纳民意，科学建言，提出高质量议案建议。

有效履职既要立足基层，也要关注全局，提好议案建议，关键要在人们的关注点中找准聚焦点。在提出议案建议时，我努力坚持和体现"坚持党的领导、人民当家作主、依法治国"三者之间的有机统一。我在到全国各地讲课的过程中，有意识地先后深入近10余个省（自治区、直辖市）的城镇、乡村走访调研，在掌握大量第一手资料的基础上提交了议案建议50份。这不仅仅是我个人的履职，而且是带大家的意愿和意志的深度参与。

针对法规政策落地情况提出议案建议。自上而下，结合本职工作，积极主动

刘希娅在北京参加全国人民代表大会期间接受中
央电视台新闻频道采访。

地学习、了解国际国内教育发展的趋势和形势，拓宽视野，提高认识，密切关注
我国教育发展与国际教育发展的经验之间存在的差距，提出意见和建议；充分关
注我国教育方针、教育政策贯彻落实不力的现象和原因，提出建议和办法。例如，
党中央要求实施素质教育，重视孩子们综合素质的发展，但推行存在一定困难，
于是我针对其中涉及的教师的权益和地位、教育资源均衡配置、义务教育阶段课
程改革、城镇化进程中的大班额、民办教育分类管理、取消教师职称评定中的英
语和计算机考试、未成年人相关法律法规等问题，提出相关议案建议 50 份。目
前，增加公办园、普惠园成为各省（自治区、直辖市）学前教育发展的重点工作；
教育部 2014 年下发的文件《关于全面深化课程改革 落实立德树人根本任务的意
见》，在全国范围内得到很好的落实，带动全国同行积极行动起来进行课改；
2018 年的《政府工作报告》明确提出抓紧消除城镇大班额；2018 年年初，中共
中央、国务院印发了《关于全面深化新时代教师队伍建设改革的意见》，明确提出
"不断提高地位待遇，真正让教师成为令人羡慕的职业"等内容。这些回应让我看
到了自己关注和推进的教育发展方向，和党中央的教育方针、国家发展战略是一
致的，和相关部门重点研究的工作方向是一致的，这些都使我更加坚定。

　　倾听民声，汇聚焦点，提出议案建议。重点关注自下而上实践中的瓶颈问题，
针对而今普遍存在的教育老大难问题提出议案建议。例如，针对近几年社会各界反
映强烈的基础教育被校外培训机构"绑架"的现象，在充分调研的情况下，我提出

规范治理校外培训机构的建议——分析校外培训机构和学校之间的利益嫁接及逐利方式，建议加强对招生环节的治理，规定培训机构不得超纲给难度、超前给进度、违规聘用不合格教师，中小学坚持零起点教学等，得到社会各界的高度关注和热烈回应。国务院办公厅印发《关于规范校外培训机构发展的意见》，教育部、民政部、人社部、工商总局联合印发《关于切实减轻中小学生课外负担开展校外培训机构专项治理行动的通知》，教育部下发《关于做好 2018 年普通中小学招生入学工作的通知》等文件，都是在积极回应和解决课外补习给中小学生带来的负担沉重的问题。2020 年 5 月，教育部印发义务教育六科超标超前培训负面清单（试行）。2019 年全国两会召开前夕，我调研了关于减轻中小学校负担的问题，形成的建议在 2019 年全国两会期间得到了各级领导的高度重视。我在会议期间的相关发言反复在央视播出，受到全国同行的高度关注和评价。2019 年被确定为"减负年"，并得到了各级部门的跟进落实。

刘希娅在参加全国人民代表大会期间接受中国网采访。

再次，会议期间讨论，多渠道论证，完善议案建议。

没有履职渠道的畅通就没有广泛民意的获取，所以我无论走到哪里都会旗帜鲜明地亮出自己的人大代表身份，同时也利用"希娅分享"公众号征集信息，这让我赢得了大家的信任，也获取了广泛、真实的基层信息，让我更有底气地履职。不仅重庆教育行政部门的工作人员、学校的老师和家长会主动与我交流教育相关问题，外省（自治区、直辖市）的校长、老师也会致信留言。到北京开会时，还会有外省（自治区、直辖市）的同行、家长到驻地找我反映问题，给我提出建议。我认真做好记录，并及时予以回复。

议案建议从调研、撰写到上交，需要多方论证。我充分利用每年全国两会期间社会各界高度关注教育热点难点问题的契机，观察相关部门是否已经有所思考和行动，听参会各界对相关问题的不同声音，更重要的是利用参会、媒体采访的机会，主动积极地表达相关意见和建议，获得及时反馈后，进而调整、完善议案建议。例如，针对当前财政资金投入存在的硬件物品配送不适用、项目性转移支付比重偏高、生均教育经费深度依赖本地区财政状况不利于教育公平推进、教师待遇过低校本培训专项经费不足等问题，我提出"关于优化财政资金支出结构，提高使用效益，促进教育优质公平"的建议。其中"增加基础教育和学前教育投入比重""从教育硬件投入逐步走向以教师为内核的内涵发展投入""加强财政资金使用效益的监管"

刘希娅在北京参加全国人民代表大会时留影。

等内容，得到了财政部的书面回复，促成了国家发改委的专题调研。相关建议在2018年8月17日国务院办公厅印发的《关于进一步调整优化结构提高教育经费使用效益的意见》中被采纳。2017年全国两会期间，在审议《政府工作报告》时，我提出"支持和规范民办教育"，这一建议也被采纳。"二孩政策"背景下，我还建议"在以女教师为主要职工群体的小学和幼儿园，重新核定教师的编制配备"等，也得到了相关部门的高度重视。

2018年9月，十三届全国人大第三期代表学习班在环境优美的上海国家会计学院开班，来自全国各行业、各领域的500多名全国人大代表（其中90%是新代表）

参加学习。本次培训的内容包括学习贯彻党的十九大精神、中国宪法制度、人民代表大会制度、审判制度、检察制度、财政制度和代表履职规范等。在培训形式上，除了专题报告和代表发言，学习班还在19日上午创新设置了一个开放的现场互动教学环节。我和江西代表团的余梅代表作为连任代表上台进行本次活动现场教学。我以"讲政治，传民意，努力做到科学规范提出议案建议"为题，向大家汇报了自己履职的情况和体会。

人民代表大会制度是我国的根本政治制度。每一位人大代表都是这项制度的行为主体，要立足本行业实践，提出有质量的议案建议，跟进和宣传相关政策的落地情况。

（三）凝聚共识，主动担当，促进发展才是硬道理

人大代表履职是否具有实效性，除了如实表达意见、提出议案建议外，还需要勇敢地站出来主持公道和适当地宣传政策，用多种方式跟进系统的难点焦点问题。

刘希娅在北京参加全国人民代表大会期间接受中央电视台
《焦点访谈》采访。

一方面，我总是主动联络走访相关部门，了解政策进展情况，真实、及时地提出实事求是的意见和建议。

2018年全国两会召开期间，我在发言中对重庆推迟进入新高考对重庆教育发

展的影响进行了分析。回到重庆后，重庆市教委通知我参加重庆市关于高考改革进程的市级工作会，参会部门有市教委、人社局、财政局、教育考试院等市级部门。会议中市级各部门都纷纷提出了自己的意见和建议。有部门提出，上海、江苏、浙江等全国高考改革先行省（市）在探索中出现了一些有争议的情况，加上重庆很多学校的功能室不具备走班选课的条件，为了稳妥，所以不建议重庆 2018 年进入新高考。我在发言中说道："根据近五年我对全国高考改革的跟进调研，我发现虽然上海、江苏、浙江等地的高考改革出现了一些问题，但是他们已经在总结问题中形成了更为先进的方案。山东省就在总结前一轮高考改革经验教训的基础上形成了适合自己的高考改革方案，在教育行政管理、教育研究层面积累了丰富的经验。高考改革不仅仅是走班选课这么简单，更是关于如何考试、如何招录、如何升学、如何教与学的综合问题。重庆市教育基础教育的硬件条件应该处于全国中上水平，所以不应该是最后探索高考改革的省份。我们缺的不是功能室，缺的是关于我市新高考改革推进的研究和思路。我们高考改革滞后，对于老师们、孩子们持续能力的发展是不公平的。"会后一个月左右，重庆市教育考试院特地邀请我做了一场关于高考改革的主题报告。后来经市委市政府研究决定，重庆市从 2018 年开始如期成为新高考试点。

刘希娅在北京参加全国人民代表大会期间接受媒体访谈。

刘希娅应邀到教育部基础教育司讨论基础教育发展情况。

　　另一方面，我利用各种平台宣传议案建议的相关内容，关注议案建议的进展情况，推动共同发展。

　　很多关于基础教育方面的议案建议都得到了教育部的高度重视和大力支持。我曾应教育部基础教育司的邀请，结合我的调研实际，给教育部基础教育司做了两小时的基础教育情况的专题介绍。我针对素质教育推行难、应试教育负担重、课程改革不理想、"掐尖"招生等情况，多次与教育部基础教育司、教师司进行沟通交流，提出自己真实的看法和建议。部分建议在 2019 年 7 月 8 日中共中央、国务院出台的《关于深化教育教学改革全面提高义务教育质量的意见》中得以采纳。我还撰写有关政策评议的文章，有 4 篇被发布在教育部官网上。

此外，我还充分利用"希娅分享"公众号进行相关内容的宣传。4 万余名关注者涉及社会各界人士。全国两会召开期间或召开前后，我把当年提出的重点议题通过公众号公开，征求大家的意见和建议。近两年来，我通过 10 余篇代表履职专题原创文章及时与大家进行互动交流。"希娅分享"公众号的多篇文章还被《检察日报》《人民教育》《中国教育报》《中国教师报》等报刊转载。同时，我积极做好宣传、解释工作，尽量带动身边的人去了解国情，去辩证、客观地看待我国发展中存在的一些困难，去理解改进是需要一个过程的，去影响大家少抱怨、多做事、多担当。我还注意把基层意见收集起来，向各级部门反馈，充分发挥纽带作用，让大家体会人民代表大会制度的科学性。

2018 年 9 月 10 日，《半月谈》杂志送给我一份特殊的教师节礼物——对我的个人专访在当天刊载。新华社记者采访时问我："在你的众多荣誉和身份中，你最看重的是什么?"我毫不犹豫地说："全国人大代表!"

没错，那是我内心最真实的回答。

全国人大代表的神圣感和使命感促使我非常珍惜自己的话语权。

全国人大代表真心为民代言，真正研究思考，能够推动解决不少问题。我感觉自己所见识和所收获的相当于读了一次大学。全国人大代表的履职经历，让我越来越深刻感受到，人大代表不仅是一项荣誉，更是一种责任，只要我们每一位代表都满怀敬畏之心，强化代表意识，增强履职使命感，担当履职责任，去践行和彰显人民代表大会制度的优越性，为促进教育的发展、经济社会的发展尽一份力，那么当你回首过往时，你定会因为没有虚度光阴、没有愧对职责、没有辜负期望而感到非常欣慰和幸运。

三、引领素质教育探索，共享优质教育

"一花独放不是春，百花齐放春满园，愿谢家湾小学的小梅花课程改革能够让更多的孩子受益，都能'六年影响一生'。"这是中央电视台新闻评论员点评谢家湾小学时所说的。作为全国人大代表，国家督学，教育部、重庆市教委名校长工作室主持人，这十几年来，我带领谢家湾小学的老师们通过一体化管理、结对帮扶、办集团校、开工作室等方式，带动更多学校携手前行、共同发展。

（一）一体化管理西彭三小，城乡统筹均衡发展

2007年，九龙坡区成为重庆城乡统筹先行示范区，率先实行了城乡教育一体化管理，就是通过让一位优质学校的校长同时担任一所薄弱学校的校长，对两所学校进行同步管理，实现协同发展。区教委统一部署，任命作为谢家湾小学校长的我同时兼任九龙坡区西彭三小的法人和校长，让该学校原法人杨校长担任常务副校长。

西彭三小是九龙坡区一所偏远的农村小学，距离谢家湾小学大约30千米。在当时实行的全区期末统一考试中，该校每年的整体排名几乎都在最后。在长期的办学过程中，甚至连区级教研员都很少去这所学校开展教研活动。我们到这所学校一看，发现有老师在教室里吸烟，有老师让学生帮忙洗碗，学校会议室的椅子只有中间常坐的一部分是干净的。尽管这是一所从硬件条件到软件管理都令人担忧的学校，但那里的孩子的眼睛总是那么清澈透亮。让每个孩子都享有公平而有质量的教育，他们不应该缺席。

一体化管理首先要解决的是思想认识问题。在我们对西彭三小的老师进行深入调研的过程中，有的老师说："我们过去也开展过学校之间手拉手的工作，不都是走过场吗？"也有老师说："我是西彭人，凭什么要让谢家湾小学来指手画脚？"还有老师说："一体化管理以后我们应该得到更多实惠，所以谢家湾小学物质上的帮助是应该的……"甚至当我们把一批电视机送到西彭三小时，他们说："怎么是旧的电视机呢？"面对这些心态，我们通过集体会议、教师分享、面对面交流、单独沟通等方式开展工作。在开诚布公的分析后，我们逐步达成了共识：统筹城乡

一体化管理，是历史赋予我们的使命，是我们的责任和义务；一体化管理，是西彭三小发展的一次契机，我们应该珍惜并抓住机遇，主动作为……慢慢地，西彭三小的干部、老师消除了抵触情绪和无所谓的心态，平和地接受了两校之间的一体化管理。

带动西彭三小发展的关键是为校长定位、为学校定位。西彭三小的杨校长是一位非常朴实的校长，在校长岗位上工作已经有十几年了。他话不多，总是憨厚地笑着。我和谢家湾小学的干部几次到西彭三小，常常会看到他提着一个小桶，拿着一把刷子在校园里转。哪里的墙面脏了，他就把它粉刷干净；哪里的墙砖坏了，他就把它维修好。当老师们在教育教学中出现了问题，他反而不好意思去管。不知道出于什么原因，杨校长在学校很少组织会议，不管是校务会、行政会、组长会，还是教师会，导致老师整体状态非常散漫……对此，我第一时间就对杨校长提出了要求。校长的角色定位是什么？校长动手修修补补无可厚非，但如果因为修修补补就忘记了自己是学校发展方向和路径的谋划者，是学校教育价值取向和教师专业成长的引领者，是学校教育教学改革的顶层设计者，那就是没有履行校长的岗位职责，那就是失职。在我的明确要求下，杨校长很快就把小桶和刷子收起来了，但在组织会议方面却迟迟没有改观。我派谢家湾小学的杨静、谢典、陶燕先后到西彭三小挂职副校长，督促杨校长一定要建立规范的会议制度，并且将杨校长召集开会的人员、内容、效果及时向我反馈。我有时也会去参加并观察杨校长组织的会议，用这样严格的做法促使杨校长去发现管理工作和教育教学中，干部们、老师们、孩子们存在的问题并思考解决方法，倒逼着杨校长打开情面、敢于决策。

当时西彭三小的办学理念为"以人为本，自主发展"。干部们、老师们、孩子们、家长们对理念和宗旨的了解度、认可度、践行度不高，校级班子对学校的未来发展缺乏系统的思考和明晰的定位。通过调研，我们发现：西彭三小在校学生有642名，全部是农村孩子；其中513名孩子是父母常年在外打工的留守儿童；全校寄宿生97人，是当时九龙坡区西部九镇小学中寄宿学生最多的学校。我们指导西彭三小对学生的管理从传统的教育教学管理转变为对寄宿生的吃、穿、住、行、育的全程科学管理。我们积极想办法、争取支持，拆除了西彭三小管辖的几个村小教学点，把空置的校舍改造成温馨的学生宿舍。孩子们再也不用起早摸黑走一两个小时的山路上学了。我们在宿舍里添置了个人储物柜、饮水机、彩色床具等，让寄宿孩子生活得更方便、更舒适、更温馨。同时，我们还在宿舍安装了视频通话、网络聊天等设施设备，解决了留守儿童和外出打工父母的沟通交流问题。我们通过家长会给家长提要求：每天和孩子一样把手和脸洗干净，少打麻将，多讲道理，不打骂孩子，每家都要订一份报纸，每晚都要收看《新闻联播》。我们还组织西彭三小的孩子到谢家湾小学跟班上课，进家一起生活，和谢家湾小学的孩子一对一结为手拉手好伙伴，让孩子们充分感受来自不同群体的关爱。结合西彭三小的实际情况以及"关爱留守儿童"的时代大背景，我带着大家一起提出并论证西彭三小的办学定位：构建家园式的校园；办学理念：温暖、关爱、培育；校园文化主题：我们的生活充满阳光。

刘希娅在一体化管理的九龙坡区西彭三小与孩子们交流。

　　一所学校要想改变，最重要的是教师队伍的改变。刚实行一体化管理的时候，西彭三小的老师们很难接受在我们看来最基本的要求，比如，在学校的所有时间都要讲普通话，不在校园内吸烟，把办公室、教室打扫干净，开会时不迟到、不随意走动、不随意讲话等。我明确提出"不换思想就换人"，赋予谢家湾小学在西彭三小挂职副校长的干部管理实权，同时提出要求：严格管理、督促检查。慢慢地，老师们从最开始毫无顾忌、理所当然地在课堂上、在校园里讲方言，到听见"刘校长来了，检查的干部来了"就别扭地讲普通话，再到后来慢慢地习惯说普通话。就这样，在原则和标准的坚守中，西彭三小的团队氛围变得越来越好。记得有一次，西彭三小有一个评职称的名额，按照学校的职称评审管理办法，这次应该推荐学校的一位学科老师参评，但学校的一位非教学岗的员工却大吵大闹，坚持说应该把这个名额给他。经了解，这位员工历来采用这种霸道的方法为自己谋取利益并屡屡达到目的。全校教师通过民主投票，职称评审委员会通过研究，都一致认为应该把名额给一位学科老师，但那位非教学岗的员工却一直不依不饶。当天晚上，我接到杨校长十万火急的电话："刘校长，大事不好了，那位员工说学校不给他评职称，他就要到学校来跳楼，这会儿已经要到学校了！您看怎么办呢？要不这次就把名额给他，我们想办法做那位学科老师的工作。"我当时毫不犹豫地说："杨校长，请你转告他，学校这次职称评审是根据文件精神和按照合法程序进行的。他是成年人，要懂法律，要对自己做的事负责任。"当然这位员工并没有跳楼。在一所学校，校长必须要有依法依规办事的勇气和坚守，对于个别教职员工的歪风邪气，我们必须有勇气抵制，才能形成讲道理、依法规、讲原则的风清气正的团队文化，才能让老师们踏踏实实地靠研究、靠付出、靠奉献去获得属于自己的业绩。

让孩子享有公平而优质的教育，提高课堂教学质量是核心。长期以来西彭三小的语文、数学老师占用其他学科课的现象特别严重。我在全校大会上明确要求决不允许占课，并且要求老师上好英语、音乐、美术、科学、体育、综合实践等课程，还让挂职锻炼的干部专门负责检查。半学期过去了，西彭三小分管教学的副校长跑来找我，直抹汗水，说："刘校长，不行了，再不让占课，语文、数学老师就完不成教学内容了，这学期期末考试就会出问题了。"那学期西彭三小参加全区统一的期末考试，排名一如既往地靠后。但在这种情况下，我依然坚定地告诉老师们，绝不允许占课，大家必须向自己的课堂要质量！老师们都知道教学管理动真格了，无路可退，只好研究教材、研究学生、优化教学方式，在仅有的课堂40分钟里提高课堂效率。同时谢家湾小学教导处也具体地跟进并指导西彭三小的教学管理、教研管理，并派出各学科的骨干教师、教研组长到西彭三小上示范课、研究课，参加教研活动，还安排西彭三小的老师们到谢家湾小学跟岗学习，提升教学水平。功夫不负有心人，在后来的7年时间里，西彭三小的教学成绩在全区统一的考查中，从倒数上升到中等，最好的一次居然排在了全区第二名。学校"构建家园式校园，关爱留守儿童"的办学实践取得显著成效，成了重庆市关爱留守儿童的典范学校，得到了老师们、孩子们、家长们以及社会各界的好评。市区各级领导和部门也到西彭三小调研并给予充分肯定。语文、数学老师们这下充分感受到了研究带来的成就感和喜悦感，其他学科的老师们也大受鼓舞，于是西彭三小的教育教学研究走上了良性循环之路。杨校长也因为学校发展得不错，被调到一所规模更大的学校当校长。

（二）结对帮扶，让更多学校的孩子享受优质教育

在寒暑假我常常会到全国各地为校长们做培训，每次培训结束后，都会有好多校长朋友们留下来，诚恳地说希望能和谢家湾小学结为友好学校，希望能共享谢家湾小学的课程资源，希望我能到他们的学校去看看。特别是自 2013 年担任全国人大代表以来，我因为调研的需要，常常会到重庆偏远的区县，与更多区县小学、农村小学的校长和老师交流。我深切感受到他们渴望通过课程改革来提升教师的专业发展水平和职业幸福感，提升教育教学质量，带给孩子们更好的发展，但资源、观念、自身研究力量等局限让他们感到困难重重。我既被他们想干事的热忱所感动，又被自己是一名人大代表的责任感所驱动。所以，这些年来，我们与四川省凉山彝族自治州西昌市的第四小学、航天学校、阳光学校、第六小学，重庆市的巫溪县平湖小学、云阳县复兴小学、城口县鸡鸣乡小学、梁平区新金带小学、涪陵区石龙学校、彭水县桑柘中心小学等十几所学校结为友好学校、结对帮扶学校。这些学校有位于高海拔地区的村小，有新建小学，有当地传统意义上的优质小学。无论哪类学校，我们都尽自己所能通过多种方式促进其教育教学质量的提升。

我和干部们、老师们会走进这些结对帮扶学校，了解学校的发展环境、基本情况、教师队伍、课堂教学水平、孩子生活状态，为学校发展提出建议。也会与他们共享优质教研资源、课程资源，比如每年的芬兰周研讨活动、每学期两次的小梅花课程工作坊、各种学术会议等，我们都会邀请他们的干部、老师一起参与。我们全天候向结对帮扶学校敞开大门，接待他们的老师跟岗研修，安排对应的教研组、骨干老师、学科主任为他们做培训，解惑答疑。对于谢家湾小学研发的小梅花课程丛书和编写的各学科教学建议，我们都会根据对方需要赠送，并培训他们如何结合实际使用。有些学校有个性化需求，比如希望开展网上教研组联动、师徒结对、联合教研等，我们都会尽量满足。

刘希娅在重庆市城口县鸡鸣乡小学课堂上与孩子们交流。

城口县是重庆市最偏远的区县之一。鸡鸣乡小学距离城口县城还有几十千米的距离。鸡鸣乡小学 2018 年成为谢家湾小学的结对帮扶学校。鸡鸣乡小学的孩子们到谢家湾小学过六一儿童节，干部们、老师们 30 余人次到谢家湾小学参加教育教学研讨活动。我们将研发的学科教学建议赠送给老师们研究使用，同时向孩子们赠送书籍、赠送校服，常态化开展了帮扶工作。2019 年 11 月 20 日，我带着学校三位干部、老师乘车近 7 小时到鸡鸣乡小学开展送教交流活动。我知道能够来一次不容易，所以我本着一贯的作风，走进校园细心观察、认真调研，结合每一个细节，尽量详细地和鸡鸣乡小学的邱文进校长以及一大早就赶来参加当天活动的一百余位城口县其他校长、老师交流：如何以人为本地提炼学校的校园文化；在建设校园文化的过程中如何增强孩子们的参与感；如何加强对学校每一个细节的管理，赋予校园每一个角落教育的意义；如何在教育从规模发展、速度发展向内涵发展、质量发展的今天研究教育的人性化和个性化。我们一起听了鸡鸣乡小学和谢家湾小学的两节课。我边听边做课件，课后从教学法、心理学、转变学习方式的角度，对两节课的各个环节进行了点评，也坦诚地为老师们提出了三条建议：学生的主体性和老师的主导性缺一不可，教学中关键点的提炼一定要到位；老师的知识和教学法要协同并进修炼；在真实的情境中让真实的学习发生。每一次，能够这样走进结对帮扶学校，与校长们、老师们面对面地就具体问题进行有针对性的交流，我都觉得特别有意义。

重庆市涪陵区李渡街道石龙九年制学校（简称石龙学校）成为我们的结对帮扶学校已经4年了。包建彬校长特别善于利用结对帮扶的契机促进学校发展和教师转变。他分批次安排学校的全体干部、教师走进谢家湾小学，让每人驻校跟岗学习一个星期，了解我们的学校文化和课程整合，走进课堂和教研组感受师生最真实的一日生活。从2016年开始，包校长还在他们学校按照自愿原则遴选出班级和教师，引进部分小梅花课程模式，灵活使用小梅花课程丛书。我们也组织研究团队到石龙学校，开展教材培训，观察诊断课堂，进行同课异构研讨。几年下来，石龙学校的课程实施取得了显著的效果，获得了涪陵区2019年小学教学质量一等奖。听到这样的好消息，我们总是会感到特别开心、特别欣慰，为学校的变化，为老师们的进步，更为孩子们的成长。

（三）充分发挥"刘希娅校长工作室"的辐射引领功能

2018年7月，我有幸成为教育部中小学名校长领航工程第二期培训班学员，并于2018年11月16日成立教育部中小学名校长领航工程"刘希娅校长工作室"。辽宁省沈阳市启工二校建北教育集团李欣欣校长、山东省青岛市枣山小学刘岩林校长、山东省济南市胜利大街小学王念强校长、河南省郑州市高新区外国语小学刘娜校长、陕西省西安市曲江第一小学陈娟校长、内蒙古自治区包头市公园路小学转龙藏分校洪培英校长、河北省邯郸市肥乡区实验小学韩江梅校长、四川省凉山彝族自治州西昌市宁南朝阳小学吴新梅校长、西昌市第四小学黄德刚校长、北京市芳草地国际学校贵阳分校汪李莉校长、重庆市沙坪坝区红糟房小学张群校长、重庆市九龙坡区歇台子小学牟映校长、重庆市大渡口区实验小学李竹校长、重庆市九龙坡区第一实验小学何军校长、重庆市黔江区舟白小学蒋平校长、重庆市外国语学校森林小学刘星校长来自9个省、自治区、直辖市的16位校长通过自愿申报、双向选择的方式成为工作室伙伴。

2019年4月，重庆市成立首批中小学名校长工作室，其中包括"刘希娅工作室"。在遴选学员的时候，重庆市各区县有20位非常优秀的小学校长申请加入我的工作室，但根据文件要求和专家建议，我只能纠结着从这20位校长中，遴选了万州区福建小学陈明校长、重庆市外国语学校森林小学刘星校长、渝北区观月小学付文

教育部中小学名校长领航工程"刘希娅校长工作室"授牌仪式。

峰校长、巴南区鱼洞第二小学刘玉霞校长、綦江区书院街小学帅承刚校长、潼南区朝阳小学袁利校长、秀山县凤翔小学段小红校长、两江新区金渝学校杨开文校长共8位校长加入工作室。

重庆市首批中小学名校长工作室"刘希娅工作室"授牌仪式。

2019 年 7 月，在谢家湾小学大礼堂，"谢家湾小学教育集团"揭牌，标志着谢家湾小学教育集团正式成立。这是九龙坡区深化教育综合改革、不断扩大和延伸全区优质教育资源、促进九龙坡区基础教育均衡优质发展、提升教育品质的重要举措，是区委区政府在多年多次反复论证、专题研讨的基础上做出的慎重决定。根据区教委制定的《重庆市九龙坡区谢家湾小学集团化办学实施方案》，谢家湾小学教育集团在九龙坡区编办登记注册，并由我担任教育集团的法人代表和总校长。区教委在教育系统人员编制总盘中调配适量教师编制供教育集团安排使用，并拨付相应的管理指导费保障教育集团内部运转和开展培训等。按照逐步推进的原则，教育集团的首批成员学校包含九龙坡区谢家湾小学、重庆谢家湾小学、九龙坡区金茂小学、九龙坡区铁路小学、九龙坡区华福小学、九龙坡区华梁小学共 6 所学校。

至此，"刘希娅工作室"这个学习研究共同体组建起来了。我们充分考虑了地区的多元性和代表性，保证工作室中有城区优质学校，也有农村薄弱学校。这样的考虑不仅能为工作室的研究提供多元的样本，更是希望借助工作室这个平台，能使我们关联更多的学校和区域。我深知，工作室里的每一位校长都是带着个人成长的愿望和改革教育现状的期待，甚至是带着当地教育部门的殷殷嘱托走进工作室的，这一份强烈的信赖和浓烈的希冀，使我始终心怀敬畏地去思考：怎样带领工作室所有校长及其所在学校贯彻党中央精神、落实立德树人根本任务、坚持五育并举、发展素质教育？工作室应该如何带动一位校长改变一所学校、影响一群教师、辐射一个区域，最终使数以万计的孩子受益？

1. 搭建平台、唤醒激活，以"自助餐式团队研修模式"激发成员发展内驱力

工作室里每一所学校的现有办学水平、发展路径、实际需求存在明显的差异。我既不希望过于松散的管理让工作室流于形式，让大家没有获得感，也不主张过于整齐划一而无视各学校个性化、差异化的需求，于是采用了"自助餐式团队研修模式"。也就是让校长们基于自我发展、学校发展、区域发展的主动愿望，自主选择参与活动，不统一步调，主张没有考核、来去自由，不开展走马观花式的活动，主张大家就共同的热点难点问题沉心静气地开展真研究。同时坚持三点：第一，充分发挥谢家湾小学的现场示范功能，增强谢家湾小学老师们自身的专业性、引领性、辐射性，提供更强烈的情怀感染、更优质的课程资源、更常态的教师培训、更聚焦的联合教研，供工作室成员选择，进而潜移默化地影响大家；第二，激发工作室的校长、干部、教师的主动意识、发展意识、资源意识、平台意识，纠正校长"等靠要"的惰性思想，提升校长独立思考、独立开创的能力，促使校长根据学校的个性化、差异化情况，主动地在工作室平台能提供的所有资源和机会中去选择、吸纳，并转化成他们学校的发展成果；第三，实行任务驱动，确定现阶段工作室的工作核心是贯彻落实立德树人根本任务、坚持五育并举、发展素质教育，目的是以课堂为焦点，提升校长实施素质教育的能力。各成员学校的研究重心为如何在目标、内容、方式中去回应差异化的需求，如何从观念、策略、评价上促进学习方式的转变和深度学习、高阶学习的发生；驱动任务为把自己理解的素质教育、正在实施的素质教育和将要发展的素质教育想清楚、说明白、做出来。

刘希娅在工作室成员学校重庆市万州区福建小学数学课堂上与孩子们交流。

2. 立足全域、扎根课堂，以学习方式转变为工作室研究内涵

作为工作室主持人，我既是成员们的导师，更是伙伴和同行者。我始终坚持要求成员做到的自己先做到，希望成员做到的自己先示范。我倡导"校长要做教师课堂教学研究的伙伴"，那我就带头上研究课；我倡导工作室活动要务实，那我就用实际行动去打破大家比较谁课好、谁报告好的狭隘格局。在这样身体力行、以身示范下，工作室整体上形成了主动担当、求真务实的工作作风。研讨活动中大家都不客套，指出问题不留情面，讨论策略畅所欲言，分享经验毫无保留。在 2018 年 11 月

的工作室授牌仪式上，谢家湾小学呈现英语、数学两节现场课例；授牌仪式刚结束，谢家湾小学教师及重庆市九龙坡区歇台子小学教师到吴新梅校长所在的四川省凉山彝族自治州西昌市宁南朝阳小学，开展现场课例研讨；2018年12月，歇台子小学与谢家湾小学同课异构，山东省青岛市枣山小学带着英语课走进谢家湾小学英语组，陕西省西安市曲江第一小学带着语文课走进谢家湾小学语文组；2019年4月，"刘希娅校长工作室"暨谢家湾小学第七届芬兰周研讨活动中，芬兰教师呈现5节课例，工作室9所学校呈现12节课例；2019年10月，刘希娅校长工作室与四川省凉山彝族自治州西昌市第六小学、西昌市阳光学校开展联合教研；2019年11月，刘希娅校长工作室暨谢家湾小学第八届芬兰周研讨活动中，来自中国、芬兰、新加坡3个国家的12所学校，提供了9门学科的19节现场课例；2019年12月，我带着数学老师走进重庆市万州区福建小学开展联合教研……

　　工作室成立以来，我们围绕学习方式转变，开展了近20次大小规模的联合教研，研讨近60节课例，28所成员学校的6000余人次干部、教师参与其中。基于一节节研究课例，大家深入探讨如何优化教育教学的各个要素，让深度学习、高阶学习真正发生。这样的常态化课例研讨，让工作室成员深刻感受到了自己、学校、教师的巨大改变，于是大家更加主动地、迫切地期待着每一次工作室活动的开展，并带动本校教师一同研究，提升专业发展的主动性。

刘希娅带领王晓燕老师到重庆市万州区福建小学进行教学研讨活动。

3. 回应差异、精准帮扶，从影响一个人到影响一群人、一个区域

因为工作室的每一所学校的需求都不同，我们通过不一样的方式联结在一起。教师课堂教学需要帮助，我们就安排骨干教师送课、送教研、送报告；学校希望我能现场调研，我就抽时间到校调研，针对不同学校的办学历史、师生情况、校园环境提出有针对性的战略定位和未来发展建议；更多的学校需要加强教师培训，我们就敞开大门，常态化接待工作室成员学校的老师们来跟岗驻校学习，安排对应年级、对应学科的老师一对一指导。在工作室开展的研讨活动中，我尽量整合各方力量，为大家带来更优质、更高规格的课程资源。例如，我们与芬兰每年有200多学时的教育教学研讨活动，会邀请工作室成员学校的干部、教师全程参与。作为工作室的主持人，我尽可能为校长们搭建成长平台。在各种对外的研讨活动中，我邀请校长们做主持人、做课例点评、做主旨报告、参加沙龙等，搭建锻炼和展示平台，全方位提升校长们的思考、总结、对话能力。同时，我还注重借助全国人大代表的活动内容，带领校长们提升格局、视野、境界，引导大家更好地站在国家层面思考不同层级学校的定位和发展，关注和研究全国同类学校共同面临的问题。

刘希娅应邀到重庆市渝东北区县做校园文化建设专题报告。

2020年冬天，谢家湾小学承办"国培计划项目"培训，对象是重庆市潼南区50名乡村青年校长。我和伙伴们带着对乡村教育的敬畏之心，精心设计课程方案，加班至学员报到当晚凌晨两点，从全国各地请来柳夕浪、鲍传友、楼朝辉、杨其山等理论、实践层面的专家和城镇名校长。培训内容从社会主义核心价值观、激发办学活力、新时代评价改革，到课堂教学改革、激发教师专业活力、校本课程开发、前沿国际教育案例等；培训方式从专家报告、主题沙龙，到教研组活动、学科课堂教学、班级管理等丰富多元的现场呈现，再到培训地点浓郁的文化氛围的熏陶，让学员全方位感受和思考，我们称之为"沉浸式研修"。学员们总是掌声不断、感叹不已，受到的震撼和冲击非常大，收获丰富，纷纷表示要把所学带回去改善办学。授课专家李源田感叹："深度浸润在一所学校，云集丰富的专家资源，颇具匠心地设计课程，围绕一个鲜明的培训主题，让参与者的学习、成长真实发生，这是创新发展、充满生机、提质增效、富有诗意的'国培计划'项目！"

我总是对伙伴们说："经得住开放的，才是一流的。"这十几年来，我们一直保持与全国教育同行的交流。谢家湾小学每年接待驻校学习的教师近300人次，每年接待考察团队200余个。我也总是很乐意地利用周末、寒暑假应邀到全国各地做报告100余场，分享我们的办学实践；总是愿意和更多的学校有深入的互动交流，与大家一起努力，推动教育均衡优质发展，让更多的孩子享受更好的教育。

以下是我在教育部中小学名校长领航工程第二期培训班开班仪式上的发言：

尊敬的各位领导、各位导师、各位伙伴们：

大家好！

我是来自重庆市九龙坡区谢家湾小学的校长刘希娅。非常荣幸能够代表教育部中小学名校长领航工程第二期培训班学员在此发言。满怀激动和期待跨进外语教学与研究出版社国际会议中心，怀揣梦想和责任迎来名校长领航工程培训班学习，肩负嘱托和信任登上这隆重的发言席，我备感荣幸、备受鼓舞。

此刻，我的心情和所有学员一样。感谢，感谢教育部始终把我们基层校长的专业成长和个人发展牵挂于心，并且竭尽全力为我们搭建平台；感恩，感恩给予我们一次重新认识自己、定位自己、规划自己的培训平台；感动，感动于项目办、培养基地、导师们精心的安排，这样精心安排的课程，必将助力我们

教育部中小学名校长领航工程第二期北师大基地学员在教育部小学校长培训中心与顾明远（左六）合影。

全体学员再次生长拔节。在此，请允许我代表121名学员向各位领导、专家和同人致以崇高的敬意和诚挚的感谢！

习近平总书记在党的十九大报告里提出：建设教育强国是中华民族伟大复兴的基础工程。2018年5月2日，习近平总书记在与北京大学师生的座谈会上强调："培养社会发展所需要的人，说具体了，是培养社会发展、知识积累、文化传承、国家存续、制度运行所要求的人。所以，古今中外，每个国家都是按照自己的政治要求来培养人的……我国社会主义教育就是要培养社会主义建设者和接班人。"作为校长，我一直这样理解，一个国家、民族的体制机制是孩子们生活的一部分，也应该成为孩子们学习的课程内容的一部分，孩子们的未来与中国的未来、世界的未来有着不可切割的、内在的、密切的联系，办教育不讲政治就是"伪学术立场"，就是携带个人狭隘私欲，也是对孩子的终身发展不负责任。习近平总书记的教育思想和教育期待为新时代中国基础教育指明了方向。作为基层的教育工作者，我们的方向更加明晰、信念更加坚定。

而今，新时代急需培养新型人才的教育模式。在全国新高考改革正如火如荼推进之际，在应试教育与素质教育仍然博弈、校外补习与学校教育呈现脱节的教育现状中，我们能代表全国中小学校长参与本次高规格的名校长领航工程培训班培训学习，无疑是幸运和幸福的。作为名校长领航工程培训班学员，我们应该怎样定位自己的学习、岗位、人生和历史担当？请允许我从学习、变革、引领三个维度，与大家分享三点思考和体会。

一、把感恩之心融进使命感，提升学习力

习近平总书记5月2日在与北京大学师生座谈时谈道："随着信息化不断发展，知识获取方式和传授方式、教与学关系都发生了革命性变化。这也对教师队伍能力和水平提出了新的更高的要求。"

我们都是来自基层的校长，都在各自的工作岗位上有所思、有所为、有所悟。正当我们在大量的经验面前混沌时，在小有成绩的阶段略感欣慰时，在破茧提升节点力不从心时，名校长领航工程培训班给了我们肯定、激励和更高的期待：要我们进一步提炼教育思想、提升实践创新能力，努力成长为能够引领基础教育改革发展的教育家型卓越校长。这将促使我们在思想上重新认识自己、定位自己、规划自己！当今基础教育的热点、焦点、难点问题正等待我们去回应。我们通过学习努力，正踏上自己人生成长和发展的新高度——努力成长为基础教育实践领域的领航者！

二、把幸运感化为行动力，增强改革力

我们聚在这里，不是为了重复昨日的故事，而是为了推动中国基础教育的改良。第十三届全国人民代表大会审议并通过的《中华人民共和国宪法修正案》，将"革命建设时期"修改为"革命建设与改革时期"。这预示着改革既是我国未来社会发展的方式，也是这个时代发展的现实需求，更是发展的巨大动力。

在座的校长们都是各地学校的优秀代表，都有着自己学校独特的办学经验，也曾拥有着不同程度的丰厚的教育发展资源。面对当前教育发展面临的瓶颈，我们没有理由回避躲闪，也没有理由绕道而行，我们应该迎难而上、主动作为、积极探索，为全国基础教育的改良奉献我们的经验。我所在的谢家湾小学和大家一样不断努力求索，坚持"六年影响一生"办学理念，致力于以课程整合为核心推动教育教学综合改革，创新编撰了小学全套全科教学意见并投入实践，其中很多探索得到了广泛采纳和推广；十几年来坚持探索的"红梅花儿开，朵

朵放光彩"素质教育模式，以及小梅花课程让孩子们的群体特质普遍呈现出爱党爱国、愉悦积极、身体强壮、思维敏锐、独立思考，并与成绩优秀呈显著正相关样态，为同行提供了很多借鉴之处；入选了第三届中国质量奖，这是教育领域第一个中国质量奖。我们的改革历程伴随非议、争议，也伴随各级领导、各界专家、同行们难能可贵的鼓励和支持。这样的改革进程，考问我们改革的勇气和担当，更考问我们改革的智慧和科学性。我们应该敢于、乐于、甘于成为引领教育改良，继而探索教育改革的求索者、建设者！

三、把所在学校建设为示范基地，彰显引领力

推动城乡义务教育一体化发展，努力让每个孩子都能享有公平而有质量的教育，需要每一个教育工作者身体力行。名校长领航工程培训班对我们寄予了更多的期望：期望我们在把所在学校建设为示范基地的基础上，以多样的路径和策略，去带动、辐射、引领，去携手更多的同行提升教育品质、发展教育内涵。如果要学习、传承蔡元培校长的教育精神和治校之道，就应该学习他为国为民育英才、不拘一格用人才、不拘小节容人才，以及育天下人才的浓烈的教育情怀。

尊敬的各位领导、各位同行，今天，我们能再一次端坐教室，沐浴文化的洗礼，享受学术的盛宴，通过这样高层次的培训和引领、这样用心良苦的系统培养，会离建设教育强国的战略定位更近，离孩子们的立场和孩子们的未来发展需求更近，离各界各级领导对名校长引领教育实践发展的期待更近。为期一周的学习是短暂的，我们没有理由不沉下心来。我们要珍惜这次学习良机，静心学习，潜心思考，用心领悟，在领导、专家和导师们的细心点拨和同伴携手中，去担当、思考、领悟和蜕变！未来，看我们的努力！看我们的实际行动！看我们的成长升华！

最后，请允许我再次代表参与本次培训的所有学员，向所有关心、助推我们成长的领导、专家和导师们致以最诚挚的感谢和由衷的敬意！

谢谢！

2018 年 5 月 7 日

北京

四、走进谢家湾小学，看学习方式创新

2020年11月19日到20日，由北京圣陶教育发展与创新研究院主办、民进中央教育委员会协办、谢家湾小学承办的"2020年小学教育发展论坛"在谢家湾小学举办。800余名来自全国各地的专家、学者、校长、教师围绕"走进谢家湾小学，看学习方式创新"进行深入交流。4场主旨报告、3场高层次报告、10场专家点评、1场高层次对话、1场学生辩论赛、7门学科12节现场课例、3场学术论坛总结，两天里，谢家湾小学全方位开放，向与会专家、领导、同行展示学校对学习方式创新的思考与实践。田刚、朱永新、王敏、张志勇、成尚荣、王本中、唐江澎、周建华、郭华、吴正宪、刘飞、俞国娣、郑宇、章鼎儿等专家带来高水平学术报告，并深入各个学科组和班级深入观察。在两天时间里，参会代表与谢家湾小学的老师们、孩子们充分互动交流。专家、同行高度认可谢家湾小学的实践探索。

国家督学成尚荣在"走进谢家湾小学，看学习方式创新"主题论坛上做报告。

国家督学成尚荣谈道："小学教育怎么发展？学习方式怎么变革？谢家湾小学为我们提供了典范。这是一所非常有活力的学校，她探索到了实践育人、综合育人、

合作育人的原则，让学习方式在这些原则的指导之下，真正落实在课堂教学和课程实施中。谢家湾小学尤其重视培养儿童的创造性思维，让创造性思维塑造创造性人格，让学习方式引领儿童的生活方式，这种引领使学习方式当中充满着价值观，最终让儿童的学习方式成为他的生活方式。刘希娅校长讲了'三个突破'：突破课堂、突破教材、突破教室。于是，谢家湾小学的孩子们都有自己独特的表情，这是儿童的表情，是童年的表情。这种表情是自由、舒展、创造、天天快乐、健康飞翔，这种表情是内心体验的一种展现。谢家湾小学的孩子们已经寻找到自己幸福的源泉，那就是小梅花课程，那就是'六年影响一生''红梅花儿开，朵朵放光彩''天天快乐，健康飞翔'。谢家湾小学对我们的启发是非常大的。"

国家督学成尚荣向谢家湾小学的孩子们问好。

苏州大学教授、新教育实验发起人朱永新谈道："我到谢家湾小学看了学校的各个角落，印象非常深刻。我用四句话概括自己对学校的初步印象：一是师生发自内心的幸福笑容；二是整合资源的课程设计；三是学生中心的时间安排；四是校本研究的教师成长。谢家湾小学给我们最大的启示就是，把学校精雕细琢，用研究带动教师成长，突破现有教育教学的一些体制机制的障碍来进行一些微变革，进而通过这样的变革撬动学校文化的建设，撬动整个学校和教师的成长。这些都是非常有借鉴意义的。"

国家教育考试指导委员会委员、北京师范大学中国教育政策研究院执行院长、教育部基础教育教学指导委员会副主任、民进中央教育委员会主任、中国教育学会中小

朱永新和谢家湾小学的孩子们交流。

学德育研究分会理事长张志勇说："听希娅校长的汇报分享是非常幸福的，因为她和我对教育的认识如此相同。我们从中感受到了改革的力量，感受到了我们国家教育改革在许多地方取得的重大进展。一所学校做到让孩子们喜欢，可能并不是一件多么困难的事，但是要做到让孩子们在喜欢中健康地成长，是真正不简单的。"

张志勇院长（左）在重庆市教委副主任邓睿（右）的陪同下参观谢家湾小学，图为张院长在阅览室拍照。

　　浙江省杭州市崇文教育集团党委书记兼校长、特级教师俞国娣分享道："谢家湾小学的团队倾囊而出，把自己的成果毫无保留地与我们分享，这不是一种使命吗？这不仅是把自己的学校办好的使命，更是把基础教育向前推进一步的使命。这是我们教育改革发生的逻辑起点，我们需要有这样一种精神引领和使命感召。谢家湾小学老师的工作方式、备课交流、岗位选择、课堂组织方式、人际关系是如何发生改变的，我都去访谈过了，大家也可以去。我想大家访谈得更多的是学生，包括学生的校园生活、课堂上的自主探究。课标里的要求，在谢家湾小学得到了落地，我们看到了学生民主、大胆、自信的样子。

俞国娣校长在"走进谢家湾小学，看学习方式创新"主题论坛上做报告。

　　今天谢家湾小学敢于这么大胆地、全方位地让每一间教室都开放，让每一个场馆都开放，让每一个学生都开放，是因为这种开放的状态可持续地生成着。我们感叹：这种持久的改革力量从哪里来？老师们在行走的过程中看到了成果。他们看到了孩子们的变化，这激励了老师们；希娅校长带领老师们做的多元物化成果的呈现，不管是粗糙的还是精致的，不管是前沿的还是靠经验整理的，都给予了老师力量，而团队的变化，又给予了校长力量，所以他们紧密联系在一起，谁也不掉队，全体出发，共同进步，这是一种力量。

这次会议我们学校派了很多老师参加，每次交流后他们都会说：'校长，平时我们出来参观太少了，以后要多一些。'我说，不是每个地方都能够这么'好看'的，这样'好看'的学校是不多的。这些话语是朴素而有诗意的，是直白而深远的，这就是谢家湾小学的智慧。校长们可能在想：什么时候自己学校的老师们也能这样优秀？那就让我们带着这样的问题，共同去实践，在自己的土地上，在自己的岗位上，浪漫地挥汗如雨，诗意地风雨兼程吧！"

俞国娣校长（左）和谢家湾小学语文教师吴晴漪（右）、周楠（中）交流。

北京教科院基础教育教学研究中心特级教师、中国教育学会小学数学教学专业委员会理事长、国家义务教育数学课程标准研制组核心成员、全国人大代表、全国模范教师吴正宪分享道："两天来，我不仅看到了孩子们在放光彩，也看到了我们的老师在放光彩。在这里，我感受到了孩子们学习的热情、生命的活力，也进一步感受和理解了希娅校长所提出来的教学理念，就是让每一个孩子都能有所收获、有所发展、充满活力，而且一个也不少。她说六年将影响学生一生。我喜欢'影响'这个词，因为老师的一言一行都会对学生产生影响。这里的学生是幸福的，老师是幸福的。在这所学校里，我处处感受到了温暖。周咏老师、胡城乡老师、许勇老师的三节课，是心中有儿童的数学教育，这一点让我感触特别深。我们小学数学老师的定位是带着儿童走进数学世界，那怎么引领儿童学好数学？怎么陪伴儿童走进数学的美好世界？首先我们心中应该有学生。我在这三节课中都看到了，老师们在关注学生的学习感受，尽量创设更大一点的空间，让学生在这里观察、操作、实践、思考、质疑、对话，特别注意了对学生已有经验的关注。心中有儿童的数学教育，还特别关注到了学习过程，强调在学习过程当中培养孩子的核心素养，也就是我们所说的数学的关键能力。

吴正宪老师在"走进谢家湾小学，看学习方式创新"主题论坛上和在场老师交流。

吴正宪老师和谢家湾小学的孩子们在一起。

　　他们的课的第二个特点是，不仅仅关注了儿童，而且关注了数学的本质，抓住了数学的核心问题。特别是在抽象教学的过程当中，老师们很在意孩子们的感受。孩子们的语言可能是啰唆的，可能是不那么严谨的，但是老师能够静下心来认真地听。我在这里看到，我们关注数学的本质，关注学生思维的发展，与关注学生的考试成绩不是矛盾的，而是相辅相成的。通过这三节课的学习，我感受到了他们对儿童的关注，感受到了他们对数学本质进行学习和理解的过程，也感受到了数学与生活的联系。我特别想说，老师们良好的职业状态、孩子们积极向上的生活状态，给我留下了太深的印象。从老师们做的学具、教具，提供的丰富的素材来看，老师如果没有敬业精神和专业态度，是不可能完成这样的任务的。"

北京教育学院朝阳分院党总支书记兼副院长、中国教育学会小学教育专业委员会副理事长、北京市政协委员刘飞谈道："走进谢家湾小学，感动于希娅校长、全体师生的坚守：坚守'六年影响一生'，坚守素质教育，形成了'红梅花儿开，朵朵放光彩'素质教育管理品牌；坚守让有活力的学校培育有活力的学生，让学生天天快乐、健康飞翔……一言以蔽之，谢家湾小学坚守的是教育的本色，一如主席台两侧原色的青砖，一如老校区楼道墙砖剥落后裸露的水泥，更如一个个来自自然班的走上舞台的孩子们。这里的孩子真像孩子，他们自由、自在、自信，阳光总写在脸上；这里的老师真像老师，他们有健康的人性、高雅的品性，他们多才多艺又术业专攻。在参观学校的过程中，我就像一个个别生，时常溜号，走到哪里，都不愿移动脚步。谢家湾小学就像一个生命场，自己不知不觉就会融入其中。

构建'以学生为中心'的学习生态，引发了人们对人类学习机制进行系统探究的迫切需要，关于学习科学的研究进入变革阶段。更多的人开始关注学习的科学性，并且追求科学化的设计及评估。谢家湾小学高度重视学科课程，基于此辅以环境课程、团队课程，构成一个科学完备的学校课程图谱，这才是一个值得学习的课程样态。在这方面，谢家湾小学以其日常教育教学场景做出了充分的诠释：学校关注知识与见识、重视学习环境、自觉融入合作学习共同体，广大教师更是把研究工具与方法论作为第一要事。2001 年基础教育课程改革在中国大地推动，当时方案就改革的具体目标提出教育源于生活、为了生活、回归生活。学校的人际关系是最重要的环境，这在谢家湾小学也体现得最为突出。在学校的任何一个地方，碰到任何一个人，我们都会感到很舒服，感到人际关系是那么融洽。在这样的环境中学习，是安全的、愉悦的、和谐的，这样更有助于学生积极、主动、全面发展。学习空间、信息资源、认知工具、任务情境、人际关系是我在学习环境方面最为关注的五个要素，这些在谢家湾小学体现得自然而充分。

谢家湾小学带给我们哪些启示？以学生和学习为中心，重视自主学习、合作学习、探究学习，同时也关注接受学习。这四点是谢家湾小学课程实施过程中非常突出的学习方式。但仅有这四点显然是不够的，所以谢家湾小学对学习环境的重视就显得格外重要——课内课外、线上线下泛在融合，正式学习与非正式学习并重。有

刘飞院长在"走进谢家湾小学，看学习方式创新"主题论坛上做报告。

了环境的进入，有谢家湾小学校本意义的学习方式四棱锥模型呼之欲出。

　　我借用两句诗作为结束语：庠序不失仪，聊送一枝春。谢家湾小学把小梅花课程毫无保留地呈现给我们，并借此创新学习方式，引领育人方式，送予我们课改前沿信息，这是最尊贵的礼仪。我想无论是我，还是各位嘉宾，都一定感受到了希娅校长和谢家湾小学的盛情，感受到了教育的春天。"

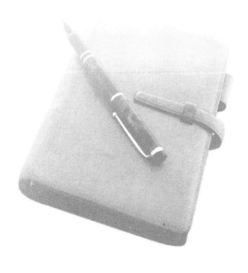

印象希娅

一、一切为了孩子：希娅校长的教育情怀和教育智慧

钟　燕

希娅校长的《刘希娅与小梅花课程》即将出版，邀请我写一点文字，我很乐意。我在希娅校长的成长历程中，看到了一位最基层的小学校长带着一所学校，十数年如一日坚守"一切为了孩子，为了一切孩子，为了孩子的一切"这种朴素而深沉的教育思想，真正落实立德树人根本任务，发展素质教育。

我认识希娅的时候，她才三十出头，刚到谢家湾小学当校长。希娅给我的印象是特别有干劲，她带着当时还只有七八十名老师的学校很努力地、特别主动地为孩子的成长和学校的发展争取机会。

2007年秋天，我应邀到谢家湾小学参加50周年校庆活动，一进校门就被震撼了。谢家湾小学当时的老校区其实特别小，建筑也比较老旧了，但走进去只觉得处处温馨。粉色的气球、写着祝福语的梅花卡片充满整个校园，喜气洋洋。最打动我的是，在整个校庆活动中，全校两千多名孩子没有主角配角之分，每个孩子都非常投入、非常开心地参加每一个环节。特别是当全场孩子和希娅校长一起喊出"我们的办学理念——六年影响一生""我们的主题文化——红梅花儿开，朵朵放光彩""我们的行为追求——天天快乐，健康飞翔"时，那种发自内心的认同和喜欢在校园回荡，这深深地打动了我。一位年轻的校长，在面向全市开放的活动中能妥帖地关照到每一个孩子的感受，能自发自觉、旗帜鲜明地提出并践行孩子的立场是学校的第一立场的价值取向；一位年轻的校长，能用短短三年的时间，让全校师生对校长提出的理念文化产生强烈的认同感，对校园生活有强烈的归属感。这位校长不一般！这所学校不一般！当时我们就决定将重庆市校园文化建设现场会、全国校园文化建设现场会放在谢家湾小学召开。应该说，那十年重庆基础教育的学校文化建设、特色学校建设搞得红红火火、卓有成效，与希娅的开创性实践是分不开的，与谢家湾小学探索的以主题来统整学校文化并分多个维度系统推进的首创经验是分不开的。

2014年年初，希娅带着谢家湾小学推进的课程整合已经进入了全面实施的阶段，也引发了质疑。当时我分管基础教育，一直期盼着基础教育领域能有实质性改

革，一直在深入关注希娅的课改实践，也知道他们一步一步扎扎实实做工作，也看到了希娅承受的来自四面八方的压力。怎样呵护这样一位想做、敢做、会做、能做的校长和她身后的老师们？怎样为他们的改革诊断把脉？2 月，我们邀请教育部课程与教材发展中心的田慧生主任和刘月霞副主任到重庆，专门用一天的时间到谢家湾小学深入调研和论证。那天，田慧生主任和我们一起听了三节整合课例。到现在我还对一节数学的统计课印象深刻。那节课上，孩子们通过对自己家庭中用水用电情况的统计，不仅学到了统计知识，还增强了环保意识、责任意识。老师们把生活中的资源用得非常好，我觉得那种教学理念在当时是非常先进的。我们还和谢家湾小学各学科老师座谈。老师们难以掩饰对改革的热情、信心，几位学科主任讲起自己学科的情况更是胸有成竹、如数家珍。希娅谈道：要减轻每个孩子的学习负担，让他们学得轻松、学得愉快；要调动孩子学习的自主性、积极性，让孩子真正回归教育的本质；要顺应孩子的身心发展规律，让每个孩子都按照自己的优势去发展……一天的调研下来，田慧生主任对谢家湾小学的课程改革给予了很高的评价，这也让我们和谢家湾小学的老师都更加有信心。有了这样论证的基础，紧接着，我们把重庆市 2014 年基础教育工作会议安排在谢家湾小学召开。会上，希娅面向全市各区县的教委主任、中小学校长系统地介绍了谢家湾小学课程改革的整体建构和实践。教育部的调研和市教委的现场会推动谢家湾小学的课程改革进入一个新的阶段。

此后的这些年里，不管我是在市教委工作，还是在市教育学会工作，几乎每年我都会去谢家湾小学好几次，每次都看到老师们在热火朝天地忙着，看到那些孩子们非常可爱、非常快乐地学习生活，看到希娅在带着老师们不断研发课程、不断解决改革中的问题。希娅和谢家湾小学这些年的很多重要节点我都有幸亲自参与：我见证了谢家湾小学与芬中教育协会签约仪式，也看到他们扎根课堂、真真正正合作共进；见证了谢小的老师们持续五六年一直编写小梅花课程丛书；见证了教育部和市教委组织的多次谢家湾小学课程改革专家论证会，每一次会上谢家湾小学都有新成果，每一次来自各级各界的专家都高度认可他们的做法；见证了他们参评中国质量奖的艰辛过程；见证了希娅校长工作室的成立和开展的工作；见证了市委要求推广谢家湾小学的改革经验。

希娅带着谢家湾小学，十几年来都没有停止也没有放缓发展的脚步。这不但给予现在的校长们很多启发，也让很多重庆基础教育界的老同志们感到很欣慰。2018 年 10

月，我邀请了重庆大学原党委书记、重庆市教委欧可平主任，以及十余位在重庆教育领域德高望重的中小学校长一起走进谢家湾小学。希娅陪着大家一起听课、看学生活动、听老师交流，也给大家汇报工作。这样一批让大家在想起或谈起时都肃然起敬，不管是曾经还是如今都以自己深沉的教育情怀和专业的育人能力引领着、创造着重庆教育的发展历史的老同志，都为希娅和她的团队的改革实践竖起大拇指，都鼓励她坚持下去。

不久前，希娅在重庆市"未来教育家"培养工程中的专项课题"小学课程整合行动研究"现场结题会在谢家湾小学举行。在结题会上，专家组经过认真评审，一致将这项课题评定为"特优"等级，因为大家真心感受到这所学校付出太多、承受太多，研究扎实有成效，不做表面文章，不是课题与实践相脱节。我在结题会上也分享了自己的感受。一是谢家湾小学的改革真真切切落实了以孩子为中心，回归教育的本质。小到孩子就餐等细节，大到独立人格的培养，学校都在充分关注，在这里读书的孩子真的很幸福！二是学校教育真正体现了立德树人。在学科教学中，在校园生活的各个环节中，在每一次活动中，学校都在努力践行"课程渗透育人，课程落实核心素养"。这才是真正在培养国家的接班人！学校已经成为孩子成长的精神家园。三是谢家湾小学改变了学校教育的生态，改变了教育生态同质化的倾向，呈现出一种个性化、差异化、特色化的办学模式。同时师资队伍的精良令人佩服。教师有文化认同感，放弃休息时间，自愿加入团队一起研发课程。学校经过十年的课改，已经具备了一所未来学校的雏形，在引领、示范、推动着中国基础教育的改革。

认识希娅的这十几年，是她带着谢家湾小学一步步向前发展的十几年。我有幸参与其中，为希娅的成长及谢家湾小学的发展搭建和创造了一些平台、机会，但一切成绩的取得主要靠的还是他们自己。没有深入走进谢家湾小学和持续跟进谢家湾小学的人可能难以想象，希娅和她的团队为了促进孩子们的成长所走过的每一步有多不容易，他们直面过多少专业的挑战、多少犀利的抨击、多少各层面专家的质疑，她们付出了多少时间和精力，她们做了多少脚踏实地的研究。正是有了她们16年5000多个日子里踏踏实实地、不停歇地做事，才有了今天的谢家湾小学，才有了今天的希娅校长，他们所赢得的赞誉都名副其实。

我作为一位在重庆基础教育领域奋斗了几十年的教育工作者，看到希娅的成长特别欣慰。重庆的基础教育、中国的基础教育需要更多这样坚守真情怀、潜心真研

重庆市教育学会会长钟燕（右）与刘希娅在谢家湾小学合影。

究、敢于真担当的校长，需要更多"一切为了孩子"的坚定、坚持、坚守。

（作者系国家督学、中国教育学会副会长、重庆市教育学会会长、重庆市教委原副主任）

二、一个好校长成就一所好学校

李　栋

　　刘希娅校长的自传体新书《刘希娅与小梅花课程》即将出版，刘校长约我写一些感受，我非常高兴。但当我几次准备动笔写的时候，我却发现不知从何写起，因为我对希娅校长和谢家湾小学太熟悉了，我们已经合作五年多了，我每年都要去谢家湾小学几次，短则几天，长的话甚至一个多月。在芬兰，我们团队中的芬兰专家们每次提到谢家湾小学，都非常兴奋。因为所有去过谢家湾小学的专家都对刘校长、老师们及孩子们有了深厚的感情。我们协会的 Jari Andersson 主席经常称呼刘校长为自己的中国亲戚。经常去谢家湾小学，不仅仅是因为我所在的芬中教育协会与谢家湾小学有合作，我个人是谢家湾小学的国际化发展顾问，更重要的是我和芬兰的专家们一样，都因为一个校长爱上了一所学校，因为一所学校爱上了重庆这座城市。

这些年来，不管是在芬兰还是在国内，我在很多的教育论坛上做报告或给校长培训讲课时，每次讲到学校管理、校长领导力、课程改革等内容，在我举的例子中总少不了刘希娅校长和重庆谢家湾小学的内容。国内经常谈"一个好校长就是一所好学校"，那么究竟什么样的学校才算好学校？什么样的校长才是一个好校长呢？

美国教育领域专家伯顿·克拉克（Burton R. Clark）曾在他著名的三角模型"政府—学校—社会"中，详细论述了一所学校是如何因应国家及地方政府的教育发展需求以及社会的变化对学校

2015年10月，刘希娅与芬中教育协会秘书长李栋在谢家湾小学合影。

教育提出的挑战的。虽然他主要论述的是高校的发展，但基础教育的学校同样也要回应这些要求和变化。办学一定要符合国家的大政方针，体现国家意志，同时还要适应时代的发展，满足社会、家庭对孩子发展的多样的需求。具体来讲，现阶段我们对基础教育的要求就是"五育并举"：德、智、体、美、劳全面发展；社会及家庭对学校的现实要求就是要推行科学全面的素质教育（学生既要快乐成长，又要学习成绩好）。只有满足上述要求，学校才能称得上是好学校。我认为目前的谢家湾小学就满足上述三角模型的要求，是一所能提供"让人民满意的教育"的学校，能称得上是好学校。关于什么是好校长的问题，国内外相关著作、文章论述得颇多。在诸多论述中，我非常赞同一位学者有关学校组织与商业及社会机构的不同的论述。他提到学校之所以不同于其他机构就是因为学校比其他机构更复杂，因为学校具有学术职能。因此，一个好校长，除了具备正确的教育价值取向和浓烈的教育情怀之外，还要具备行政管理领导力和专业（学术）领导力。只有这样的好校长才能成就一所

好学校。在同刘希娅校长一起工作中发现，她就是这样一位好校长。

"从我到我们"的行政管理领导力。

2015年，我第二次来到谢家湾小学，其间有个全国校长培训班在谢家湾小学学习，请刘校长做报告，当时是我第一次听她做报告。报告中刘校长讲到"从我到我们"的管理文化。有两个例子至今我都印象深刻。一个是她曾经工作过的学校的学生厕所总是堵，保洁工人总处理不好，于是她自己默默一个人，戴上手套，用手一掏就掏几个小时，工人们看到深为感动。还有一个例子，是她刚当校长后，有些老师并不认可和接纳她。刘校长介绍她是如何与这样的老师相处的，是如何与这样的老师建立信任的。记得当时在场的很多校长都像我一样被希娅校长的故事感动得落泪。听希娅校长的报告，最大的感受就是朴实无华，处处都是真情实感，处处流露一个校长的家国情怀和历史担当。她讲到的"从我到我们"的管理文化，不是别人总结出来的，而是她带着老师们一路实干、践行出来的！

希娅校长对学校干部的定位：有格局、大气、纯粹、执行力强。"战略决定战术，思路决定出路。"刘校长提出的"六年影响一生"办学理念和"红梅花儿开，朵朵放光彩"主题文化，从战略高度把小学教育与学生一生的发展相联系，让每个孩子、老师都"朵朵放光彩"，整个办学思路清晰。相信所有到访过谢家湾小学的人都有一个共同的感受——谢小的孩子们个个阳光自信、幸福快乐！老师们也是个个真诚朴实、热情大方，特别爱孩子们！到谢小参加过学术研讨的人，相信都有一个共同的感受——刘校长带着干部和老师主办、承办的各种学术会议，比外面专业会务机构办得还高端。不管校长在不在学校，所有干部和老师总是充满正能量，总是精神饱满，令人时时处处能体会到老师、学生对学校无比热爱，对校长无比尊重和佩服。

我在谢家湾小学最大的感触就是校长与书记之间、校长与其他干部之间、干部与干部之间的关系都非常纯粹。他们从来不会当面一套背后一套，从来不会阳奉阴违，整个团队的执行力非常强。在我看过的学校中，这么纯粹的干部队伍是不多见的。起初我也有些不解。后来在谢家湾小学访问期间，刘校长经常邀请我参加他们的学校班子会、全校干部会、党员生活会。参加这些会，加深了我对刘校长及学校的了解。希娅校长开会效率非常高。我参加过的多次校级班子会，不管讨论什么问题，每次都是直击问题、解决问题，从不拖泥带水。她自己也是性格直率、敢于担当，不管对自己还是对其他干部都不留情面，不让问题过夜。错误的当面批评，丝毫不留情面，不当老好人；做得对的，也毫不做作，直接表扬。她不喜欢背后打小报告，主张有问题当面提，所以干部会上个别干部被批得面红耳赤是常有的事情。在现今社会人们往往喜欢当老好人的世俗文化里，刘校长带的队伍有些"另类"。正是刘希娅校长这种重庆"辣妹子"的管理方式，成就了她对干部队伍的独特管理风格。形成自己独特的行政领导风格，与她自己的以身作则是分不开的。她在管理上对干部要求严格，但我到谢小这些年，没有听到一个干部在背后抱怨。每个人都理解她是为大家好，是为学生发展、学校发展负责。这些年在刘校长的带领和培养下，谢家湾小学为其他学校培养、输送了一批优秀的校级干部。这些干部虽然到了不同的学校，但都还带着谢小干部的品行：有格局、大气、纯粹、执行力强！

"从我到我们"的专业领导力。

近十几年来，我国基础教育领域的改革，最突出的就是课程改革了。在国家、地方和校本三级课程的管理体系中，不同教育管理层面的领导们、校长们都在介绍自己的课程开发情况。但比较下来，高效地实现了"国家课程校本化"的学校，无疑当属谢家湾小学的小梅花课程在谢家湾小学的诞生和实行，凸显了希娅校长的历史担当和敏锐的专业洞察力。国家课程是体现国家意志的教育发展之基，在具体实践中，不可回避地需要面对地域辽阔、人口众多的国情，特别需要结合实际情况，进一步增强课程落地实施的针对性。刘希娅校长正是基于这样的实践考虑，才引领推进了这项巨大工程。为什么说是"巨大工程"？因为其中的心酸、困难只有参与其中的人才能切身感受到。刘希娅校长通过构建与实施小梅花课程，最直接的效果就是带出了一支能做深度教学研究的教师队伍。我和芬兰专家团队是从2015年下半年开始参与到小梅花课程的研发中的。刘校长特别要求，小梅花课程的构建与实施不能搞花架子，要推进老师们内涵式的专业发展，让孩子们更加主动、多元、优质地发展。她是这样说的，也是这样做的，这令我和芬兰的专家们非常感动。

每次来到学校，我们都有两项主要的工作内容，一是深入参与课堂教学研究，另一项就是进行学科课程研讨。与很多的学校有些不同的是，刘校长带领的谢小老师们，都不分工作日、节假日，自觉自愿地加班。记得2016年的一个星期六，晚上7点左右，我从五楼的办公室下楼吃饭，走到三层会议室，发现几十位语文老师正在梳理这一周的学科课程进展情况。我下到一楼路过图书馆，发现近百位数学组的老师在刘校长和赵晓岚老师的带领下做研讨。我不禁驻足也参与到他们的研讨中。晚上 10 点多，我在学校大门外，遇到几位老师的家属在等着爱人下班回家。我们攀谈起来，我问其中一位男士："自己的爱人整天这样在学校加班，你作为家属没有意见吗？"他立马答道："怎么可能有意见？我爱人能在谢家湾小学工作，还能参与编写教学丛书，是我们全家人的骄傲。"我跟陪我的王老师开玩笑地说："刘校长不但把老师带起来了，同时也把家属的思想境界、教育情怀带起来了。"

刘希娅校长带队伍特别强调专业求真，处处体现着"从我到我们"的专业领导力。记得我第一次来到谢小时，刘校长安排我听了两节课。一节是李老师的语文课，另一节是陈老师的数学课。数学课上，陈老师可能看我和校长突然进来听课，有点小紧张，几个环节处理得不是很好。为了给陈老师减轻压力，我就开始低头看教材。这时让我意外的是刘校长走到教室中间把陈老师替换下来了，后半节课是由刘校长上完的。在这几年里，我和刘校长同老师们一起听课、研课，都不记得有过多少次这样的场景了。每每老师上课上得不顺不透的时候，刘校长总会上去示范教学。更让人敬佩的是，刘校长还自己讲课，让我和学科组的老师们来评。这样的校长，在全国也是不多见的。只要有利于把每节课都上好，只要有利于老师的专业提升，就不怕自己丢面子，也不怕老师们"没面子"。这就是刘校长带队伍的方式，所以我每次到谢小指导研课、评课都是最放得开的。正是刘校长这种对教学质量要求近乎苛刻的求真的教学领导方式，使谢家湾小学的课堂教学方式及教学质量有了质的飞跃。

校长的创新能力对于一所学校而言，也是至关重要的。刘希娅校长在对自己、对老师严格要求，对老师进行专业引领的同时，对老师们的生活也非常关心。任何人有事情，刘校长都主动带头，不遗余力地真诚相助。为了让老师们、孩子们爱上学校，喜欢学习生活，她总是付出巨大的艰辛去创新设计学校生活环节。这些年来，刘校长带领谢家湾小学，从小梅花课程丛书和教学建议的编写、全学科融合教学、通过班级自编操创新课间操、长短课时相结合到全校实施自助餐、把教师节过成一个教师的联欢会等，处处体现了一个校长的创造性和独特管理艺术。她做的这一切都是为了促进老师们、学生们能够"快乐成长，健康飞翔"，真正实现"红梅花儿开，朵朵放光彩"。

刘希娅校长是个兼具行政领导力和学术领导力，并极具创新能力的专家型的校长。祝贺希娅校长新作《刘希娅与小梅花课程》出版，相信读到这本书的教育同行，一定能从这样一位好校长带着谢家湾小学这所好学校的发展历程中，得到一些启发，找到一些共鸣。愿我们教育界多出刘希娅式的好校长，一起推动祖国基础教育的进步！

（作者系芬中教育协会副主席兼秘书长）

三、胸怀大爱，享受教育人生

罗　凤

2020年的寒假不一样。

我翻阅着"希娅分享"公众号……

对于希娅校长写的每一篇文章，我和学校的很多老师一样，和全国很多教育同行一样，总是一读再读，在那些朴素真挚的字里行间，去感受希娅校长的教育情怀，去学习她的教育智慧，去分享她的生活意趣，去汲取满满的正能量。

常常会有人问：希娅校长30岁到谢家湾小学任校长，16年的时间里，她是怎样带领谢家湾小学从九龙坡区一步一步走向重庆市、走向西南地区、走向全国甚至在芬兰等国家有知名度和影响力的？为什么希娅校长在28年的教育生涯里，总是热情不减、创造力不竭？谢家湾小学课程改革遇到那么多困难、压力、阻力，为什么希娅校长能做到义无反顾？为什么全校几百名老师对学校、对希娅校长有那么强的归属感、依赖感？为什么全校上千名孩子最喜欢的是希娅校长并且三年级的孩子能说出"希娅校长理解我们"？

这个寒假中，她在每一个关键阶段推出的微信文章，似乎让我找到了答案。作为一名小学校长，她总是把自己、自己的工作、自己的老师和学生与国家、民族、世界、未来密切而深刻地联系在一起。正是这份大格局、大情怀、大视野，使她有了不一样的责任感、使命感、紧迫感，使她对教育有了不一样的理解，使她带着谢家湾小学几千名师生朝气蓬勃地始终向前。

希娅校长常常对老师们、孩子们、家长们说：覆巢之下安有完卵？所以，谢家湾小学的干部和老师，包括一些孩子，都坚持每天收看央视《新闻联播》和《重庆新闻联播》，都会关注《人民日报》、教育部等的公众号，了解和关心国际大事和国家大事。2019 年 9 月 1 日开学典礼上，希娅校长带着孩子们讨论"我，就是中国！中国，就是我！"带着老师们思考"以教育教学实践去诠释教育的使命担当"。2019 年 9 月 10 日，谢家湾小学教师节的主题为"教育强国与我的教育人生"。老师们说："普通就像如你我，我们能否把自己有限的生命与国家的命运相连，与民族复兴的梦想共振？答案是——能！愿祖国，因教育，因你我，更美好！愿祖国，因你我，因教育，更加繁荣富强！"2019 年 9 月，谢家湾小学开展主题活动"上好每一节课，献礼中华人民共和国成立 70 周年"。大家深刻理解"教育强国，每一个教育工作者都责无旁贷；教育报国，每一节课堂教学都肩负使命"。正是这一份对于自己的岗位工作与祖国命运紧紧相连的共识，使我们的老师们在一个又一个下班后的傍晚、一个又一个周末、一个又一个暑假，自愿加班研发课程、研究课堂。

　　还记得十年前我们刚刚启动以课程整合为核心的小梅花课程改革时，希娅校长说："我们要做的将是一件影响中国基础教育的事情。"当时的我们，为希娅校长的这份志气、豪气、大气所激励，但也没往心里去，因为我们知道，我们的学校只是一所普通的区属小学，我们的老师都是普普通通的老师，我们的孩子也都是社区的孩子，我们怎么能以一己之力去影响中国基础教育呢？但这样一份"没往心里去"并没有影响大家心无旁骛、安安心心地跟着希娅校长行动。从个别老师尝试跨学科教学到探索对话课堂、对话校园，从整合时间、优化兴趣活动到开展半日社团活动，从小组围坐到拆除讲台，从提炼各学科的学科精神到分解细化课程标准，从梳理各学科教材交叉重复的内容到编写上千份整合课教案，从持续编写、修订小梅花课程丛书到研发各学科教学建议，从取消上下课铃声到实行全校自助午餐，从研究典型课例到着力提升每一节随堂课的质量……一步一步走来，我们发现我们在这一条教育综合改革的路上留下了或深或浅的脚印：我们的课程改革被央视《新闻联播》专题报道，我们的素质教育育人模式荣获全国教育领域第一个中国质量奖，我们的实践经验被《光明日报》《中国教育报》等头版头条报道。一步一步走来，我们发现我们的身边汇聚了越来越多的来自北京、上海、深圳、山东、四川、西藏、内蒙古等全国各地的教育同行，带动课程整合、课程改革成为全国基础教育共同的研究话题和实践主题。一步一步走来，我们这一群普普通通的老师不知不觉成长起来，大批老师应邀到全国各种会议中发言，应邀到全国各地的学校做报告，应邀到各种学术交流活动中上观摩课，应邀担任各类导师。专业自信、专业成就、专业尊崇感让我们呈现出特有的谢小教师气质。我们的老师们说："对于孩子，我很重要；对于中国基础教育，我们很重要。"正因为认识到我们对中国基础教育的重要性，我们沉浸其中、沉醉其中、成长其中。

教育是社会发展的基石，小学教育是基础教育的基础。希娅校长总是想方设法培养干部们、老师们、孩子们、家长们的系统思维和全局观念。她也常说"人无远虑，必有近忧"。她带着我们放眼世界看中国教育，立足全国看重庆教育，立足重庆看学校发展；她带着我们这一群小学老师思考教育质量与公平，或许有人认为这是教育研究人员该做的事情；她带着我们关注全国高等学校本科教育，或许有人认为这是高校老师该做的事情；她带着我们研究新高考理念和方向，或许有人认为这是高中老师该做的事情；她带着我们了解教育部发布的《关于加强初中学业水平考试命题工作的意见》，或许有人认为这是初中老师该做的事情；她带着我们讨论《未成年人保护法》《预防未成年人犯罪法》，讨论教师惩戒权，讨论校园欺凌的预防；她引导家长们关注规范校外培训机构的要求、电脑摇号的升学政策、非认知能力的培养等。正因为我们理解团队与个人、全局与一域的关系，我们才能在纷乱与浮躁中内心淡定地潜心做自己认为正确的、对孩子们好的、对国家负责的事情，日复一日，年复一年。

大家都说没有爱就没有教育。在与我们朝夕相处的希娅校长身上，我们看到、体会到、学习到这一种爱是对孩子赤诚的爱，是对教育事业浓烈的爱，是对国家和民族深沉的爱。就是这样一种爱，让希娅校长带着我们，在陪伴孩子成长的过程中成就自己、享受人生。

（作者系重庆谢家湾小学副校长）

四、小梅花课程与我的专业成长

陈晓君

2011 年，我从西南大学科学教育学专业毕业，抱着一颗对教育的热忱之心来到了谢家湾小学工作，开启了我的教育人生。幸运之至，学校正在进行小梅花课程改革，使我能与小梅花课程共成长。那时学校下午的课程是学生自由选择的社团活动，学生跨学科、年级和班级走班学习。老师们可根据自己的爱好和特长选择相应的社团教学，同时孩子们可以凭自己的兴趣爱好选择对应的社团。哇！原来学校课程还可以这样上，学校如此充分尊重老师们和孩子们。事实上，在后来工作的这些年里，我不断地被冲击着、碰撞着。

在希娅校长的引领下，我们解读、细化、分解国家课程标准，重构校本化课程标准，整合部分地方课程和校本课程，尝试跨学科教学和多学科整合教学；我们优化课程结构，建构小梅花课程体系，编写涉及全科的全套小梅花课程丛书和教学建议。在小梅花课程改革的这段历程中，我是一位学习者、践行者、经验传播者，从一位专职科学教师，转变为负责数学教学兼科学教学的跨学科老师。在实践过程中，我的大脑受到各种教育思想与理念的冲击和碰撞，在碰撞中我不断地快速成长，因此我的教育人生正阳光灿烂。

回顾自己小学到高中的学校学习生涯，一直接受的是德国赫尔巴特分科教学和重视知识的教育。曾记得老师们的教学基本是以知识的"讲背练"为主的，很少站在学生的立场来设计教学，更倾向教师中心、教材中心。同时学习内容、学习素材等与生活严重脱节，所学知识也缺乏相应的实践和应用环节，学习和实践成为"两张皮"，学校成为人们口中的"象牙塔"，我们的创造能力和综合素养发展受到一定的限制。希娅校长带领我们重构的小梅花课程体系，旨在突破学科中心、教师中心、教材中心，回归孩子的立场，通过提供更多的专题活动、社团活动等综合性学习机会，培养学生的综合素养和实践能力。我们转变传统"讲背练"的教学方式，让孩子更多地通过动手操作、实践体验等倾向于活动化的学习方式去自主合作、探索研究、发现应用。我们尊重孩子的个体化差异，让每个孩子都按照自己的优势去发展，力争让"每一朵梅花"都能阳光自信且光彩四射。我喜欢、认可并深刻理解这些小梅花课程的"配套"思想与做法，并不断在我的教学中深入思考与创新实践。

尊重、理解、接纳每一位孩子。学生是受教育者，他们的体验、收获才是作为教育者的我们工作的出发点和落脚点。所以我们以学生为中心，站在学生的立场思考所有的教育教学。我认为，每个人都是独一无二的个体，每个人都有自己的优势和劣势，所以教师应该遵循孩子的身心发展规律，尊重、理解、接纳每个孩子的成长步伐。以对待班上的学习比较困难的孩子为例，只要他们学习态度端正，我从不会因为他们暂时理解不了某类数学问题而批评、嫌弃他们，反而会站在孩子的立场思考：如果我是他，自己努力了却还是不能完全理解会是怎样的心情，会期待受到老师怎样的对待。由于知道了他的困难和问题不在于学习态度，而在于思维发展，我的心情比任何时候都平和，反而能静下心来根据他们的情况因地制宜、因材施教，选择适合他们的策略和方法，搭建更细更平缓的脚手架，找到与他们的思维的沟通渠道，帮助其突破瓶颈。慢慢地，这几位同学的学习成绩和学习能力有了极大的进步，最关键的是他们学习数学的信心激增，这是他们建立数学学习信心和积极自我认识的关键一步。相信在未来的学习中，他们的努力和自信将发挥作用，助他们攻克难关、战胜自我。

尊重儿童爱好活动的天性。如果把孩子禁锢到固定的位置，要求孩子静坐听讲，忽视、违背和压迫孩子的天性，直接或间接地扼杀孩子的学习自觉性和积极性，那就是在用成人标准抹杀儿童的尊严。所以我们的课堂环境不是一成不变的，它因每节课的需要而变化，而且不会要求固定的坐姿。小组围坐，坐在阶梯上，坐在矮凳上，甚至席地而坐都时常发生；室内、过道、走廊、室外等都是孩子们探究的地方。这些看似不起眼的变化其实意味着老师们对学生的关注、尊重。这样的学习环境与氛围其实遵从了人本主义学习理论，遵从了人本主义理论中有意义的自由学习观、学生中心的教学观，创造了和谐宽松的课堂氛围，从而调动了学生的积极性，发挥了他们的主观能动性。我们在数学、科学等一系列的专题活动中也会提供更多的动手操作和实践的机会，让学生不只是专注倾听，还能充分地进行操作实践活动，让他们"动"起来，获得愉悦的学习体验。

孩子有游戏的天性，喜欢游戏等趣味性活动是本能。这启发我们在平时教学中尽可能增加游戏活动，用孩子喜欢的方式来达到教学的目的。游戏活动能缓解课堂的枯燥乏味，对于注意力集中时间相对较短的孩子来说更是益事。比如在科学课"建高塔"中，为了让学生充分理解与运用高塔的特点，第一种设计是用装有不同高度水的瓶子，让学生验证哪个瓶子能倾斜更大的角度而不倒；第二种设计是让每个组的学生自主选择不同形状、高矮、宽窄的瓶子，自主选择装沙、小石头和水任意一种材料，最后比一比哪组制作的瓶子倾斜最大的角度而不容易倒。哪一种设计更有趣？更能激发学生的内驱力和参与热情呢？教学实践证明第二种设计中学生参与挑战的热情高涨，合作氛围浓厚。因为比一比哪组的瓶子不容易倒的挑战激发了他们的创造热情。在选择瓶子和材料的过程中，学生成为学习的主动参与者、中心，而教师只是材料的提供者和引导者。

　　教育回归生活——生活化教学模型的思考与应用。陶行知生活教育理论中"教育源于生活、教育需要生活、教育为了生活"的思想，为教育回归生活指明了方向。我们在国家课程校本化实施的过程中，让课程生活化，加强知识在生活中的应用；寓教于生活，让生活走进课堂。以科学"溶解"单元为例，课标要求学生知道水能溶解一些物质，所以我们在原有的知识体系上增加了运用溶解知识制作蜂蜜柚子茶的环节。在最后一课时，以每人每天合理的食盐摄入量为切入点，让科学与生活、劳动技术融合，注重科学知识与生活、健康、技术、社会及环境的紧密联系。

　　我们不止让课程内容生活化，也让教学过程生活化。科学源于生活，生活蕴含科学。我们通过不断思考与实践尝试，形成了生活化教学模型（见下图），在教学过程中让教学情境生活化，让教学内容生活化，让探究材料生活化。首先通过生活现象引出问题，然后围绕问题，通过猜测假设—设计实验—实验与记录—分析数据—得出结论来探究，获得相关的科学概念，最后把得到的科学知识应用于生活。孩子们知道平时的所学都有所用，实现了学以致用的良性循环。

生活现象引出问题　探究问题获得概念　回归生活应用实践

　　这个教学模型怎么使用呢？以一年级科学课"分类"为例，我们以超市物品杂乱为生活情境，让孩子们想想解决办法。孩子们想到了分类，然后用实验材料尝试按照不同的标准分类，最后整理文具盒、书包、衣柜、玩具和房间等，把分类的思想和方法应用到生活中。

　　小梅花课程在不断地改进和优化，我的教育行为与实践在不断改进和创新，专业发展水平也在不断进步。感谢、感恩希娅校长的引领，无比幸运能与小梅花课程相遇并成为践行者，由衷地热爱这个团结一致、努力上进的谢小大家庭。谢小人互相鼓励、共同进步，成就最美的自己、最美的教育人、最美的谢小！

　　　　　　　　　　　　　　（作者系重庆谢家湾小学数学教师、科学组教研组长）

五、让每一个孩子都向阳而生

李　葵

"教育即影响"，这是希娅校长常挂在嘴边的一句话，也是对我的教育观影响至深的一句话。

"……这种影响是教师与学生带着各自不同的经验背景，去探寻、介入、改良、影响世界的过程。教师放低自己的姿态，放掉自己陈旧的权威，去尊重与发现孩子时，就会常常为孩子的成长而欢欣，为孩子的发现而雀跃……"

希娅校长如是说，我如是践行。

作为一名语文教师和班主任，我已经工作了34年，在谢家湾小学工作也有27年了。近十几年来，伴随谢家湾小学的课改进程，无论是在班主任工作方面，还是在课堂教学方面，我也渐渐改变，改变着希娅校长过去常说的强势主导风格。尤其是在课堂上，我慢慢地喜欢上了新的民主对话型课堂，真诚地与孩子们平等对话，鼓励孩子们采用小组合作学习的方式阅读、思考、交流……尊重孩子的意见，在关键的地方以对话的方式引导孩子自己去寻找问题的答案。不需要举手，孩子自己站起来回答问题，谁先起立谁先说，让孩子在一个轻松、愉悦、自主、平等的课堂里畅所欲言。

在这样的课堂里，孩子们既能自主学习，又会合作探究；既会认真倾听，也敢大胆质疑；既能尊重欣赏，又懂客观评价……站在离孩子最近的地方，我与他们切磋、交流。他们的眼中时常跃动着星星般的光彩，而这光彩，也常常映照在我的眼中……

每一周的语文专题活动，都是孩子们的"全能赛场"——从体验非遗文化的魅力到感受传统节日的底蕴，从探寻校园食堂后厨的奥秘到开一场玩转科学的联欢会，从主办校庆60周年小剧场到用一言一行为中华人民共和国成立70周年献礼……每一次专题活动都以孩子们主动策划、自我组织和独立实施为出发点，成为孩子们一次次的锻炼和跃升。

每一年的班级自编操编排时间，都是孩子们的"巅峰时刻"——主题创编、筹备排练、现场展示……团队配合与个性表演完美结合。我和孩子们每一次都竭尽全力，每一次都努力超越。孩子们付出的是智慧和汗水，收获的是成长与自信。希娅校长总是创新着学校的生活方式，创造机会与平台让老师们和孩子们都历练其中、发展其中，正如伙伴们感叹：你若精彩，她定会为你搭台！

而我所做的，就是实践希娅校长的课程观——"一切有积极影响的元素都是课程""教师的生命状态就是最好的课程资源"。无论是在课堂内外，还是在孩子们的眼里心里，我的精神品格、容颜气质、言谈举止、学识技能……都应该是孩子们的榜样，正所谓"教师无他，榜样而已"。

希娅校长说："要以孩子们未来的人生发展轨迹和效果来诠释我们的教育影响力。"谢小的许多班级都有自己的班级昵称。我们班取名叫"葵花班"，一是因为我名字中带有"葵"字；二是因为"葵花"是我努力的目标，就是用教育影响每一个孩子，让他们都能如葵花般自信绽放、快乐成长。我的改变带来了孩子们学习方式和学习效果的改变，伙伴们也都说我也越来越年轻漂亮了。我也真心觉得，这样的学校生活幸福、充实、令人依恋。让我们一起向阳而生，一起成为生命中最真、最美的模样！

（作者系重庆谢家湾小学语文教师）

六、我教育人生中的一次"破茧"

王晓燕

2019年11月的一天下午，刘校长带领我们从学校出发，驱车6小时，直至深夜才来到偏远的重庆城口县鸡鸣乡小学。第二天上午在我和鸡鸣乡小学的数学老师分别执教了一节数学课后，刘校长现场结合我们的课例做了课件，进行了一场如何提升课堂教学质量的报告。大家交流互动到中午1点。饭后我们马上出发，又来到万州区福建小学。第二天上午在我和万州区福建小学的一位语文老师分别执教了一节课后，刘校长又马上把我们的课堂做成了一份详细的课件，为大家做了一场非常专业的教学指导报告。在两天马不停蹄的活动中，刘校长的一言一行让我感受颇多，这是我2010年从东北师范大学数学专业毕业至今成长过程中的一次"破茧"。

（一）在细节中反思，在总结中提升

我在城口县鸡鸣乡小学和万州区福建小学上了六年级上册"扇形统计图"这节课。刘校长也是第一次听我的这节课，上完课之后她第一时间在课的设计和课堂教学处理上，和我做了交流，给了我很多指导建议，让我深受启发，其中让我特别受益的是以下两处：

第一，在用不同的图形表示百分数时，在孩子们分享完自己的想法后，我直接介绍：在数学中通常用扇形统计图来表示分数。刘校长提出老师这样武断不严谨，不利于孩子们思维的发展，可能会让孩子们困惑：其他的图形都不行，只能用扇形统计图表示吗？校长的立场和对细节的把控让我叹服。在后来的一节课中，我进行了简单小结：这些图形都可以表示男女生人数占全班人数的百分之几，而我们通常用扇形统计图来表示。

第二，在让孩子们自己统计完一天的作息时间之后，我直接拿出了自己提前制作的"小明"的作息时间统计图，然后带着孩子们完成相应练习。刘校长说："小明是谁？和孩子们不相关的信息会有最好的教学效果吗？为什么不拿现场孩子们生成的统计图？"是啊，和孩子们不相关的"小明""小红"，不会引起他们的强烈感受，而自己班上同学的作息时间统计图却是鲜活的材料。课堂教学是一个动态的、不断发展的过程，具有灵活的生成性和不可预测性。我们应及时捕捉、及时采撷教育机会，在教学过程中真正做到"心中有学生，眼中有资源"，才可能营造出活泼、和谐、自由的课堂氛围。在第二次上课时我就立马使用了孩子们生成的资源，自己也没再感觉到这个环节不真实。

课堂改进了，我也成长了。刘校长的建议我始终铭记于心：学生的主体性和教师的主导性缺一不可，教学中关键点的牵引和提炼一定要到位，专业知识和教学法要协同并进修炼！

（二）感怀敬业精神，体悟教育大爱

几天时间里，我只上了两节数学课，而刘校长的任务却很多。她不仅要评课，用现场完成的评课课件对每节课的各个环节做点评，还要进行现场授课。想想自己为备好这堂课绞尽脑汁，上完两堂课便觉万事大吉的心态，不觉有些羞愧，更

是感受到和教育前辈间巨大的差距，以及自身成长的紧迫感和必要性。为了和万州区福建小学的老师们探讨什么是"课感"，刘校长现场和六年级的孩子们进行了《少年闰土》的学习。看到刘校长和孩子们的交流方式，现场老师无不豁然开朗。

除了评课、做讲座，校长几乎还走遍了城口县鸡鸣乡小学和万州区福建小学的每个角落，认真细致、毫无保留地为他们提出在硬件设施和课程建设等方面的改进意见。感受到城口县老师们渴望学习的心情，校长还真挚地邀请他们来谢家湾小学交流。她的真切和热忱让我第一次真正明白了什么是教育大爱。她不是作为一群孩子的老师、一所学校的校长在行走，而是作为一名真正的有责任感和使命感的教育者，在教育这片土地上洒下心血和大爱。

（三）感恩良师，继续前行

这一次随刘校长到两所学校，我深深地体会到我们学校的老师们在专业发展上是多么的幸福，因为我们有兼具学术精神、学术情怀、学术水平的刘校长时刻陪伴在我们身边。刘校长会利用各种机会对我们的工作乃至生活进行格局、思维方式上的引领，搭建各种平台让我们接触最前沿的教育思想和教育信息。我更感受到作为数学组的一名老师的幸福。每学期刘校长都会参与到数学组的研课活动中，还要以身示范，让我们感受什么是有效的数学课堂。平常我是身在福中不知福，这次走出去才感受到自己身为谢小老师的幸运。对此，我深深地感恩学校，更感恩良师指点。

万州区福建小学和城口县鸡鸣乡小学在交流活动中，不仅组织了本校老师，还组织了其他学校的校长和老师参与。他们的收获和触动也很大，一位老师说"像打开了一扇窗"。活动过后，两所学校发动全员老师来总结这次学习的收获，还专门分组讨论，找差距、抓落实，对这次学习机会珍之重之。而我们有这么高的平台、这么好的校长、这么多的伙伴，应该更加珍惜，更加开放，更加积极参与到平常的教育教学研讨中。

这次送课活动，令我收获颇多，让我在坚定了教育自信的同时，也看到了自己在教育教学上需要努力改进的地方。去了不同的地方，特别感受到了作为谢家湾小学老师的幸福，尤其感受到了刘校长的教育情怀和教育大爱，感动满满！

（作者系重庆谢家湾小学数学教师）

七、我们的希娅校长

吴晴漪

不知不觉，我在谢家湾小学已工作了 20 年。回看谢小探索的坚实步伐，展望谢小未来的无限前景，我真切地感受到一名校长给予了一所小学多么深远而积极的影响！

希娅校长是 2004 年走进谢小的。

这些年来，我看见她一直关心老师们，尤其是在引领教师的专业成长上不遗余力。尽管工作繁杂，但她总会留意和关注大家的情绪、状态，让人感到蕴含其中的关爱与期待。

就说说关于我的最近几年的两件事吧。

2016 年 4 月的一天，距离重庆市第九届青年语文教师优质课赛课开始就两周多时间了。我校计划通过一节辩论课来呈现我们对语文课的最新研究，这在全国尚无先例。正在准备赛课的几位老师对课程的理解遇到了瓶颈，课程设计也陷入了困境。某晚，刘校长跟我通话，告知我实际情况。她分析了我的优势，问我能否分担，能否把自己指导辩论社团的经验融合到课堂教学中。她还说："你放心，后面有困难，我们一起想办法解决。"

我接下这块"硬骨头"。磨课的过程极为艰苦。虽然教研员全程指导，虽然我带入了具有操作性的经验，但是课堂要么因"剧透方法"而失去现场辩论的激情，要么"看似热闹"但难以真正落实课堂指导。离正式赛课只有不足两周的时间了，大家都很苦恼。

希娅校长来听课，还请来了当时做客重庆的芬兰专家来研课交流。听着听着，她自己走上了讲台，用她的方式与孩子们互动，课堂氛围变得格外轻松起来。教学告一段落，她对研课的老师们说："这节课，得推翻！要重新设计！"

大家的震惊可想而知。一行人就这样坐下来，按捺住纷乱的心绪，重新确定目标和流程。校长认真听取大家简单提出自己的想法后说出了她的看法。她的思绪变化极快："我认为这堂课应该设计成一场微辩论，让孩子们有机会辩起来。教师在其中穿针引线、点拨思维、提炼方法、推进辩论……我认为孩子们需要先看一场辩论的精选剪辑，毕竟他们没有参与过辩论……最后，我们将孩子们发言的角度、要点、方法形成一个思维导图，帮助孩子们在激烈的辩论后思考辩论有没有收获，让他们体会辩论的思维美、语言美……"大家专心聆听，似乎在混沌中看到了一方透亮的天、一个全新的事物。

希娅校长的课程构建，最终说服了所有人。之后，她接连五次走进我的试讲课堂。然而，理想与现实的差距实在太大了：理念不到位，师生的心理距离远；学情把握不精准，教学走了样；设计没吃透，效果忽上忽下难保证。课后，希娅校长都与我及时交流，或开门见山，或促膝交谈，或逐句示范，或对比剖析。欣慰的是，我每每和她碰撞一次，都能解决一个问题。随着堆积的问题逐渐减少，我连日高速运转的头脑也变得清亮了不少。

我很努力地试讲、研讨、修改，再试讲、研讨、修改，每天休息时间只有四五个小时。赛课前一晚，我竟在众目睽睽之下再次出现摇摆，焦灼与无奈让我陷入自责，我想逃离这一切。希娅校长走过来拍拍我的肩，说："今天不讲了。"她转身对其他老师说："她没问题的，给她时间。"又回头对我说："你没问题。这段时间你太紧张了，回去睡觉，放松就好了。"

回家睡了一觉，第二天清晨 4 点多起来，看到手机上已经静静"躺"着一条来自校长的短信。原来，校长也醒了，她的文字让人感到并肩作战的力量。赶到赛课现场，我的状态渐渐好了一些。一位干部把电话递给我说："校长和你说说话。"电话那头传来校长的声音："晴漪，现在我们还有一些时间，你想想还有哪里没想明白。"就这样，我和希娅校长又聊了好久。我说我的预设，她说她的建议；我说我的担忧，她说她的做法……40 多分钟后，自信点点滴滴汇聚，我把赛场看作平时亲近的课堂，竟有些渴盼和孩子的相遇了。

最终这堂课很出彩，无论理念还是实施，都给全场耳目一新的感觉。大家说执教者举重若轻，似有大师风范。时隔四年，我实践、摸索，才慢慢领会到当年课堂设计的部分精髓。每每思之，希娅校长的引领、帮扶依然历历在目。她的专业、她的情怀、她的魄力、她的分担、她的爱护、她的引领……有幸，我一路亲历，一路感动，一路见证。

再说第二件事。

　　2019 年 9 月 29 日，谢家湾小学的千人大礼堂里高朋满座，"上好每一节课，献礼新中国成立 70 周年——"谢家湾小学学科教学建议"发行赠书仪式"在这里拉开帷幕。

　　在上千位知名专家、主流媒体人、国内外教育同行的瞩目下，一位普普通通的老师担任全场主持。她在开场白中沉稳笃定地介绍："7 门学科 25 册教学建议的出版发行，上好每一节课的庄严承诺，就是我们谢小人向中华人民共和国成立 70 周年的深情献礼！"她流畅地介绍各位嘉宾，精当地分享编写故事，激情地开启发行仪式，得体地推进专家点评……她的主持，赢得了在场嘉宾与同行的高度赞誉。会后，这位主持老师收到了希娅校长的短信："谢谢你，谢谢你这么懂谢家湾小学，这么懂我，这么优秀地主持活动！看到大家沉浸在你的光芒里，我真心觉得幸福。辛苦了，健康快乐！"

　　相信您猜到了，这位普普通通的主持人——就是我。可是，这么盛大的活动，为什么学校会选择平平凡凡的我呢？

　　我在当天的开场白里有一段话，既是我的心声，也是校长的期许："我是一名普通的语文教师，在谢小已经工作了 20 个年头。虽然这 20 年的每一天都很平凡，但我认为很有意义。在举国上下喜迎中华人民共和国成立 70 周年前夕，我很荣幸担任本次盛会的主持人，相信这段经历会成为我教育人生中难忘的一页。"

　　是的，希娅校长想告诉谢小的老师们：教育报国，每位老师都值得被瞩目。想告诉教育同行们：每一位教育工作者，都是时代故事的创造者。想告诉我们所处的时代和社会，平凡而有意义的工作者，都需要被注视、被祝福！

　　这就是我眼中的校长。不过，我们很少叫她"刘校长"，更习惯在称呼前加上"希娅"两个字。现在，你一定知道大家为什么称呼她希娅校长了吧？

（作者系九龙坡区谢家湾小学语文教师）

八、在榜样的引领下成长

刘岩林

　　有人说："和谁在一起，的确很重要。"我想，这也正是青岛市枣山小学牵手谢小这所榜样学校，以及我加入"刘希娅校长工作室"的初衷。

我带着青岛市枣山小学的干部、老师先后 6 次来到谢家湾小学，寻找这所中国教育领域第一个中国质量奖获得者的优秀基因并积极对标，借鉴她的经验做法，实现学生、教师和学校三位一体的共同成长与发展。

谢小的课程观，引领我们进一步创新、完善学校课程体系，推进课程整合的深入探索。谢小的课表比较特别，课程科目少，学生负担轻。谢小整合课程内容，将国家、地方、校本三级共十几门课程整合为 7 门课程，只用原来 60% 的时间即可达到国家课程标准的要求。谢小的课程整合是值得我们学习的重要内容。我们也富有创意地进行 STEM 课程的开发，研发了小缝纫课程，开发了人工智能课程，受到孩子们的欢迎。我们的整合课堂也成为老师们执教的亮点。备课中，老师们能很好地整合不同学科、不同版本教材的教学内容，为我所用，为提升学生素养服务。

谢小的师生文化，引领我们进一步思考以共同文化为导向，提升师生自律意识，形成枣山师生文化。一流的学校靠文化。在谢小师生高度自律的影响下，我们也在思考枣山小学师生的自律意识。因此，我们在学校的第二个五年发展中提出"文化引领"。在文化引领方面，我们确定了以下几个关键词：环境文化——温馨＋雅致；管理文化——人文＋制度；课程文化——传承＋创新；课堂文化——求实＋高效；教师文化——有爱＋自律；服务文化——细致＋暖心。我们期待伴随着学校文化的深入研究和发展，学校能够站在一个更高的平台上。谢小老师们自觉积极的研究意识，引领我们借力专家平台，进一步提升枣山小学老师的研究力。

谢小的老师们爱研究、会研究，在教学上有独到的见解。枣山小学老师先后带课与国内外教育专家交流，与谢小老师交流，开阔了研究视野。在谢小，所有的研究都基于自身需要。在我们学校，凡是课程研发、课题研究，都由教师共同参与，提升了教师的课程实施水平。"只有全体教师都参与的课改才是真正的课改。"值得高兴的是，前两届的青岛市精品课程评比中，我们连获两届"精品课程"奖；三年里有 50 余人次在国家级、省市级比赛中获奖，多人被评为市区教学能手、青岛市学科带头人，多位老师在各级教学研究活动中交流教学经验。

谢小以问题为导向的管理方式，引领我们进一步思考："我们发现了什么问题？

该如何解决？"谢小的班子会和研讨会都很直接：学校遇到问题，就在班子会上直接解决。我们学习这种"以问题为导向的管理方式"，每周一的班子会也干脆利索，总结成绩过后，重要的就是讨论：近期管理中你发现了什么问题？我们该如何解决？大家各抒己见，最终拿出解决问题的办法。会议节省了时间，提高了工作效率。大家遇到问题不回避，敢于提出来，一起面对，一起想办法解决。

谢小精致温馨的品牌服务意识，引领我们进一步改进：如何为师生、为大家提供温馨的服务？每次去寻标、对标，和我们联络的谢小老师都事无巨细，周到温馨。走进会场，统一的水杯、纸巾盒还有小梅花的标志处处可见，就连水杯杯把的朝向都是一致的。一个优秀的团队，能够把会议办成一种品质、一种文化、一种享受。谢小团队办会，是一个高品质样板。学校的管理者，就是要为教育教学提供周到细致的服务，提供温馨的帮助。我们见贤思齐，让团队的服务更加细致到位，在各种接待事务中赢得好评。学校各项工作都取得了很好的效果，我个人也成长为山东省"齐鲁名校长"。追求高品质、高质量，是我们向谢小学习的结果。

无论是一个人，还是一所学校，都需要成长的榜样。牵手谢小，让我们在看到已有成绩的同时，给学校发展以新的定位。枣山小学这所走过初建期，走进发展期、上升期的高起点现代化学校，会向着更加优质的目标迈进！

（作者系山东省青岛市枣山小学校长、教育部中小学名校长
领航工程"刘希娅校长工作室"成员）

九、追求教育本真 坚守教育理想

刘玉霞

2019 年，我有幸成为教育部中小学名校长领航工程"刘希娅校长工作室"的成员。在希娅校长的带领下，在这个优秀的校长团队里，大家相互交流和学习，相互支持和鼓励，经历了教育思想的洗礼，拓宽了教育视野，提升了教育管理能力，使个人专业成长向前迈进了一大步。

（一）在精神感召中体悟

体悟希娅校长的精神和人格魅力。从多次与希娅校长和谢家湾小学的接触中，我感受到了希娅校长敢于开拓创新的精神和对教育理想的执着追求。在谢家湾小学，我们看到了教育真正的价值。希娅校长深刻地影响着我们对当下教育现状的反思，激励我们要有敢闯敢拼的精神，敢于向违背教育根本意义的错误倾向说"不"，最大限度地让教育回归促进人终身发展的本源。希娅校长成为我们的榜样和坚守的力量。

体悟谢家湾小学包容开放的大格局。谢家湾小学向工作室成员开放一切活动，以包容和接纳的态度对待教育同行，不遮掩、不回避，真诚而坦荡，这是教育人应该有的胸怀，但在当下却不是所有的名校都具备。

体悟"只有自己强大了才能影响别人"的内涵。在我对当下学校困境感到非常无奈、非常惶恐的时候，希娅校长曾经说过的"只有自己强大了才能影响别人"这句话，让我深受启发。与其抱怨当下教育环境，不如做大做强自己，方能改变环境，方能有教育的话语权和主动权，方能把学校办成自己想要的样子。

体悟谢家湾小学教师团队的凝聚力和战斗力。在小梅花课程的开发和小梅花课程丛书的编写过程中，谢家湾小学的教师表现出的专业精神、敬业精神、团队精神着实让人羡慕和敬佩。这是学校文化的彰显。教师的精神状态和职业状态是学校最大的财富，是推动学校变革的最大动力和源泉。为此，我在自己的学校里，也下大力气去优化教师的精神面貌，激发起教师的改革激情和创新内驱力。

（二）在实践引领中提升

提升学校教育思想的站位。从"六年影响一生"办学理念和"红梅花儿开，朵朵放光彩"主题文化到"培养改良世界的中国人"的提出，再一次体现了谢家湾小学办学思想的大格局、大视野。特别是在中国教育创新年会上，希娅校长的发言高端、大气，体现了教育人非凡的视野和教育人对改变中国命运乃至人类命运的担当精神，这时刻提醒着我们作为校长一定要心怀民族、心怀世界，站在历史的高度、民族的高度去看待教育，去做教育。

提升课堂教学变革的实效性。教师课堂行为的改革是当前学校课程改革的重要环节，也是制约学生学习方式转变的关键因素。从谢家湾小学芬兰教育研讨活动周中，我们看到并坚定了课堂一定要从以"教"为中心向以"学"为中心转变的决心和方向。每次芬兰教育研讨周活动，我们学校都派出教师观摩，并提供研讨课例，通过专家的引导和同伴的互助学习，初步感受到了芬兰课堂的特征和效果。从模仿到深入研究，我们的教研团队深受启发。

提升学生管理的效果。谢家湾小学的孩子让我们看到了活泼开朗、天真大胆、友好礼貌、富有质疑精神和创造精神的学生的良好状态。他们既开放自由又遵守秩序和规范。从食堂就餐到无铃声的课堂，再到自编操和棒球赛，孩子们在其中表现出的生动的气息与健康快乐的样子让我们不断反思和改变自己学校的管理，改变学校德育工作和班主任工作，推行新的评价机制，并不断地丰富学生的课外活动和实践活动，把学生从过重的课业负担中解放出来。我们以谢家湾小学为样板在不断地努力。

提升课程构建和课程实施的能力。谢家湾小学小梅花课程丛书的编写和出版，彰显出希娅校长作为校长强大的课程领导力，给其他学校提供了可借鉴、可使用的范本，让我们深深受益；同时希娅校长强调校本课程的编写和实施要以完成国家课程的任务为前提，是一种实事求是、尊重现实的科学精神，启发我们做教育、做课程必须务实。

提升优质资源的运用能力。"刘希娅校长工作室"不仅无私地分享谢家湾小学的教育成果和经验，还让成员校与谢家湾小学共同分享来自全国和世界的先进教育成果与经验，这些高端的平台和优质的资源无疑是我们的巨大财富。比如与芬兰、新加坡的交流，与全国教育名家的对话，是难得的学习机会，是我们终身受益的宝贵经历。

在"刘希娅校长工作室"的学习经历，是近期我个人教育专业发展最好的时期。希娅校长唤起我"建一所我心中理想的学校"的教育梦想，极大地鼓舞着我和我的团队持之以恒、心无旁骛地从事教育研究，推动自己的学校高位发展，建立自己所在区域的教育品牌。带着希娅校长与工作室的这份担当，我们应该去汇聚更多志同道合的基础教育改良力量！

（作者系重庆市巴南区鱼洞第二小学校长、教育部中小学

名校长领航工程"刘希娅校长工作室"成员）

十、刘希娅校长的教育情怀及对我的影响

付文锋

第一次想走近希娅校长，是几年前在渝北区暑期校长培训班讲台上，那时她作为专家校长来和我们交流。印象十分深刻的是，她分享了"六年影响一生"办学理念如何在她的主导下诞生。当时面对多数人的质疑、好朋友的担心、新同事的观望，她如何艰难地坚守，如何请到顾明远先生为办学理念题字，如何一步步让办学理念落地，如何慢慢让自己做到学生喜爱、同伴信服、上级认可、全国闻名。我从中感受到了一个真正的教育人的奋争、奋发、奋进、奋起……办学理念于校长如同生命一样重要，作为校长，我特别感同身受。那是我第一次产生了想走近希娅校长的想法。但身为一个偏远农村小规模学校的一员，我知道，这个想法无异于幻想，太不契合实际，所以我不敢对外人讲。

第二次想走近希娅校长，是我一个省外的校长朋友建设校园文化时，利用假期到重庆的一些学校实地考察学习，在看过一些学校之后，总有一个愿望——想走进谢家湾小学去参观一番。这一次，想到谢家湾小学能在全国产生这样大的吸引力，着实是我们重庆的骄傲，不由得再次激起了我想走进谢家湾小学、走近希娅校长的想法。

第三次想走近希娅校长，是从不同渠道知道了谢家湾小学获得中国质量奖的时候。谢家湾小学"红梅花儿开，朵朵放光彩"的素质教育质量管理模式，荣获第三届中国质量奖，这既是我国教育领域的第一个中国质量奖，也是重庆的第一个中国质量奖。这个荣誉已经不只是谢家湾小学的骄傲，也不仅是重庆的骄傲，更是中国基础教育的骄傲。在重庆第二师范学院的青年优秀校长培训班上，希娅校长再次为我们做专业引领，当时我内心的敬佩之情油然而生。下课时，当我怀着忐忑的心情，把陈中梅校长送的《希娅分享》递上去让希娅校长签名的时候，我还没有意识到，我走近希娅校长的梦想就快要实现了。

2019年4月，在经过主动申报和高比例淘汰的"漫长"等待后，我终于有幸和来自重庆八个区县的优秀校长，共同成为教育部中小学名校长领航工程"刘希娅校

长工作室"的学员，真正实现了走进谢家湾小学、走近希娅校长的梦想。来到工作室，我才明白了希娅校长为什么会有如此强的感召力。

她有博大的胸怀——她不仅把学生放在学校的正中央，培养学生的"培养改良世界的中国人"，对我们学员更是承诺："只要谢家湾小学有的，尽管来拿，不要客气！"她为我们提供了"自助餐式"的研修模式，对我们有求必应。一年来，我和我的同伴们已经记不得多少次来到谢家湾小学，多少次来到"翔·行为艺术中心"，多少次走进没有上课铃声的教室。谢小人每一次都细心接待，周到服务，甚至亲自把小梅花课程丛书送到我们学校，令人感动！

她有顽强的毅力——她和谢家湾小学的同伴们，用了整整一个暑假，编写了涵盖小学各个学科、各个年级长达250万字的教学建议，用"上好每节课"的承诺和行动，代表基础教育人向祖国70岁华诞献上生日礼物！能完成这样巨大的工程，希娅和她的"铁娘子军"（重庆市教科院语文教研员张咏梅语）身上的毅力之强令人感慨！

她有专业的力量——在"中芬新教学周"上，她前一天深夜刚从贵州出差回来，第二天8点就神采奕奕地走上讲台，面对世界各地成百上千的教育同行，和二年级小朋友一道，呈现了一节她亲自参与设计却从未完整试讲过的数学课"分数的初步认识"。她的专业自信、专业深度、专业实践、专业幸福……让在场所有同行折服。难怪谢小人走得如此高远、如此扎实、如此坚定，因为他们身上有专业成长的力量！

谢家湾小学对我们的帮助太多，多得我数不过来！

希娅校长对我的影响太深，深得我写不过来！

我想说，希娅的"六年影响一生"已经深深地影响了我，我要努力在观月小学践行好"责任照亮心灵""敢担当，见行动"，用我的责任去照亮更多观月人的心灵。

我想说，谢家湾小学的孩子已经是"红梅花儿开，朵朵放光彩"了，而我和我的同伴一定要努力让观月的孩子们"人人有作为，个个亮晶晶"！我将不断努力，不负观月！不负希娅校长！不负谢家湾小学！

（作者系重庆市渝北区观月小学校长、教育部中小学
名校长领航工程"刘希娅校长工作室"成员）

十一、有趣的灵魂总会相遇

宋淑敏

缘起——

我是山东省东营市实验中学生物教师宋淑敏，至今和希娅校长没有见过面。

2019 年暑假，我和师父苟卓芬老师一起去苏州学习。闲谈中，师父说："今年我去重庆听报告，认识了一位谢家湾小学的女校长，她们学校的'红梅花儿开，朵朵放光彩'素质教育质量管理模式获了中国质量奖，而且她说她的衣服大部分都是自己设计的！"

"哦？什么样的女校长这样有个性？亲手设计的衣服是什么样子的？"我心中默生疑问。"你有她的照片吗？"我问师父。

"我有她的公众号，公众号里有不少她的照片呢！我把她的公众号推送给你。"

就这样，我关注了"希娅分享"公众号。进入公众号，我迫不及待地寻找这位女校长的身影：整齐可爱的波波头，朴素优雅的中式裙……一副真诚、可爱、干练的模样。再读"希娅分享"的文字，文字中透露出来的生活态度和教育思想深深吸引了我……

就这样，我遇见了"希娅分享"！

真知——

还没回东营，我就买了全套的《希娅分享》。细读《希娅分享》，那一个个故事里透露出的希娅校长对生活的执着与热爱、对教育的坚持与坚守都深深打动了我。

希娅校长说："我们要站在离孩子最近的地方设计课程。"我在想：面对中学生千篇一律的题海作业，我们是不是也应该站在离孩子最近的地方将作业设计成一种课程呢？想法一出，我和师父一拍即合，开始探索别样的生物作业，尝试打开生物学习的另一扇窗。就在 2019 年暑假过后的中秋节和国庆节，我们依次给孩子们布置了"创作我的思维导图"和"创作我的生物绘本"的生物作业。还真是"只有想不到，没有做不到"，孩子们上交的作业给了我们一个大大的惊喜。

希娅校长说："教育即影响。一切有积极影响的元素都是课程。教师的生命状态就是最好的课程。"是啊，教师的一颦一笑、一言一行、一招一式不就是最好的课程资源吗？我们要让自己的生命状态影响到每个孩子，孩子们才会成为我们所希望的样子。在 2020 年寒假全民居家的日子里，我立足个人爱好引导孩子们学做早餐。早起为家人做一份简单美好的早餐，享受其乐融融的家庭氛围，也是一种课程、一种教育。

在"希娅分享"的影响下，我开始尝试借助文字来记录自己一次次的教育尝试。《让生物作业炫起来之思维导图》《让生物作业炫起来之绘本制作》《你的生命状态就是最好的课程资源——宅在家的日子，一起学做早餐吧》记录了这些尝试带给我内心深处的感动。我尝试着去书写自己内心的思考，尝试着把心中的感情表达出来，尝试着把生活、工作的日常记录下来。《过有意义的暑假，做最好的我们》《我们在一起，遇见更好的自己》……自结识"希娅分享"至今，十余篇我的"笔记"在"苟老师生物教学工作室"公众号上和大家分享。我深刻体会到写作带给成长的别样意义：借助文字，不断丰富自己的生命意义，不断去遇见人生观、价值观同频的人，结识许多优秀异质的有趣灵魂，这也是一种教育生活质感的体现吧！

灼见——

"我们应该喜欢自己的样子，心无旁骛，简单率性，满怀热忱，不忘初心，理想信念坚定，善良，柔美，祥和，不抱怨……"从着装打扮到言谈举止，希娅校长都深深影响了我，影响了我们。"红梅花儿开，朵朵放光彩""站在离孩子最近的地方设计课程"……希娅校长的小梅花课程，从思维方式到行为方式，都深深影响了我，影响了我们。"不管经历多少误解、坎坷，我们依然对自己的理想不离不弃；不管多么孤单寂寞，我们依然不猜忌、不背弃，彼此心疼、彼此支撑、彼此成就！"希娅校长对团队建设的真知灼见深深影响了我，影响了我们。

2019 年 7 月，我作为学校最年轻的教研组长，重新组建了我们的团队"2017 级生物团队"。我们一起与"希娅分享"结缘，慢慢成长为一支有战斗力的团队：我们在一起，彼此心疼、彼此支撑、彼此成就！每次挑战当前，我们都相互扶持，用温暖打动彼此，携手一路，遇见了更好的自己！

尾声——

2020 年的寒假，宅在家里捧读《希娅分享》，渴望和希娅校长有更深入的接触，于是忍不住在"希娅分享"公众号留言，请求加希娅校长为微信好友，没想到素未谋面的希娅校长欣然回应。在我激动不已向希娅校长介绍自己时，她那一句"有趣的灵魂总会相遇"深深打动了我。

　　期待能有机会与希娅校长相见，促膝长谈，让两个有趣的灵魂有更深入的交流，彼此陪伴，共同成长！

（作者系山东省东营市实验中学生物教师）

后 记

不惑教育人生，一路感动感恩

《刘希娅与小梅花课程》，记述了我个人和学校成长的真实历程。成书过程与其说是一本书稿的撰写，不如说是一场心灵的对话。也借此机会，向曾经给予我机会、关心、帮助、指导、陪伴的人们，致以深深的敬意与诚挚的感谢。

2019 年冬天，我应邀为重庆师范大学教育学专业的本科生、研究生讲课。面对 300 多张踌躇满志的青春笑脸，我开口第一句是："毕业在即，你们现在考虑最多的是什么？再想想 20 年以后你们可能在哪里？"在接下来近 3 小时的讲课中，我结合自己的生活经历和谢家湾小学发展案例，分析我国基础教育未来发展的方向和趋势，激励学生们用正确的世界观、人生观、价值观去规划未来、砥砺奋斗，真诚地引导大家去理解：不管当前你是面临困惑还是胸有成竹，都请相信半年以后你在哪里不等于 20 年以后你还在那里。虽然未来不可预判，但你永远不要轻慢、不要放弃，要始终秉承感恩之心，饱含深情，不辜负每一次机会、每一个平台、每一份期待，你定会迎来黑暗中孕育的黎明、风雨中喷薄的阳光。自己不断成长和对社会发展发挥促进作用，就是最朴实、最有意义的人生。

我说我做的，我做我说的。不负韶华，不负人生。

回首我的人生成长之路，一个起点不高、外貌平平的自己，仅凭对教育、孩子们、老师们的一腔激情，不畏艰难困苦地执着投入。走过28年的教育人生旅程，可能是因为自己的生活经历，我不太善于讲人情世故、礼尚往来，也不太会去当面表达心中的感动与感激之情。无论是在生活中还是在工作中，大家常常说我真实、阳光、率真、果敢、诚挚，但也不够委婉、不够成熟稳重，过于直接甚至犀利，偶尔还有点较真儿和孩子气。一路走来，从幼儿园、村小、城乡接合部学校的每一个岗位，到懵懂地来到谢家湾小学任校长，从办学理念提炼、学校文化建设到小梅花课程整合改革的每一步突破，我遇到那么多领导、专家。不需要去套近乎、讲究人情，也不需要频频提及他们的名字和恩情，他们就这样充满信任地给了我那么多平台和机会。当我们的探索因冲破陈规旧俗而备受争议、引发矛盾，甚至冲击多个群体的利益而陷入舆论漩涡时，他们总是雪中送炭，坚定地站出来给予支持、点拨和鼓励，让我们的探索、创新得以持续，让我和伙伴们能够心无旁骛、沉心静气地去努力探索着促进孩子们发展的素质教育路径，实现着自己的教育理想。

我幸运地拥有了很多学习、培训、提升的机会。从九龙坡区校长培训、重庆市骨干校长培训、重庆市未来教育家培养对象培训到重庆市有突出贡献中青年专家培训，从到深圳挂职锻炼、新加坡南洋理工大学国立教育学院进修到成为教育部中小学名校长领航工程培训班学员、重庆市百千万工程领军人才培养对象，每一个阶段、每一次培训、每一程历练，都凝聚着各级各界领导、专家对我的真诚关心和培养，都让我踏上教育人生的新起点，都在观念、理论、实践和个人综合素质提升等方面让我实现终身受益的蜕变和成长。我把自己的感动，转化为对老师们、孩子们、同行朋友们的帮助，竭尽所能为大家创造机会、搭建平台。看着老师们、孩子们在不断提升发展，那是一种无可替代的幸福与满足。随着老师们、孩子们的健康成长和谢家湾小学的稳健发展，我个人也在各级领导和社会各界的关心支持下，入选国家百千万人才工程，成为国务院政府特殊津贴获得者、全国教育系统先进工作者、全国五一劳动奖章获得者、特级教师、正高级教师，当选为全国人大代表、国家督学、重庆市党代会代表，被聘为国家教师教育咨询专家委员会委员（小学教育）、普通高等学校师范类专业认证专家等，拥有了更多学习发展的平台。我总是努力让每一次学习培训都成为自己人生的加油站，让每一个平台都不被辜负。

　　不管走到哪里、身处何方，我总是诚恳地向校长们、老师们、朋友们分享自己的人生观、价值观，倡议大家要相信和传递正能量，要相信事业的发展、社会的进步，一定需要肩负时代使命的人，需要更多有情怀、有担当、有作为的实干型的人。我们不做职务任命书的追逐者，而要争做不辜负岗位任命书的担当者。

　　《刘希娅与小梅花课程》的撰写，记述着我个人和学校成长的真实历程，也借此机会，向曾经给予我关心、帮助、指导、陪伴、机会的人们，致以深深的敬意与诚挚的感谢。那么多正直、善良、温暖而有力量的人，激励着我也坚持做这样的人。在未来的人生中，我还会一如既往地把这样一种品格、一种风骨、一种善良、一种精神传承下去、传递出去，汇聚和衍生出更多更强大的正能量，促进我国基础教育的发展，这就是我对大家最诚挚的回报与感恩。

　　写到这里，《刘希娅与小梅花课程》也进入了尾声，融进了 2020 年这个不同寻常的年度里。与其说这个过程是一本书稿的撰写，不如说是一场心灵的对话。搁笔之际，窗外山城夜色正阑珊，长江之滨微风拂面。那句"不惑教育人生，一路感动与感恩"，既在耳畔，也在心间。